陕西出版资金资助项目

中国与"一带一路"发展系列研究丛书

丛书主编　冯宗宪

丝绸之路经济带国际运输通道研究

孙启鹏　马　飞　刘　丹　朱文英　编著

西安交通大学出版社

XI'AN JIAOTONG UNIVERSITY PRESS

图书在版编目(CIP)数据

丝绸之路经济带国际运输通道研究/孙启鹏等编著
—西安:西安交通大学出版社,2015.9
ISBN 978-7-5605-7971-9

Ⅰ.①丝… Ⅱ.①孙… Ⅲ.①丝绸之路-经济带-国际贸易-物流-研究 ②丝绸之路-经济带-国际运输-货物运输-研究 Ⅳ.①F252 ②F511.41

中国版本图书馆 CIP 数据核字(2015)第 227420 号

书　　名	丝绸之路经济带国际运输通道研究
编　　著	孙启鹏　马飞　刘丹　朱文英
策划编辑	魏照民　柳　晨
责任编辑	王建洪　柳　晨　车向东
出版发行	西安交通大学出版社 (西安市兴庆南路 10 号　邮政编码 710049)
网　　址	http://www.xjtupress.com
电　　话	(029)82668357　82667874(发行中心) (029)82668315(总编办)
传　　真	(029)82668280
印　　刷	中煤地西安地图制印有限公司
开　　本	787mm×1092mm　1/16　**印张** 15.5　字数 211 千字
版次印次	2016 年 9 月第 1 版　2016 年 9 月第 1 次印刷
书　　号	ISBN 978-7-5605-7971-9/F·559
定　　价	78.00 元

读者购书、书店添货,如发现印装质量问题,请与本社发行中心联系、调换。
订购热线:(029)82665248　(029)82665249
投稿热线:(029)82668526
读者信箱:xjtu_hotreading@sina.com

丛书编委会

序　言

千百年来，不同的文化在古丝绸之路上交相辉映、相互激荡，积淀形成了世人共知和推崇的和平、开放、包容、互信、互利的丝绸之路精神，而且不断注入新的时代内涵。作为多元文明碰撞与交流的遗产，丝路精神并非中国独享，它一直是全人类的共同财富。

2013 年 9 月和 10 月，中国国家主席习近平在分别出访哈萨克斯坦和印度尼西亚期间，倡议用创新的合作模式，共同建设丝绸之路经济带和 21 世纪海上丝绸之路的合作构想。“一带一路”构想高瞻远瞩、审时度势，对密切中国同中亚、南亚和东南亚以及欧亚非国家和地区之间的经济贸易关系，深化区域交流合作，统筹国内国际发展，实现陆海共济，维护周边环境安全，拓展中国对外开放的巨大空间，展现中国梦和促进世界各国共同繁荣都有着重大的意义。

“一带一路”构想具有十分丰富的内涵，它体现了对古丝绸之路精神的继承和发扬。2000 多年的交往历史证明，坚持丝绸之路精神，不同种族、不同信仰、不同文化背景的国家完全可以共享和平、共同发展。在建设丝绸之路经济带和 21 世纪海上丝绸之路的今天，更需要将丝绸之路承载的和平合作、开放包容、互学互鉴、互利共赢精神薪火相传，发扬光大，在世界文明交流史上续写灿烂新篇章。中国的“一带一路”倡议，以经济和人文合作为主线，充分体现了互信和互利的精神。“一带一路”，从陆地到海上，从区域双边、诸边到国际多边，从国内到国际，展开跨地域、广泛深入的国际合作与发展项目对接；它要实现从人文交流、交通通道到经济、贸易和金融乃至政策等不同层面的相通，要使星罗棋布的沿线城市、产业园、自贸区等相互连接，达到全面高效的互联互通。通过投资、技术及产业转移，“一带一路”建设将提升改善沿线国家的产业结构和贸易结构，推进区域经济一体化，推动区域及跨区域的绿色、健康和可持续发展；使沿线各国形成利益共同体、责任共同体和命运共同体。“一带一路”以开放多元的特征推进区域合作的进程，有助于为全球经济复苏和发展提供新的动力，有助于形成更加公平的世界经济秩序，也有助于提升全球经济治理的水平和效率。

“千里之行，始于足下”。知往鉴今，在通往成功的道路上，往往分布着不少的荆棘与坎坷。昔日西汉张骞出使西域，创凿空之举，其行程万里，沿途历尽千难万险，备尝艰辛。今天，论建设“一带一路”的物质条件，若与数千年前相比，毕竟要好得多了。然而在实施过程中依然会面临各种自然环境、政治、经济、交通、文化等多重风险和挑战，对此，走出去的企业应当具有充分的心理应对准备，同时需要依靠大学、智库和科研机构开展前瞻性的科学研究和政策研究，以资参考和咨询。

古代长安是古丝绸之路的起点，它已成为中国古代对外开放的历史象征，有着难以磨灭的历史光辉。在中华民族走向伟大复兴的新形势下，西安作为周秦汉唐等十三朝古都和现代国际化城市的结合体，对丝绸之路经济带和21世纪海上丝绸之路的建设有着特殊的地理坐标指引和重要节点的支撑作用。在这里，我们高兴地邀请到国内外一批对“一带一路”有着浓厚兴趣、学有专长和志同道合的学者专家，分别从国际经济、政治、历史、贸易、金融、能源、交通、旅游、文化等不同领域进行专题研究，在国家社会科学基金项目、国家自然科学基金项目、陕西出版资金等基金项目的支持下，依托西安交通大学出版社，来共同合作完成“一带一路”发展丛书。

“不积跬步，无以至千里；不积小流，无以成江海”。我们愿共同努力，使这套发展丛书能够为“一带一路”合作发展研究作出微薄的贡献；我们也期待着，“一带一路”这一宏伟蓝图在各国互信合作中得以逐步实现，真正造福世界各国人民。

冯宗宪
2015年7月

前 言

2013 年 9 月，中国国家主席习近平在哈萨克斯坦纳扎尔巴耶夫大学作重要演讲，提出“共同建设‘丝绸之路经济带’”。这是一项造福丝绸之路沿途各国人民的伟大事业。发展丝绸之路经济带，着重要从“五通”着手，即“政策沟通、道路联通、贸易畅通、货币流通、民心相通”，其中道路联通是构建丝绸之路经济带的基础性环节。

国际运输通道（international transportation corridor），也称国际运输走廊，是指在毗邻国家间或一定区域内、连接主要交通流发源地、有共同流向、有几种运输方式线路可供选择的宽阔的长条地带。丝绸之路经济带运输通道是贯通丝绸之路的国际化运输通道，是实现丝绸之路经济带“道路联通”目标的最重要的综合运输通道。本书全面回顾了丝绸之路经济带国际运输通道的发展现状、面临的形势和机遇，界定了国际运输通道的概念与系统构成，并对丝绸之路经济带国际运输通道的运输需求进行分析，接着从现代物流、多式联运等角度分别研究了丝绸之路经济带国际运输通道的交通网络构建和运输组织优化，并基于全球化和互信互补视角探讨了运输政策协调和合作平台及机制创新，最后着重分析了中国在丝绸之路经济带国际运输通道建设中的战略选择。

全书是对目前丝绸之路经济带国际运输通道建设与发展问题的系统梳理，展示了丝绸之路经济带国际运输通道建设的现状和路径，分析了国际运输通道建设的未来发展趋势。本书具有一定的学术性和前瞻性，旨在为相关部门和学术机构了解丝绸之路通道建设与发展状况提供借鉴。

本书由孙启鹏教授负责全书的大纲编写、审定和统稿工作，马飞副教授编写第 1 章、第 2 章、第 7 章、第 8 章和第 9 章，朱文英老师编写第 3 章和第 4 章，刘丹老师编写第 5 章和第 6 章，吉姣、杨金云、谌药、张妍和张坤等同学参与了资料搜集和文档整理工作。

本书的撰写和出版工作得到了西安交通大学欧亚经济(论坛)研究院冯宗宪教授的大力支持。在编写过程中参考和引用了国内外大量从事丝绸之路经济带研究的学者及政府官员的论著、图书和观点,作者已尽可能在参考文献中列出,若有疏漏,也在此表示歉意!同时,本书的出版还得到了西安交通大学出版社的全力支持。在此一并对上述各单位和人员致以诚挚的谢意!

由于作者水平所限,加之丝绸之路经济带运输通道建设发展之快,书中不妥和疏漏之处在所难免,敬请专家和广大读者批评指正,不胜感激!

著 者

2015 年 7 月

目　　录

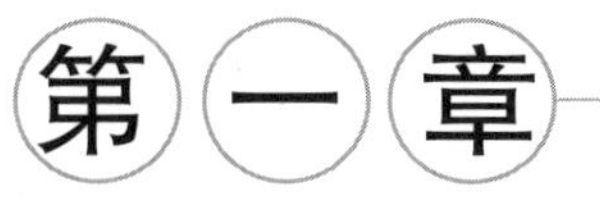

第一章 丝绸之路经济带国际运输通道概述

第一节　古丝绸之路

丝绸之路是历史上横贯欧亚大陆的贸易交通线，在历史上促进了欧亚非各国和中国的友好往来。概括地讲，丝绸之路是从东亚开始，经中亚、西亚进而联结欧洲及北非的这条东西方交通线路的总称，是欧亚大陆的交通动脉，是中国、印度、希腊等世界三种主要文化交汇的桥梁。

中国是丝绸的故乡，在经由这条路线进行的贸易中，中国输出的商品中以丝绸最具代表性。19 世纪下半期，德国地理学家李希霍芬(Ferdinand von Richthofen)就将这条陆上交通路线称为“丝绸之路”，此后中外史学家都赞成此说，沿用至今。张骞通西域后，正式开通了这条从中国通往欧、非大陆的陆路通道。这条道路，由西汉都城长安出发，经过河西走廊，然后分为两条路线：一条由阳关，经鄯善，沿昆仑山北麓西行，过莎车，西逾葱岭，出大月氏，至安息，西通犁靬(今埃及亚历山大，公元前 30 年为罗马帝国吞并)，或由大月氏南入身毒。另一条出玉门关，经车师前国，沿天山南麓西行，出疏勒，西逾葱岭，过大宛，至康居、奄蔡(西汉时游牧于康居西北即成海、里海北部草原，东汉时属康居)。广义的丝绸之路指从上古开始陆续形成的，遍及欧亚大陆甚至包括北非和东非在内的长途商业贸易和文化交流线路的总称。除了上述的路线之外，还包括在南北朝时期形成、在明末发挥巨大作用的海上丝绸之路和与西北丝绸之路同时出现、在元末取代西北丝绸之路成为陆上交流通道的南方丝绸之路等。虽然丝绸之路是沿线各国共同促进经贸发展的产物，但很多人认为，中国的张骞两次出使西域，开辟了中外交流的新纪元，并成功将东西方之间最后的珠帘掀开。从此，这条路线被作为“国道”踩了出来，各国使者、商人沿着张骞开通的道路，来往络绎不绝。上至王公贵族，下至乞丐狱犯，都在这条路上留下了自己的足迹。这条东西通路，将中原、西域与阿拉伯、波斯湾紧密联系在一起。经过几个世纪的不断努力，丝绸之路向西伸展到了地中海。广义丝绸之路上的东段已经到达了韩国、日本，西段至法国、荷兰。通过海路还可达意大利、埃及，成为亚洲和欧洲、非洲各国经济文化交流的友谊之路。

一、陆上丝绸之路

1. 陆上丝绸之路的起源和发展

公元前 1 世纪以前的上古时期，在尼罗河流域与两河流域、印度河流域和黄河流域之北的草原上，存在着一条由许多不连贯的小规模贸易路线大体衔接而成的草原之路，这条路就是最早的丝绸之路的雏形，但是早期的丝绸之路并不是以丝绸为主要交易物资。在公元前 15 世纪左右，中国就已经同中亚地区进行小规模的贸易往来。公元前 11 世纪，在一些地区也经常使用耐渴、耐旱、耐饿的单峰骆驼进行商旅运输，不久后双峰骆驼也被用于商贸旅行中。

公元前 1 世纪到 7 世纪，建元二年（公元前 139 年），张骞西行，先后到达大宛、大月氏、大夏。在大夏市场上，张骞看到了大月氏的毛毡、大秦国的海西布，尤其是汉朝四川的邓竹杖和蜀布。他由此推知从蜀地有路可通身毒、大夏。史书上把张骞的首次西行誉为“凿空”，即空前的探险。公元前 119 年，张骞第二次出使西域，经四年时间他和他的副使先后到达乌孙、大宛、康居、大月氏、大夏、安息、身毒等国。为了促进西域与长安的交流，汉武帝招募了大量身份低微的商人，利用政府配给的货物，到西域各国经商。这些具有冒险精神的商人中大部分成为富商巨贾，从而吸引了更多的人从事丝绸之路上的贸易活动，极大地推动了中原与西域之间的物质文化交流，同时汉朝在收取关税方面也取得了巨大利润。以汉朝在西域设立官

员为标志，丝绸之路这条东西方交流之路开始进入繁荣的时代。

然而，当中国进入东汉时代以后，由于内患的不断增加，自汉哀帝以后的政府放弃了对西域的控制，令西域内部纷争不断，后期车师与匈奴年年不断的战争更令出入塔克拉玛干的商路难以通行。为防止西域的动乱波及本国，汉哀帝以后的政府经常关闭玉门关，这些因素最终导致丝绸之路东段天山北南路的交通陷入半通半停状态。

7 世纪到 10 世纪，随着中国进入繁荣的唐代，西北丝绸之路再度引起了中国统治者的关注。为了重新打通这条商路，唐王朝借击破突厥的时机，一举控制西域各国，并设立安西四镇作为控制西域的机构，新修了唐玉门关，再度开放沿途各关隘，并打通了天山北路的丝绸之路分线，将西线打通至中亚。这样一来丝绸之路的东段再度开放，新的商路支线被不断开辟，青海也随着丝绸之路的发展成为与河西走廊同等重要的地区，加上这一时期东罗马帝国、波斯(7 世纪中叶后阿拉伯帝国取代了波斯的中亚霸权)保持了相对的稳定，令这条商路再度迎来了繁荣时期。与汉朝时期的丝绸之路不同，唐控制了丝绸之路上的西域和中亚的一些地区，并建立了稳定而有效的统治秩序。西域小国林立的历史基本解除，这样一来丝绸之路显得更为畅通。

2. 陆上丝绸之路的线路

陆上丝绸之路(北方丝绸之路)，又称古丝绸之路，指西汉(前 202 年—8 年)时，由张骞出使西域开辟的从长安(今西安)经甘肃、新疆，到中亚、西亚，并联结地中海各国的陆上通道。古丝绸之路形成后随着地理环境和政治宗教形势的演变，其起止点和走向也不断演变，为沿途地区社会、经济、文化的发展提供了基础保障。古丝绸之路基本定向于两汉时期，东起西汉都城长安，西面最远到达大秦(古罗马帝国东部)，主要线路有三条，分别为北路、中路和南路，具体如表 1－1 所示。到东汉时期，古丝绸之路的走向有了一定变迁，如表 1－2 所示。

表 1-1　西汉时期的丝绸之路

古丝绸之路	东起点	西终点	走向(新疆之前)	走向(新疆之后)
北路	西汉长安城	大秦	西安—兰州—河西走廊—武威—张掖—酒泉—敦煌—玉门关(阳关)—楼兰	楼兰—吐鲁番—哈密—乌鲁木齐—伊宁—伊犁—西去里海沿岸
中路				楼兰—库车—阿克苏—喀什—西去伊朗并沿地中海沿岸至罗马
南路				楼兰—且末—于阗—莎车—南至印度,西南去阿富汗方向

表 1-2　东汉时期的丝绸之路

古丝绸之路	东起点	西终点	走向	备注	三线汇合后走向
北路	东汉洛阳	姑臧(今武威)	沿渭河至虢县(今宝鸡),过汧县(今陇县),越六盘山固原和海原,沿祖厉河,在靖远渡黄河	沿途供给条件差	南北中三线会合后,由张掖经酒泉、瓜州至敦煌,从敦煌至葱岭(今帕米尔)或怛罗斯(今江布尔)
南路	东汉洛阳	张掖	沿渭河过陇关、上邽(今天水)、狄道(今临洮)、枹罕(今河州),由永靖渡黄河,穿西宁,越大斗拔谷(今偏都口)	—	
中路	东汉洛阳	姑臧	沿渭河过陇关、上邽(今天水)、过陇山,至金城郡(今兰州),渡黄河,溯庄浪河,翻乌鞘岭	补给条件好,绕道较长,是主要干线	

两汉时期的古丝绸之路西段在其后的各个历史时期都有不同程度的发展,涉及的地域范围较广,包括中亚、南亚、西亚和欧洲,所经国家地区众多、民族关系复杂、路线常有变化,但是大体可分为南、中(汉北道)、北(北新道)3 道,如表 1-3 所示。

表 1-3 古丝绸之路西段走向

古丝绸之路西段	起点	终点	走向
南道	葱岭	南亚	由葱岭西行，越兴都库什山至阿富汗喀布尔后分两路，一西行至赫拉特，与经兰氏城而来的中道相会，再西行穿巴格达、大马士革，抵地中海东岸西顿或贝鲁特，由海路转至罗马；另一线从白沙瓦南下抵南亚
中道(汉北道)	葱岭	南亚	越葱岭至兰氏城西北行，一条与南道会，一条过德黑兰与南道会
北新道	葱岭	南亚	经钹汗(今费尔干纳)、康(今撒马尔罕)、安(今布哈拉)至木鹿与中道会西行
	葱岭	君士坦丁堡(今伊斯坦布尔)	经怛罗斯，沿锡尔河西北行，绕过咸海、里海北岸，至亚速海东岸的塔那，由水路转刻赤，抵君士坦丁堡

二、南方丝绸之路

1. 南方丝绸之路的起源和发展

南方丝绸之路即“蜀—身毒道”，因穿行于横断山区，又称高山峡谷丝绸之路。“南方丝绸之路”的提出，是基于以巴蜀文化为重心，分布于云南至缅、印的地区内近年出土的大量相同文化因素，这些文化因素不仅有巴蜀文化，而且有印度乃至西亚的大量文化因素，其时代明显早于经中国西北出西域的丝绸之路。由于丝绸之路作为古代中西文化交流的代称已为中外学者所普遍接受，因此便称这条由巴蜀为起点，经云南出缅、印、巴基斯坦至中、西亚的中西交通古道为“南方丝绸之路”(简称“南丝路”)。远在4000年前，四川盆地就存在着几条从南方通向沿海，通向今缅甸、印度地区的通道。秦汉时期，中原群雄割据，蜀地(今川西平原)与身毒间开辟了一条丝绸之路，延续两个多世纪尚未被中原人所知，所以有人称它为秘密丝绸之路。直至张骞出使西域，在大夏发现蜀布、邛竹杖系由身毒转贩而来，他向汉武帝报告后，元狩元年（公元前 122 年），汉武帝派张骞打通“蜀—身毒道”。张骞派人先后从犍为（今宜宾）分 5 路寻迹：一路出駹（今茂汶），二路出徙（今天全），三路出莋（今汉源），四路出邛（今西昌），五路出僰（今宜宾西南）。南方丝绸之路由 3 条道组成，即灵关道、五尺道和永昌道。丝绸之路从成都出发分东、西两支，东支沿岷江至僰道（今宜宾），过石门关，经朱提（今昭通）、汉阳（今赫章）、味（今曲靖）、滇（今昆明）至叶榆（今大理），是谓五尺道。西支由成都经临邛（今邛崃）、严关（今雅安）、莋（今汉源）、邛都（今西昌）、盐源、青岭（今大姚）、大勃弄（今祥云）至叶榆，称之灵关道。两线在叶榆会合，西南行过博南（今永平）、嶲唐（今保山）、滇越（今腾冲），经掸国（今缅甸），分陆、海两路至身毒（今印度）。南方陆上丝绸之路延续2000 多年，特别是抗日战争期间，大后方出海通道被切断，沿丝绸之路西南道开辟的滇缅公路、中印公路运输空前繁忙，成为支援后方的生命线。

独特的交通工具是古道的一个地域性特点。面对西南横断山地江河横溢、山峦叠障的特点，西南各族先民创造了独具特色的交通工具：笮桥、栈道、马帮。“笮桥”是当地笮族人创造的一种飞跨天堑的索桥，至今仍运用于现代桥梁建设中。“栈道”有土栈和石栈，土栈修于原始茂密的森林山地，铺木为路，杂以土石。石栈是在悬崖绝壁上凿孔，孔中插入木梁，上铺木板。如果说北方丝绸之路是由沙漠之舟——骆驼开拓的，那么南方丝绸之路则是由山地之舟——马帮开通的。马是西南与内地贸易的重要物资，也是古道上最为常见的、效力最大的运载工具和经商工具。

2. 南方丝绸之路的线路

南方丝绸之路总长约 2000 公里，以四川成都为起点，经雅安、芦山、西昌、攀枝花到云南的昭通、曲靖、大理、保山、腾冲，从德宏出境，进入缅甸、泰国，最后到达印度和中东。南方丝绸之路的主道和支线共同织成了古代中国与南亚、中亚、西亚以及东南亚的巨大交通网络。南方丝绸之路的走向如表 1 - 4 所示。

表 1－4　南方丝绸之路走向

南方丝绸之路	线路	起点	终点	走向	备注
南方丝绸之路国内段	东线（五尺道）	成都平原	大理	从成都平原南行经四川乐山、犍为而至宜宾(汉武帝时期又对五尺道加以整修开拓，将此道再向南延伸，经云南大关、昭通、宣威，曲靖，西折经昆明、楚雄，进抵大理)	东、西两线在大理汇合后，再西行经保山、腾冲，出德宏抵达缅甸八莫，或从保山出瑞丽进抵八莫，跨入域外
	西线（灵关道）	成都平原	大理	启程顺道南下，经今邛崃、雅安、汉源、西昌、攀枝花和云南大姚，西折至大理	
南方丝绸之路国外段	西路	云南	西亚	出云南至缅甸八莫，再至印度、巴基斯坦以至西亚	史上著名的“蜀—身毒道”，是一条纵贯亚洲的最古交通线
	中路	云南	越南	初由陆路自蜀、滇间之五尺道至云南晋宁，再从晋宁至通海，复沿红河下航至越南	系水陆相间的交通线，云南步头为其水陆分程的起点，此道为沟通云南与中南半岛交通的最古老的水路
	东路	云南	河内	从蜀入滇，出昆明经弥勒，渡南盘江，经文山以出云南东南隅，再经越南河江、宣光，循盘龙江(清水河)，可直抵河内。	—

三、海上丝绸之路

1. 海上丝绸之路的起源和发展

汉武帝以后，西汉的商人还常出海贸易，开辟了海上交通要道，这就是历史上著名的海上丝绸之路。海上丝绸之路，是中国与世界其他地区之间海上交通的路线。中国的丝绸除通过横贯大陆的陆上交通线大量输往中亚、西亚和非洲、欧洲国家外，也通过海上交通线源源不断地销往世界各国。因此，在德国地理学家李希霍芬将横贯东西的陆上交通路线命名为丝绸之路后，有的学者又进而加以引申，称东西方的海上交通路线为海上丝绸之路。从中国出发向西航行的南海航线，是海上丝绸之路的主线。与此同时，还有一条由中国向东到达朝鲜半岛和日本列岛的东海航线，它在海上丝绸之路中占次要的地位。关于汉代丝绸之路的南海航线，《汉书·地理志》记载汉武帝派遣的使者和应募的商人出海贸易的航程说：自日南（今越南中部）或徐闻（今属广东）、合浦（今属广西）乘船出海，顺中南半岛东岸南行，经五个月抵达湄公河三角洲的都元（今越南南部的迪石）。复沿中南半岛的西岸北行，经四个月航抵湄南河口的邑卢（今泰国之佛统）。自此南下沿马来半岛东岸，经二十余日驶抵湛离（今泰国之巴蜀），在此弃船登岸，横越地峡，步行十余日，抵达夫首都卢（今缅甸之丹那沙林）。再登船向西航行于印度洋，经两个多月到达黄支国（今印度东南海岸之康契普腊姆）。回国时，由黄支南下至已不程国（今斯里兰卡），然后向东直航，经八个月驶抵马六甲海峡，泊于皮宗（今新加坡西面之皮散岛），最后再航行两个多月，由皮宗驶达日南郡的象林县境（治所在今越南维川县南的茶荞）。

海上丝绸之路是古代中国与世界其他地区进行经济文化交流的海上通道。它是由当时东西洋间一系列港口网点组成的国际贸易网，在唐宋元的繁盛期，中国境内主要有泉州、广州、宁波三个主港和其他支线港、喂给港等组成。其中，泉州是联合国科教文组织唯一认定的海上丝绸之路起点。最早、最详细记载海上“丝绸之路”航线的是上文引述的《汉书·地理志》，可见，在汉代就已经有了海上丝绸之路的雏形。

海上丝绸之路发展过程大致可分为四个历史阶段：一是唐代中期以前的形成时期，隋唐以前，海路只是陆上丝绸之路的一种补充形式；二是唐中晚期的转型时期；三是宋元两代的极盛时期；四是明朝时期的衰落期。

西汉初年，汉武帝平南越后，即派使者沿着百越民间开辟的航线远航南海和印度洋，经过东南亚，横越孟加拉湾，到达印度半岛的东南部，抵达锡兰（今斯里兰卡）后返航。汉武帝时期开辟的航线，标志着海上丝绸之路的发端。因此，早在公元前，便已有东海与南海两条起航线。海路西达印度、波斯，南及东南亚诸国，北通朝鲜、日本。

魏晋南北朝时期，是海上丝绸之路的拓展时期。在这一时期，广州已成为计算海程的起点。通过广州来中国经商的国家和地区增加至15个之多。航路由泉州或广州启航，经过海南岛、环王国（今越南境内）、门毒国、古笪国、龙牙门、罗越国、室利佛逝、诃陵国、固罗国、哥谷罗国、胜邓国、婆露国、狮子国、南天竺、婆罗门国、新度河、提罗卢和国、乌拉国，抵达大食国、末罗国、三兰国。

唐中后期，陆上丝绸之路因战乱受阻，加之同时期中国经济重心已转到南方，海路又具有远比陆路运量大、成本低、安全度高的优点，因此海路便取代陆路成为中外贸易主通道。特别是宋朝商业科技高度发展，指南针和水密封舱等航海技术的发明和之前牵星术、地文潮流等航海知识的积累，加上阿拉伯世界对海洋贸易的热忱，使海上丝绸之路达到空前繁盛状态。

宋朝时代，政府在广州、临安（今杭州）、庆元（今宁波）、泉州、密州板桥镇（今胶州营海镇）、嘉兴府（今秀州）华亭县（今松江）、镇江、平江（今苏州）、温州、江阴军（今江阴）、澉浦镇（今海盐）和嘉兴府（今秀州）上海镇（今上海市区）等地设立市舶司，专门管理海外贸易。其中以广州、泉州和明州最大，泉州在南宋中后期更一跃成为东方第一大港和海上丝绸之路的起点。

2. 海上丝绸之路的线路

海上丝绸之路起于秦汉，兴于隋唐，盛于宋元，明初达到顶峰，明中叶因为海禁而衰落。海上丝绸之路主要有东海航线和南海航线，东海航线主要是前往日本和朝鲜半岛，南海航线主要是往阿拉伯世界和南海诸国。宋朝之前东海航线主要由宁波出港，南海航线则主要由广州进出。与陆上丝绸之路不同，海上丝绸之路的起点有多处，其中规模最大的港口是广州和泉州。明清时期，广州是中国唯一对外开放的港口，到唐宋元时期泉州成为东方第一大港，也是海上丝绸之路的起点，见表 1－5。

表 1－5　海上丝绸之路

海上丝绸之路	起点	终点
东洋航线	泉州港	朝鲜、日本
南洋航线	泉州港	东南亚诸国
西洋航线	泉州港	南亚、阿拉伯和东非沿海诸国

随着社会、经济、文化的发展，古丝绸之路出现了上文所述的一定的变迁。当前而言的丝绸之路是一条横贯亚洲、连接欧亚大陆的著名古代陆上商贸通道，东起西安，经陕西、甘肃、宁夏、青海、新疆，跨越帕米尔高原，经中亚部分国家阿富汗、伊朗、伊拉克、叙利亚而到达地中海沿岸，途径欧洲的俄罗斯、阿富汗、乌兹别克斯坦、印度、巴基斯坦、土耳其、罗马尼亚、荷兰等 40 多个国家、160 个城市，然后抵达地中海沿岸的交通线路。本书所分析的丝绸之路是以西安为起点，直到地中海沿岸的交通通道，全长 7000 多公里。中国境内的丝绸之路总长 4000 多公里，约为丝绸之路全程的二分之一多。

第二节　新丝绸之路

1990 年 9 月，随着中国的“陇海—兰新”铁路北疆段与前苏联的土西铁路哈萨克段在中哈边界的阿拉山口顺利交接，一条横跨亚、欧两大洲，连接太平洋、大西洋两大洋，实现“海—路—海统一运输”的全球性钢铁大通道全线贯通，引起整个世界的瞩目与重视。这就是新欧亚大陆桥，由于它是

在丝绸之路基础上发展起来的，被誉为“新丝绸之路”“欧亚大陆的金腰带”。

一、欧亚大陆桥

1. 第一欧亚大陆桥

第一欧亚大陆桥，也称为西伯利亚大陆桥，从俄罗斯东部的符拉迪沃斯托克(海参崴)为起点，经西伯利亚大铁路，贯通亚洲北部，通向莫斯科，然后通向欧洲各国，最后到达荷兰鹿特丹港，整个大陆桥共经过俄罗斯、中国、哈萨克斯坦、白俄罗斯、波兰、德国、荷兰 7 个国家，全长 13000 公里左右。西伯利亚大陆桥，是世界上最著名的国际集装箱多式联运线之一，通过前苏联西伯利亚铁路，把远东、东南亚和澳大利亚地区与欧洲、中东地区联结起来，因此又称欧亚大陆桥。西伯利亚大陆桥于 1971 年由全苏对外贸易运输公司正式确立，现在全年货运量高达 10 万标准箱，最多时达 15 万标准箱。使用这条陆桥运输线的经营者主要是日本、中国和欧洲各国的货运代理公司。其中，日本出口欧洲杂货的 1/3、欧洲出口亚洲杂货的 1/5 是经这条陆桥运输的，由此可见它对沟通欧亚大陆、促进国际贸易具有重要作用。日本、东南亚、中国香港等地运往欧洲、中东地区的货物由海运运至俄罗斯的东方港或纳霍德卡后，经西伯利亚大陆桥有 3 种联运方式：①铁路/铁路线。经西伯利亚大铁路运至俄罗斯西部国境站，经伊朗、东欧或西欧铁路再运至欧洲各地，或按相反方向的运输。②铁路/海运线。经西伯利亚大铁路运至莫斯科，经铁路运至波罗的海的圣彼得堡、里加或塔林港，再经船舶运至西欧、北欧和巴尔干地区，或按相反方向的运输。③铁路/公路线。经西伯利亚大铁路运至俄罗斯西部国境内，再经公路运至欧洲各地，或按相反方向的运输。

2. 第二欧亚大陆桥

第二欧亚大陆桥，也称为新欧亚大陆桥。它东起江苏连云港、山东日照等沿海港口城市，西至荷兰鹿特丹、比利时安特卫普等欧洲口岸，全长

10900公里，沿途辐射全球30多个国家和地区。新欧亚大陆桥的全线贯通引起沿途国家和地区的高度重视，纷纷制定相应的措施和对策，以期利用这条国际经济走廊加速本土经济的发展。许多专家学者甚至断言：新欧亚大陆桥的诞生预示着世界经济在江河经济、海岸经济的基础上，将逐步进入一个新的陆桥经济时代。

与西伯利亚大铁路相比，新欧亚大陆桥的地理位置与气候条件更优越，自然基础更好，吞吐能力更大，可常年作业，运输距离、成本、时间大大减少，辐射面更广，联系着亚洲、欧洲总面积达5000多万平方公里的30多个国家和地区，居住人口占世界人口的75%左右。新欧亚大陆桥对整个亚太地区的吸引力是非常大的，除了中国大陆外，中国港澳台地区、日本、韩国、东南亚各国和大洋洲的一些国家都可能利用此线路开展集装箱联合运输。从日本、韩国至欧洲，通过新欧亚大陆桥，水陆全程仅为12000公里，比经苏伊士河少8000多公里。

3.“第三欧亚大陆桥”

一个从以深圳港为代表的广东沿海港口群为起点，昆明为枢纽，经缅甸、孟加拉国、印度、巴基斯坦、伊朗，从土耳其进入欧洲，最终抵达荷兰鹿特丹港，横贯欧亚21个国家的“第三欧亚大陆桥”构想被云南的专家学者们提出来了。2012年9月1日，被称作第三条欧亚大陆桥的渝新欧国际铁路正式开通运营，为中国西部地区产品开辟了一条经铁路进入欧洲市场的黄金通道。渝新欧铁路从重庆西站始发，经西安、兰州、乌鲁木齐，从新疆阿拉山口进入哈萨克斯坦，再经俄罗斯、白俄罗斯、波兰，到达德国的杜伊斯堡，全程11179公里。20世纪60年代开通的俄罗斯西伯利亚大铁路及中国连云港到荷兰阿姆斯特丹这两条欧亚大陆桥相比，渝新欧铁路实行一站通关的运营模式，大大压缩了运输成本。

二、新丝绸之路的线路走向

如今，新欧亚大陆桥网络已经初步完成。欧亚铁路桥途径中国的江苏、安徽、河南、陕西、甘肃、新疆等6省区，以及哈萨克斯坦、俄罗斯、白俄

罗斯、波兰、德国、荷兰等 6 个欧亚国家，经过的主要城市有连云港、徐州、开封、郑州、洛阳、西安、兰州、乌鲁木齐、阿拉木图、莫斯科、明斯克、华沙、柏林、波恩、阿姆斯特丹、鹿特丹等。

新欧亚大陆桥在中国境内全长 4131 公里，穿过五大中心城市：徐州、郑州、西安、兰州、乌鲁木齐。

在中国境内新丝绸之路的走向如表 1－6 所示。

表 1－6　新丝绸之路（中国境内）

新丝绸之路	起点	终点	走向
北线	青岛、日照	阿拉山口	青岛（日照）—济南（兖州）—新乡—焦作—侯马—西安—兰州—乌鲁木齐—阿拉山口
南线	连云港	阿拉山口	连云港—徐州—郑州—西安—兰州—乌鲁木齐—阿拉山口

国际上新丝绸之路的走向如表 1－7 所示。

表 1－7　新丝绸之路（国际）

新丝绸之路	起点	终点	走向
北线	哈萨克斯坦阿克套	西欧、北欧诸国	与西伯利亚大铁路接轨，经俄罗斯、白俄罗斯、波兰通往西欧及北欧诸国
中线	哈萨克斯坦	中欧诸国	往俄罗斯、乌克兰、斯洛伐克、匈牙利、奥地利、瑞士、德国、法国至英吉利海峡港口转海运或由哈萨克斯坦阿克套南下，沿吉尔吉斯斯坦边境经乌兹别克斯坦塔什干及土库曼斯坦阿什哈巴德西行至克拉斯诺沃茨克，过里海达阿塞拜疆巴库，再经格鲁吉亚第比利斯及波季港，越黑海至保加利亚瓦尔纳，并经鲁塞进入罗马尼亚、匈牙利通往中欧诸国

续表 1－7

新丝绸之路	起点	终点	走向
南线	土库曼斯坦阿什哈巴德	中欧、西欧、南欧诸国	向南入伊朗，至马什哈德折向西，经德黑兰、大不里士入土耳其，过博斯普鲁斯海峡，经保加利亚通往中欧、西欧及南欧诸国

目前新丝绸之路交通走廊在基础设施方面，中国与中亚地区铁路网已基本形成，由中国沿陇海铁路、兰新铁路深入中亚地区的铁路干线已成为新欧亚大陆桥的重要组成部分；中国与中亚地区公路相互衔接，中国与中亚国家连接的主要干线公路均加入了亚洲公路网，由中国连云港经西安至霍尔果斯的国家高速公路与穿越中亚的欧洲 E40 号公路相连；中国已经开通同哈萨克斯坦阿拉木图、乌兹别克斯坦塔什干、塔吉克斯坦杜尚别的直达航线；中哈石油管线一期工程于 2005 年 12 月竣工，二期工程已开始规划，与俄罗斯和中亚国家的天然气管线项目已进入实质性探讨和经济技术论证阶段；连接主要成员国的欧亚光缆和中俄光缆已经建成；中国与哈萨克斯坦、吉尔吉斯斯坦和塔吉克斯坦 3 国交界的新疆维吾尔自治区目前对中亚国家共开放了 12 个国家一类口岸。可以说，以铁路为主体，包括公路、航空、管道、通讯和口岸设施在内连接中国和中亚的交通走廊硬件设施已经初步建成。

在运输便利化的软件方面，中国与中亚国家已经签署了 19 项运输协定，包括中国与哈萨克斯坦、吉尔吉斯斯坦、塔吉克斯坦和乌兹别克斯坦签署的双边汽车运输协定、实施细则和国际汽车运输许可证制度协议。这些运输协定的签署，为新丝绸之路交通走廊的畅通奠定了法律基础。

中国与中亚国家在运输便利化合作中取得的成果，使贯通东西的新丝绸之路运输走廊初步建立起来。运输走廊的建立，为新丝绸之路经济发展带建设创造了基础条件，开辟了新起点。

第三节　丝绸之路经济带

经济带属于经济地理学范畴。经济带发展需要依托一定的交通运输干线，并以其为发展轴，以轴上经济发达的一个或几个大城市作为核心，发挥经济集聚和辐射功能，联结带动周围不同等级规模城市的经济发展，由此形成点状密集、面状辐射、线状延伸的生产、贸易、流通一体化的带状经济区域。

丝绸之路经济带是在古丝绸之路的基础上发展起来的，但是又不仅仅限于古丝绸之路，而是一个新的经济发展区域，是中国根据区域经济一体化和社会经济全球化的新形势提出的跨区域经济合作模式，是新时代对古丝绸之路的复兴计划。历史上，古丝绸之路就分为北、中、南三线，将欧亚大陆众多的国家连接在一起。与古丝绸之路相比，新丝绸之路是在新技术条件下对古老的交通通道的复兴与拓展，是在古丝绸之路基础上通过现代公路、铁路和航空网络连接起来的一片区域，覆盖的面积更广，路线更密集，也更发达，从而可以在更广泛的区域内把资源与市场串联起来；可通过灵活的合作方式，将更多的国家紧密联系在一起。

丝绸之路经济带是"以点带面，从线到片"。丝绸之路经济带首先是一个"经济带"概念，东边牵着亚太经济圈，西边系着欧洲经济圈，以欧亚大陆桥为纽带，将沿线上各节点连接起来，由点成线再变成面。从中国出发，由东至西，涵盖中亚、南亚、西亚、中东欧，再随着"线"的延伸或发展，一直延伸到西欧及北非，最终形成欧亚区域间的全方位合作与共赢。这种由点及面、从线到片的布局规划符合扩散效应原理。

丝绸之路经济带是开放的，动态的。历史上，古老的丝绸之路不断经历着变化和发展，从来都并非只有一端出口，而是东西通达，四端畅通。新的丝绸之路经济带也不应是排他的、封闭的，而应是包容的、开放的，突破传统的区域经济合作模式，构建一个开放包容的体系。同时，随着现代公路、铁路、航空和油气管道的不断发展延伸，依托欧亚大陆桥的丝绸之路经济带必然是一个不断扩展的动态区域。

丝绸之路经济带的建设是一个由近及远、逐步扩大的推进过程。无论是“近期、中期、远期”的看法，还是“核心、重要、拓展”的表述，抑或“狭义、中义、广义”的论述，关于丝绸之路经济带的建设比较一致的观点都是将中国和中亚五国划分为丝绸之路经济带建设的首要（重点、核心）区域（环节），再在此基础上，逐步向南亚、西亚（中东）、中东欧直至西欧、北非延伸。

综合各方观点以及上述基本共识，丝绸之路经济带可以概括为：基于古丝绸之路概念基础上，以欧亚大陆桥为纽带，依托现代公路、铁路、航空和油气管道，以点带面、从线到片，东牵亚太经济圈、西系欧洲经济圈的一个开放的、动态的经济发展区域。以中国为出发点，按照由近及远、逐步扩大的推进思路，丝绸之路经济带的建设可以划分为三个层次，即中心区域、扩展区域、辐射区域。

第一层次：中心区域。该区域包括中国和哈萨克斯坦、吉尔吉斯斯坦、塔吉克斯坦、土库曼斯坦、乌兹别克斯坦等中亚 5 国。这一区域是丝绸之路经济带建设的核心，也是打通丝绸之路经济带的必经之地。

第二层次：扩展区域。该区域依托目前已有和拟建的欧亚大通道，在中心区域的基础上向南亚、西亚、中东欧拓展，目前来看，该区域所包括的国家除中国和中亚 5 国外，还应涵盖印度、巴基斯坦、孟加拉国、缅甸、阿富汗、伊朗、伊拉克、阿塞拜疆、格鲁吉亚、亚美尼亚、土耳其、沙特阿拉伯、俄罗斯、乌克兰和白俄罗斯等欧亚 15 国。这一区域是丝绸之路经济带建设的重心，是扩大丝绸之路经济带影响面和受益面的关键区域，对于丝绸之路经济带建设的成败至关重要。

第三层次：辐射区域。该区域是丝绸之路经济带的终极版图，向西延伸至欧洲大部及北非部分国家，包括了欧盟 28 国和北非的埃及、利比亚和阿尔及利亚。

第四节　丝绸之路经济带国际运输通道

一、概念分析

道路联通是丝绸之路经济带建设的基础性环节。道路联通不仅包括

丝绸之路经济带沿线国家和地区的内部运输通道，还包括国家之间的国际运输通道；不仅包括公路、铁路，还包括水路和航空等运输方式。随着丝绸之路的不断发展，不同运输方式线路聚合组成具有一定规律的交通流带，逐渐成为丝绸之路运输通道。丝绸之路运输通道是指在丝绸之路的起终点之间具有多条交通运输线、覆盖途经地带、担任着重要和大量客货流运输任务的运输通道。丝绸之路运输通道由平行的多种交通运输方式的运输线路互相补充，共同提供强大的交通运输服务。在丝绸之路通道上还布设有不同的交通运输场站设施，包括机场设施、港站枢纽以及配套的各种服务设施。

二、形成原因

自古至今，丝绸之路均承担着重要的客货运输和经济、文化交流的任务，是自然通道经由社会发展促进而形成的成熟运输通道。因此，丝绸之路通道的形成具有历史必然性和发展必须性。

1.历史必然性

丝绸之路途经区域是人类文明早期聚集与发展的区域，此类区域的交通运输与社会文明相互促进发展，能够快速形成交通通道。陆上丝绸之路所经过的欧亚大陆主要是中国和欧洲之间的内陆地区，这一地区的地理特征是气候异常干燥，降雨量极其稀少。在丝绸之路的中部地区，以帕米尔高原为中心，向四周延展出诸多山脉。由盐壳沉积而形成的崎岖起伏、犬牙交错的雅丹地形也是丝绸之路上的常见地貌。祁连山脉水资源丰富，水草丰盛，游牧发达。河西走廊农牧产业发展成熟、迅速，交通通行能力尤为重要，起着重要的沟通和交流作用。因此，丝绸之路发展过程中逐渐形成丝绸之路通道是具有明显的历史必然性的。

2.发展必须性

丝绸之路形成后，其重要的通道作用得以充分发挥，沿途所到之处的经济、社会发展都与丝绸之路有密不可分的联系。为促进地区经济、社会繁荣发展，沿途国家、地区对丝绸之路通道的建设和发展均投入巨大的人力、物力和财力，甚至形成国家层面的发展规划和发展政策，全面支持并促进丝绸之路通道的发展。因此，丝绸之路通道的形成与发展是沿途国家和地区的社会、经济、文化发展内在需求，其形成具有发展必须性。

三、建设意义

“丝绸之路”是一条从亚洲到欧洲的特殊的交通运输走廊，是一条几乎穿越整个欧亚大陆的跨国运输走廊。丝绸之路运输通道的建成，不仅能便利商品和服务贸易的流通，还可以催生出新的工业群、新的产业和技术。丝绸之路运输通道的建成将极大地缩短沿线国家货物贸易的货运周期。例如，中国商品走海路到欧洲需要 45 天，走西伯利亚大铁路需要 14 天，走新的丝绸之路则不超过 10 天。丝绸之路通道的建设意义主要体现为以下五个方面：

1. 连接地区经济

丝绸之路运输通道是一个高效率的交通运输通道，联系着沿途各个国家和地区的经济区和进出口岸，在加速沿途经济区发展的同时，为经济区向本国纵深发展提供了基础保障。因此，丝绸之路通道的建设对连接不同地区经济具有重要意义。

2. 利用交通能源

丝绸之路运输通道的建设能够将丝绸之路沿途的各种交通运输资源合理聚集并科学搭配，以发挥各种运输资源的最大效益。丝绸之路运输通道的建设符合行业经济发展的原则和资源利用的经济性原则，具有合理利用交通能源的意义。

3. 优化产业结构

丝绸之路通道的建设对于改善各个国家、地区的国土综合利用和完善产业布局，减少流动资金和原材料积压，提高生产效率都有重大意义。丝

绸之路通道的建设通过促进运输与经济的交流来发展产业结构，使得各个国家、地区的产业结构趋向于更合理利用国家能源的方向发展。

4. 促进综合运输

丝绸之路运输通道的建设将各种运输方式的综合效率作为衡量通道建设与发展的重要指标，使得综合运输管理工作有了重大突破，而且加大了各种运输方式之间的协调力度，促进了综合运输发展。

5. 加强国际交流

丝绸之路运输通道的建设缩短了欧亚两大洲之间的运输距离和运输成本，便于沿线国家和地区的人员往来和货物运输，促进不同国家、地区经济和文化的进一步融合，对各国家和地区的国际交流具有重要意义。

四、通道类型

丝绸之路运输通道根据其服务范围不同，可以划分为国际通道、区际通道和区内通道等三种类型。

1. 国际通道

丝绸之路国际通道承担着国际客货运输的任务，服务特点是涉外贸易多、运输环节多、运输距离长、运输时间性强，丝绸之路典型的国际通道是新欧亚大陆桥。欧亚大陆桥是将欧洲、亚洲两侧海上运输线联结起来的便捷运输铁路，现有两条：第一欧亚大陆桥是从俄罗斯的符拉迪沃斯托克通向欧洲各国，最后到荷兰鹿特丹港；第二欧亚大陆桥是由中国陇海和兰新铁路与哈萨克斯坦铁路接轨的新欧亚大陆桥，东起连云港，向西经陇海铁路、兰新铁路，经北疆铁路到达边境阿拉山口进入哈萨克斯坦，经俄罗斯、白俄罗斯、波兰、德国，至荷兰鹿特丹港，是目前欧亚大陆东西最为便捷的通道。

2. 区际通道

丝绸之路通道中的区际通道承担各个不同区域的客货运输，其特点是通道大都为国家级主干运输网，运输量大、运输距离长、运输能力强，一般都由多种运输方式共同组成。中国主要的区际通道是长江河道和铁路通道。

3. 区内通道

丝绸之路通道中的区内通道主要承担地区内部的客货运输任务，其特点是连接区内各个主要城市和经济点，运输距离相对较短，运量相对分散，大多为单一或者两种运输方式的联合运输，客货运输的分布比较密集。例如：西安—宝鸡—天水—定西—兰州—武威；西安—平凉—固原—中卫—武威。

第五节　发展现状

一、公路运输通道

截至 2014 年年底，丝绸之路经济带的公路通车里程已达 40.33 万公里，以亚洲公路网络为基本框架，呈现“两横两纵”的网络形态。丝绸之路运输通道在中国境内以连云港—霍尔果斯国道主干线为主要公路通道，干支结合、布局合理、四通八达的公路网显示出中国境内丝绸之路运输通道公路建设的快速发展。公路运输通道全部由二级以上高等级公路组成。丝绸之路通道在中国新疆有 5 个分支，分别可以通过霍尔果斯、阿拉山口口岸联系哈萨克斯坦，经哈萨克斯坦集散，可以到达乌兹别克斯坦、塔吉克斯坦和吉尔吉斯斯坦等中亚国家，甚至到达俄罗斯和欧洲；通过吐尔尕特和伊尔克斯坦口岸可以联系吉尔吉斯斯坦，并通过吉尔吉斯斯坦到达塔吉克斯坦和乌兹别克斯坦；通过卡拉苏口岸，可以联系塔吉克斯坦。最终通过中亚国家可以联系西亚的伊朗等国家，通过土耳其的博斯普鲁士海峡到达欧洲。中国

境内主要的口岸公路如表 1－8 所示。

表 1－8　丝绸之路通道中国主要口岸公路建设现状

口岸名称	路线起讫点	里程(千米)	行政等级	技术等级
阿拉山口	阿拉山口口岸—博乐市	78	省道	二级、三级
霍尔果斯	霍尔果斯口岸—清水河	29	国道	一级
	清水河—霍城县	18	国道	二级
吐尔尕特	吐尔尕特山口—吐尔尕特口岸	110	省道	三级
	吐尔尕特口岸—乌恰县	36	省道	三级
伊尔克斯坦	伊尔克斯坦口岸—乌恰县(S309)	146	省道	三级
卡拉苏	阔勒买达坂—国道岔口	14	县道	四级、等外
	国道 314 岔口　塔什库尔干县	62	国道	二级、三级

数据来源:"中国公路网"资料整理.

阿拉山口口岸是公路铁路并运口岸,目前口岸公路等级相对较低,已不适应国际运输和交通合作的需求;霍尔果斯口岸是目前中国西部最大的公路交通口岸,口岸公路已经达到二级公路标准,目前交通量已超过 7000 标准车/日,需要在近期完成升级改造;吐尔尕特和伊尔克斯坦口岸公路为三级公路,路面状况较好,目前可以满足进出口客货运需求,但对接口岸公路的吉尔吉斯斯坦公路路况差,路面破坏严重,亟需改善;新卡拉苏口岸公路全长 76 公里,以二级、三级公路为主,基本满足目前的客货运输需求,但其中国道 314 至阔勒买达坂和对应的塔吉克斯坦公路为四级和等外路,有待进一步提高。

二、铁路运输通道

截至 2014 年,丝绸之路经济带铁路通车里程为 8.03 万公里,以第二欧亚大陆桥作为重点支撑,呈现"两横三纵"的交通网络格局。中国段丝绸之路铁路运输通道东起连云港,以中国陇海、兰新铁路为骨架,西经中亚、欧洲有关国家至荷兰鹿特丹港。该通道东段可连接东亚及东南亚诸国,从中国口岸出境进入中亚后,可以分北、西、南三线接上欧洲铁路网通往欧洲。目前由中国通过哈萨克斯坦和俄罗斯的北线已经开通运营。

从连云港至兰州的陇海铁路是贯穿中国东、中、西部最主要的铁路干线，也是新欧亚大陆桥的重要组成部分，全线为复线并已实现电气化。它横贯江苏、安徽、河南、陕西、甘肃五省，东起连云港，与海运港口相连；西行经徐州、开封、郑州、洛阳、西安、宝鸡、天水至兰州，与兰新、包兰、兰青铁路衔接；并与津浦、京广、焦枝、南同蒲、咸铜、宝成等铁路相交，全长 1759 公里，是中国铁路网“八纵八横”的骨干线路之一。

兰新铁路东起兰州，西至乌鲁木齐，沿线经过兰州、武威南、武威、金昌、张掖、清水、酒泉、嘉峪关、低窝铺、疏勒河、敦煌、哈密、柳树泉、鄯善、吐鲁番、乌鲁木齐等站，全长 1912 公里，为复线铁路。在中国西部，欧亚运输铁路通道目前有兰新线西段和南疆铁路两个分支。从乌鲁木齐西至阿拉山口口岸的兰新铁路西段为单线铁路。其中乌西—奎屯段为国家一级铁路，运送能力为旅客列车 5 对/日，货物 697 万吨/年；奎屯—阿拉山口段为国家二级铁路，运送能力为旅客列车 3 对/日，货物 475 万吨/年。目前兰新铁路西段运送能力已经达到饱和，甚至出现货物堆积在口岸无法运出的现象。根据《中国铁路网中长期规划》，吐鲁番至库尔勒铁路将于 2020 年前改建为复线。库尔勒至喀什段为国际二级铁路，运送能力为旅客列车 3 对/日，货物 475 万吨/年～824 万吨/年，目前铁路达到运力的 60%左右。打通中国丝绸之路的南通道，发展南疆铁路和相关公路的作用，更广泛地联系中亚国家和沿线国家，是未来丝绸之路运输通道的发展重点之一。

2012 年 12 月底，中国与哈萨克斯坦之间第二条铁路通道——霍尔果斯口岸铁路开通货运专列。首趟货运专列由江苏连云港起运，到达新疆霍尔果斯口岸站后，再换装前往哈萨克斯坦。这是继新欧亚大陆桥中哈阿拉山口铁路线后，中国第二条向西开放的国际铁路通道，也是中国向西开放的又一条“黄金通道”。新疆精伊霍铁路(精河－伊宁－霍尔果斯口岸)是新疆第一条电气化铁路，东起兰新铁路西段的精河站，西至中哈边境口岸霍尔果斯站，全长 286 公里。霍尔果斯口岸距新疆伊宁市 70 多公里，距哈萨克斯坦的阿拉木图市 378 公里，是中国西部距中亚中心城市运距最短的国家一类口岸。霍尔果斯口岸铁路线运营后，将成为中国面向中亚乃至欧洲的

集公路、铁路、管道为一体的国际交通枢纽，将有利于增加中哈两国贸易量，有利于促进中国向西开放。

三、航空运输通道

丝绸之路经济带的互联互通，依赖于高效便捷的交通方式的支持。航空运输以其快速高效的运输特点，已成为丝绸之路经济带建设快速推进的高效产业和关键产业。架设联通中亚、西亚、南亚和欧洲的“空中走廊”，促进中国与中亚、西亚乃至欧洲地区航空运输互联互通，对丝绸之路经济带建设来说不可或缺。丝绸之路经济带沿线国家和地区都对航空运输通道的建设极其重视。以中国为例，中国民航局着力完善国际航空运输发展政策，在航权开放、时刻分配、特殊航线补贴等方面积极创新，加强与相关部门的协作，推动丝绸之路经济带沿线城市（包括西安、乌鲁木齐在内的西部重点城市）的国际航空运输发展，引导中外航空公司开辟相应的国际航线。鼓励各航空公司主动将企业的发展战略融入国家战略，围绕国家战略开展市场调研，谋划网络布局，创新经营理念和模式，勇于开拓，发挥好运营主体的作用。机场、空管和其他保障单位也积极为航空公司创造良好的运营环境。鼓励地方政府将航空运输统筹纳入地方经济社会发展规划，发挥牵引、协调作用，不断挖掘自身优势，促进产业转型升级，营造适合民航发展的政策环境，为民航发展提供强有力的客货源支撑。

四、管道运输通道

管道运输通道是主要运送石油、天然气等特殊物资的通道。丝绸之路经济带沿线油气管道运输近年来有很大进展。中国—哈萨克斯坦原油管道是中国第一条长距离跨国原油管道。中哈原油管道、中国—中亚天然气管道等大型能源合作项目相继建成并投入运营。此外，自 2009 年年底至 2013 年，中国—中亚天然气管道已累计向中国输送天然气 600 多亿立方米。目前，加快油气管道建设已成为推进丝绸之路经济带建设的首要任务。为了提高管道运输在进口油气输送中的比重，陆路跨境油气管道建设路线目前已基本确定，主要包括：建设中亚天然气管道 C 线、D 线，建设西气东输三线、四线、五线工程，建成轮南—吐鲁番、伊宁—霍尔果斯等干线及天然气管道；加快建设中哈原油管道二期工程，国内配套建设独山子—乌鲁木齐原油管道；探索建设新疆喀什—巴基斯坦伊斯兰堡—伊朗油气运输通道，适时启动前期工作；启动中俄东线、西线天然气管道建设。

五、海上运输通道

丝绸之路除了陆上交通以外，还有一条主要途径是取道海路：自中国东南沿海港口，往南穿过中国南海，进入印度洋、波斯湾地区，远及东非、欧洲。这一东西方交往的海上交通要道，被称为海上丝绸之路。以南海为中心，以扬州、宁波、泉州、番禺（广州）四大港口为起点的海上通道是迄今为止发现的最为古老的海上运输航线。隋唐之前，海上丝绸之路作为陆上丝绸之路的一种补充形式而存在，但到了隋唐时期，由于西域战乱不断，陆上丝绸之路受阻，海上丝绸之路因此兴起。唐宋时期，因北方少数民族活跃及我国造船航海等技术的发展，海上丝绸之路得到极大发展。随着我国通往东南亚、马六甲海峡、印度洋、红海，乃至非洲大陆航路的开通和延伸，海上丝绸之路逐渐取代了陆上丝绸之路，成为我国对外交往的主要通道。

海上丝绸之路拥有多条航线，主要由东和南两条主线路构成，后期又开辟了北美航线。海上丝绸之路主要港口发展情况见表1－9。

表1－9　海上丝绸之路主要港口情况

序号	港口名称	港口情况
1	扬州	占地480亩，占用岸线1.8公里，现有码头泊位8个，其中万吨级泊位3个，客运泊位1个，全港拥有各类码头泊位39个，其中万吨级码头泊位13个，千吨级码头泊位17个，拥有库场20余万平方米，装卸运输设备100多台（辆），最大起重能力60吨
2	宁波	宁波港是一个集内河港、河口港和海港于一体的多功能、综合性的现代化深水大港。现有生产性泊位191座，其中万吨级以上深水泊位39座。最大的有25万吨级原油码头，20万吨级（可兼靠30万吨船）的卸矿码头，第六代国际集装箱专用泊位以及5万吨级液体化工专用泊位；已与世界上90多个国家和地区的560多个港口通航，是中国大陆主要的集装箱港口

续表 1-9

序号	港口名称	港口情况
3	泉州	泉州港港区码头有内港和外港两部分。内港在泉州市东南市桥下的晋江河道北岸，靠近市区，由于河道严重淤塞，河道水深仅两米左右，只供几百吨的小船或驳船停靠。晋江河口外秀涂岛附近泉州湾内设有海轮锚地，可锚泊 3000 吨～1 万吨级船只过驳至内港装卸。外港在内港东后，滨泉州湾北部的洛阳河口湾西岸，入港航道一般 5～13 米，最小 4 米，吃水 8 米船可乘潮入海，现有 5000 吨级客、货码头和粮食码头各一座，3000 吨级杂货、成品油泊位共两个，5000 吨级两个，该港吞吐量 101 万吨，其中外贸物资 15 万吨，主要有盐、粮、煤、建材、石油和杂货
4	广州	广州港是中国华南的国际贸易中枢港，也是中国第三大港，工商业发达，主营国内外进出口货物(包括集装箱)装卸、仓储、运输；进口货物(包括转口贸易货物)的保税仓业务；全国沿海港口，珠江内河港口，港澳航线水上运输；汽车运输；港内驳运拖带；起重装卸等业务。兼营国内外货物运输代理和船舶代理业务，水路、铁路、航空中转，联运；货物进出口报关业务；外轮理货；外轮引航及运输设备制造等业务

第六节　本章小结

丝绸之路起始于古代中国，是连接亚洲、非洲和欧洲的古代商业贸易路线。丝绸之路又分为陆上丝绸之路和海上丝绸之路。随着丝绸之路的不断发展，不同运输方式线路聚合组成具有一定规律的交通流带，逐渐发展成为丝绸之路运输通道。丝绸之路运输通道是丝绸之路的起终点之间具有多条交通运输线，覆盖途经地带，担任着重要和大量客货流运输任务的运输通道。丝绸之路运输通道由平行的多种交通运输方式的运输线路互相补充，共同提供强大的交通运输服务。本章首先对丝绸之路运输通道的形成原因、建设意义和丝绸之路运输通道类型进行了深入分析，接着对丝绸之路运输通道的发展现状进行了剖析，深入阐述了公路运输通道、铁路运输通道和海上运输通道的发展情况。

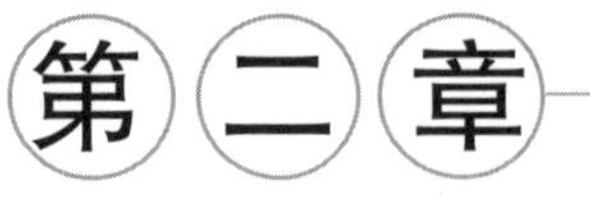

第二章 丝绸之路经济带运输通道建设的形势与机遇

第一节 构建丝绸之路经济带运输通道的必要性

一、历史演进规律的必然选择

公元前1世纪以前，在尼罗河流域、两河流域、印度河流域和黄河流域之北的草原上，存在着一条由许多不连贯的小规模贸易路线大体衔接而成的草原之路，陆上丝绸之路就这样产生并开始发展。之后，汉代的张骞多次出使西域，在沿线各国从事经商活动，吸引了更多人从事丝绸之路上的贸易活动，极大地推动了中原与西域之间的物质文化交流。随后，中国进入盛唐时代，不仅新修建了玉门关，而且打通了天山北路的丝绸之路分线，将西线打通至中亚，新的商路支线被不断开辟，青海也随着丝绸之路的发展，成为与河西走廊同等重要的地区，加上这一时期东罗马帝国、波斯等国的政权（7世纪中叶后阿拉伯帝国取代了波斯的中亚霸权）保持相对稳定，令这条商路再度迎来了繁荣时期。海上丝绸之路起于西汉初年，汉武帝平南越后，即派使者沿着百越民间开辟的航线远航南海和印度洋，经过东南亚，横越孟加拉湾，到达印度半岛的东南部，抵达锡兰（今斯里兰卡）后返航。魏晋南北朝时期是海上丝绸之路的拓展时期。唐中后期，陆上丝绸之路因战乱受阻加上同时期中国经济重心的南移，而海路又远比陆路运量大、成本低、安全度高，海路便逐渐取代陆路成为中外贸易的主通道。特别是宋朝商业科技高度发展，指南针和水密封舱等航海技术的发明与之前牵

星术、地文潮流等航海知识的积累，加上阿拉伯世界对海洋贸易的热衷，使海上丝绸之路达到空前繁盛。但是，明清时期的禁海政策使得海上丝绸之路逐渐走向衰败。多年以后，随着欧亚大陆桥、新欧亚大陆桥的建设开通，丝绸之路又渐渐恢复了往日的繁荣和作用。

从人类文明发展过程来看，现代化进程是由内陆国家转向海洋国家再向内陆国家推进的过程。农业文明时期，是以种植业和由种植业提供饲料来源的家畜饲养业为主要生产部门，因此生产力低下，运输条件差，运输工具单一，货物运输困难，其必然采取分散生产、分散消费的模式，所以内陆国家农业经济发达。工业文明时期，工业发达，大量新的生产方式和城市开始出现并快速发展，交通工具也得到很大改善，出现了汽车、火车、轮船等先进的交通工具。通讯方面，出现了如电话、电报等通讯设备。世界各地之间的联系日益紧密，市场逐渐全球化，加上海洋运输成本低、运送量大的特点，所以由海洋国家主导世界。

当前，欧美海洋国家已经步入工业化、城镇化的高级阶段，其发展模式与生活方式正在向欧亚非等内陆国家转移和扩散。东南亚、南亚、非洲等地区发展中国家利用低成本优势大力吸引外资，开始成为国际产业转移的重要承接地，特别是成为劳动密集型产业中低端加工组装环节的重要发展基地。一些资源富集国也在调整单纯依赖初级产品出口的经济发展现状，谋求依托资源延长产业链、推动重化工业集聚发展的发展模式。欧洲、亚洲、非洲许多内陆国家开始崛起，工业化、城镇化步伐加快。欧亚大陆是全球面积最大的大陆和地缘政治中轴，在经济全球化趋势的有力推动下，欧亚经济、政治交流与合作迅速发展。在丝绸之路国际运输通道的构建和带动下，由平行的、多种运输方式组成的、互相补充的运输线路所支撑的运输通道将为沿线国家共同提供强大的交通运输服务，丝绸之路经济带在沿线国家经济发展和文化交流方面将发挥着越来越重要的作用。可见，丝绸之路经济带的产生正是满足历史演进规律的必然选择。

二、经济带发展的客观要求

经济带是在劳动地域分工基础上形成的不同层次和各具特色的带状

地域经济单元，是依托一定的交通运输干线、地理位置、自然环境等并以其为发展轴，以轴上经济发达的一个和几个大城市作为核心，发挥经济集聚和辐射功能，联结带动周围不同等级规模城市的经济发展，由此形成点状密集、线状延伸、面状辐射的生产、流通一体化的带状经济区域或经济走廊。经济带作为一种地域概念，在国内外经济发达及欠发达地区都可见到。比较著名的有美国的128号公路沿线地区，是以电子和半导体闻名于世；日本的太平洋工业地带包括了京滨、中京、阪神三大工业区，由太平洋沿岸地区的综合运输通道连接，是日本经济的核心地区；莱茵河经济带，由莱茵河沿岸的综合运输通道连接，是欧洲经济中心之一；五大湖—圣劳伦斯经济带，由五大湖、圣劳伦斯河及两岸通道连接，是北美经济中心。

2013年9月7日上午，中国国家主席习近平在哈萨克斯坦纳扎尔巴耶夫大学作重要演讲，提出共同建设丝绸之路经济带的发展战略。为了使欧亚各国经济联系更加紧密、相互合作更加深入、发展空间更加广阔，可以用创新的合作模式，共同建设丝绸之路经济带，这是一项造福沿途各国人民的大事业。丝绸之路经济带东边牵着亚太经济圈，西边系着欧洲经济圈，被认为是世界上最长、最具有发展潜力的经济大走廊。

交通运输是丝绸之路经济带的命脉，主要体现在：

1. 以交通为基础的经济带特性

学者朱显平和邹向阳最早基于“交通经济带”“成长三角”以及“增长极”等区域经济概念和视角，将“丝绸之路经济带”界定为跨国交通经济发展带，即以跨国交通通道为展开空间，以区域经济一体化为手段，以中心城市和交通基础设施为依托，以生产要素自由流动和区域内贸易为动力，以带动沿线经济快速增长和发展为目的的中国—中亚跨国经济带。卫玲、戴江伟、郭爱君、毛锦凰等分别从广义和狭义两方面界定丝绸之路经济带的空间范围，并且认为丝绸之路经济带是以产业与人口的“点—轴”集聚为根本动力，以交通基础设施和自由流动的要素为基本框架，以中国与中亚地区共同利益为根基，以地缘政治与能源合作为现实基础，以建立区域经济一体化组织为战略目标的特定区域空间结构。

日本东海道经济带以东京和大阪两大都市为端点，由铁路、公路、航线和电信通讯线等交通通讯网络相连接，以东海道本线、国道1号线、新干线、东名和名神高速公路等为主要动脉，连接着京滨、中京和阪神等日本三大经济地域。东海道交通经济带长600公里，最宽处200公里，是日本政治、经济和文化的轴心。1964年开通的从东京经由横滨、静冈、名古屋和京都到大阪全长515公里的东海道新干线，形成了支撑日本经济社会发展的大动脉。此外，东名和名神高速公路的开通极大地缓解了东海道的交通压力，更为重要的是，它将东海道上的中小都市融于东海道交通经济带统一体中，形成了不同等级和职能的经济圈域和都市系统。因此，如果说300年前东海道上的53个驿站是东海道经济带形成的雏形，那么铁路和新干线的开通使这一雏形成为事实上的经济整体，高速公路全线运营则使东海道经济带成为一个等级分明、功能各异、内部联系紧密的经济统一体。

因此，交通基础设施是经济带内产业活动和布局的先行条件，是影响经济带空间结构和组织格局的重要因素之一，是经济带形成的存在和发展的前提。同理，构建丝绸之路国际运输通道是构建丝绸之路经济带的基础，也是构建丝绸之路经济带最根本的条件。

2. 以交通为先导的经济发展规律

交通运输作为国民经济的流动载体，沟通生产和消费，是经济发展诸多影响因素中非常重要的一个。著名经济学家安德森和斯特龙奎斯特曾经宣称欧洲经济体制的所有重大转变，均伴随着（或起始于）运输和通信基础设施的重大变化。运输产业直接服务于国民经济的发展，其发展又带动了与其存在前后联系的工业的发展。交通运输产业为制造业、贸易业和国民经济其他部门直接提供了运输、装卸和中转等相关服务，是一种前向联系效果，直接带动了这些产业部门的发展；另一方面，交通运输产业自身也消耗着本地和外地的制造业、贸易等行业生产的产品和提供的服务，与制造业及服务业之间存在后向联系效果。交通运输的发展对现代工业、资金和人口具有诱入、产生和凝聚的作用。在这种循环作用中运输产业不断发展完善，从而影响国民经济的发展。

著名的美国波士华经济带，北起波士顿南至华盛顿，沿大西洋沿岸跨越10个州，主要包括华盛顿、巴尔的摩、费城、纽约和波士顿等大城市，南北大约延伸600英里，由30多个城市区域组成，由州际(95号)高速公路、航线和铁路等连接，华盛顿到费城、费城到纽约、纽约到波士顿乘车只需要3个小时左右，经济、社会、文化交流极其便利。1870年，由于交通运输网络的建设和完善，把各个城市有机地连接在一起，出现了规模和等级不同、职能分工各异的城市体系结构，在美国的东海岸形成了带状城市聚集带，即波士华经济带的雏形。但是，随着美国国内经济不断地西移，由于地理位置远离西部和南部新开发地区，波士顿具有百年商业发展的优势逐渐被纽约所取代。从20世纪30年代开始，美国开始大规模兴建高速公路，1957年建设的95号州际高速公路对波士华交通经济带起到了重要促进作用。此后，由北部的波士顿到南部的华盛顿600英里的路程大约只需要8～9个小时，便利的交通使得30多个大中小城市紧密地联系在一起。另外，航空业的发展也为波士华经济带成为完善的经济地域单元起到了重要的作用。

三、区域经济发展的内在要求

丝绸之路经济带沿线国家经济发展的共同特点是：经济结构单一，能源工业、出口贸易在经济发展中占据重要地位，制造业和加工业相对落后。丝绸之路经济带国际运输通道建成以后，可以加快经济带区域的贸易往来，从而带动经济带区域的经济发展。

第一，在经济一体化目标实现之前，丝绸之路经济带各成员国之间开展贸易仍然属于国际贸易的范畴，随着一体化程度的提高，其将逐渐变成区域内贸易，无论是国际贸易还是区域内贸易，实行基于比较优势的专业化生产，通过成员国之间的贸易获得比较利益，可以提高资源在经济带内的配置效率，增加经济带的整体福利水平。

第二，由产业内贸易理论可知，具有相似要素禀赋结构和同等经济发展水平的丝绸之路经济带各成员国，特别是中亚地区部分国家之间可以在同一产业内(如能源化工)进行专业分工，实现规模经济，并通过贸易实现

福利增加。中亚几国在经济上各有其特色和优势:哈萨克斯坦矿藏、采矿工业基础雄厚,采掘工业和农牧业是其特色,具有冶金、钢铁、石油、煤炭、电力、化工、粮食和畜牧八大支柱产业,其经济实力仅次于俄罗斯、乌克兰;乌兹别克斯坦实力在中亚仅次于哈萨克斯坦,工业和农业产值约占中亚的三分之一,棉花、植棉机械、纺织机械、食物油等产量均超过哈萨克斯坦;吉尔吉斯斯坦锑和汞产量是前苏联的第一和第二位,存羊栏数、羊毛产量居前苏联第三位;土库曼斯坦天然气产量仅次于俄罗斯,90%供出口,石油、棉花产量也不少;塔吉克斯坦水力资源在中亚居第一,发电量仅次于哈萨克斯坦、乌兹别克斯坦,首都杜尚别有中亚最大的铝厂。

第三,动态比较优势理论对于丝绸之路经济带地域分工格局具有很强的解释力,一方面产业在生命周期的不同阶段对生产要素的密集度要求不同,另一方面要素禀赋优势发生变化,各地区特定产业的比较优势会改变,因而需要更新产业结构,最终调整贸易结构。地区差异是地域分工的物质基础,比较利益是地域分工的经济动力,区际要素的空间转移是地域分工的必要条件。丝绸之路经济带各成员国应该清楚认识各自所处的位置,明确各自的要素禀赋优势和产业生命周期所处的位置,把握产业在区域间的梯度转移规律,实施产业储备战略,形成合理的地域分工格局。

四、经济带交通运输结构转型升级的要求

丝绸之路经济带运输通道的建设大大促进了经济带区域交通结构的转变升级。首先,丝绸之路国际运输通道的建设完善了运输通道内交通网络结构。丝绸之路经济带国际运输通道的建设加快了跨境铁路、公路的规划建设,促进形成铁路、公路相互支撑的陆路运输通道格局,畅通横贯东西的欧亚大陆桥通道及其辐射网络。同时,加快了机场建设,丰富和完善直航航线,拓展现代航空服务网络。沿线各国围绕构建综合交通运输网络,加快综合运输枢纽建设,发挥枢纽节点的辐射带动作用,强化不同运输方式的衔接,协力推进交通运输服务网络化,服务沿线国家经济发展和人员往来。其次,丝绸之路国际运输通道的构建推动了运输的便利性。沿线各国参加了《国际铁路货物联合运输协定》《国际铁路货物运送公约》,推动签

署了中巴哈吉、中吉乌等多个多边运输协定，积极加入《集装箱海关公约》等国际便利运输公约。目前，多个沿线国家签订了十多个双边和区域性汽车运输协定，实现了与相关国家汽车直达运输。此外，利用好上海合作组织、中亚区域、中国—中东欧等国际合作机制，扩大交通运输开放，拓宽在交通基础设施建设、运输安全与管理、城市交通、现代物流、节能减排、科技创新、应急救助等领域的国际合作。

五、"一带一路"战略的现实要求

"一带一路"战略是习近平总书记提出的新时期区域经济发展的伟大战略。"基础设施互联互通"是"一带一路"建设的优先领域。丝绸之路经济带沿线国家正在加快公路建设，使各国和整个"一带一路"沿线其他国家的联系更加快捷，为各国的经贸往来奠定良好基础。以中国为例，截至2015年5月，中国已与毗邻11个国家的70对边境口岸开通了289条客货运输线路，总长度4万公里左右，基本建成了以重点城市为中心、边境口岸为节点、覆盖沿边地区并向周边国家辐射的国际道路运输网络。2014年全年中国国际道路运输货物运输量为3958万吨，同比增长10%；出入境货车155万辆次，同比增长30%。"一带一路"优先领域和早期收获项目是基础设施的互联互通。要实现"一带一路"沿途国家的深度合作，首先需要在地理上互相联通，所以铁路、公路、口岸、民航、油气管道都将是建设或升级改造的重点。同时，"一带一路"涉及的发展中国家居多，基础设施建设水平普遍较差，提升空间巨大。很多国家缺水、缺电、缺道路，交往不够顺畅，发展差距很大。公路延伸将整个丝绸之路沿线各国连接起来，拉近中国、亚洲与世界的距离。未来随着"一带一路"战略的推进，中亚、中欧将开通多条客货道路运输线路，带来更大的市场空间、更多的就业机会和更广的合作领域。中国实施"一带一路"战略，进一步完善公路网络体系，将促进丝绸之路经济带交通基础设施的快速发展，为沿线国家的经济发展提供重要机遇。

第二节　构建丝绸之路经济带运输通道面临的形势

一、世界各国经济需要共同发展

受全球经济危机和世界经济全球化的影响，不仅发展中国家要发展，发达国家也要发展。发达国家和发展中国家经济的共同趋势是经济的区域集团化和经济全球化。不同的是，发展中国家更愿意在区域内结成联盟，以抵御发达国家的经济“侵略”，在经济全球化的浪潮中谋得一席之地；发达国家通过国际贸易中压低初级产品价格并抬高工业制成品的价格的差价来获取高额利润，所以更倾向于经济全球化。

通过表 2－1 可以看出，七国集团在 2009 年均遭遇了经济衰退，2010 年以来尽管基本走出了经济困境，但经济增长速度明显放缓，对世界经济的带动作用有所下降。与此同时，尽管金砖五国 2010—2013 年的经济增长速度大都高于七国集团，但同样未恢复到经济危机之前的水平。在此背景下，世界各国都认识到通过加强合作促进经济发展的必要性，亟需在全球范围内共同构建新的经济增长区域，建设丝绸之路经济带就成为必然选择。具体而言，丝绸之路经济带东边始于经济繁荣的日本、韩国和中国东部沿海地区，西边直到经济发达的欧盟经济圈，中间则在中亚和中国西部地区形成了一个经济凹陷区域。从资源禀赋、产业基础、政策扶持等条件来看，这一凹陷区域具有广阔的经济增长空间。近年来，中国不断加大对西部地区的扶持和投入力度，西部基础设施建设和经济社会发展水平有了明显进步，具备了向东承接产业转移和向西扩大开放的条件。与中国西部毗邻的俄罗斯、中亚地区拥有丰富的石油、天然气、有色金属等矿产资源，采矿业、冶金业和加工业发达，吸引国外投资的规模不断扩大。因此，通过中国、俄罗斯、中亚及周边国家共建丝绸之路经济带，一方面可以推动中国西部地区及泛中亚经济圈的经济增长，提升该区域的经济发展水平；另一方面可以形成横贯欧亚、繁荣发达的带状经济合作区域，对于推动全球经济增长具有重大意义。

表 2-1　2009—2013 年七国集团和金砖五国 GDP 增长率

类别	国家	2009 年	2010 年	2011 年	2012 年	2013 年
七国集团	美国	−3.1%	2.4%	1.8%	2.8%	1.9%
	英国	−4.0%	1.8%	1.1%	0.1%	1.4%
	法国	−3.2%	1.7%	2.0%	0.0%	0.2%
	德国	−5.1%	4.2%	3.3%	0.7%	0.5%
	日本	−5.5%	4.7%	−0.4%	1.4%	1.6%
	意大利	−5.5%	1.7%	0.6%	−2.6%	−1.8%
	加拿大	−2.8%	3.2%	2.5%	1.7%	1.7%
金砖五国	俄罗斯	−7.8%	4.5%	4.3%	3.5%	1.6%
	巴西	−0.3%	7.5%	2.6%	1.0%	2.4%
	印度	8.5%	10.6%	6.2%	5.0%	4.7%
	南非	−1.5%	3.1%	3.1%	2.5%	1.9%
	中国	9.2%	10.4%	9.3%	7.7%	7.7%

数据来源:世界银行数据库.

二、沿线国家经济正在快速增长

丝绸之路经济带两端是当今国际经济最活跃的两个主引擎——欧洲联盟与环太平洋经济带。丝绸之路沿线大部分国家处在两个引擎之间的“凹陷地带”,发展经济与追求美好生活是本地区国家与民众的普遍诉求。区域内资源丰富,有世界第三大铜矿带、第五大铁矿带,有三大世界级产油国伊朗、伊拉克和俄罗斯,有世界上最大产铀国哈萨克斯坦,锌、钨等多种矿产储量位居世界第一。能源、原材料出口和资源加工类工业在较长时期内仍将是本地区的优势和重点产业门类,对轻工业产品和机电产品的需求将长期存在,具备中高端制造业和科技创新优势的国家和地区将在这一经济贸易区发挥市场主导作用。

近年来,丝绸之路经济带沿线国家经济正在快速增长,见表 2-2。除了少数几个国家以外,大多数都拥有着较高的 GDP 增长率,为建设新丝绸

之路经济带提供了一个良好的宏观经济环境。

表 2-2　丝绸之路经济带沿线主要国家 GDP 增长状况

国家	2009 年	2010 年	2011 年	2012 年	2013 年
中国	9.2	10.4	9.3	7.7	7.7
俄罗斯	−7.8	4.5	4.3	3.5	1.6
印度	8.5	10.6	6.2	5.0	4.7
土耳其	−4.8	9.2	8.8	2.1	4.1
荷兰	−3.7	1.5	0.9	−1.3	−0.8
巴基斯坦	2.8	1.6	2.8	4.0	6.1
哈萨克斯坦	1.2	7.3	7.5	5.0	6.0
罗马尼亚	−6.8	−0.9	2.3	0.4	3.5
乌兹别克斯坦	8.1	8.5	8.3	8.2	8.0
土库曼斯坦	6.1	9.2	14.7	11.1	10.2
塔吉克斯坦	3.8	6.5	7.4	7.5	7.4

数据来源:世界银行数据库.

2013 年,中国与丝绸之路经济带陆路沿线国家合计进出口贸易总额 6000 多亿美元,占中国对外贸易总量的 15%左右,显示出二者经贸领域合作基础良好,合作空间与上升潜力较大。中国已成为俄罗斯、哈萨克斯坦、土库曼斯坦的第一大贸易伙伴,吉尔吉斯斯坦、乌兹别克斯坦、乌克兰的第二大贸易伙伴,塔吉克斯坦的第三大贸易伙伴。就 2013 年丝绸之路通道上主要国家进出口货物贸易状况来看,其进出口贸易总额占该国 GDP 的份额还是比较大的,基本上都超过了 GDP 的 30%以上,见表 2-3。

表 2-3　2013 年丝绸之路通道上主要国家进出口货物贸易状况

单位:万亿美元

国家	进口贸易总额	出口贸易总额	货物贸易总额	占 GDP 份额
中国	1.95	2.21	4.16	45.32%
俄罗斯	0.32	0.52	0.84	38.12%
印度	0.41	0.3	0.71	37.37%
土耳其	0.25	0.15	0.4	48.19%
罗马尼亚	0.076	0.068	0.14	73.68%

资料来源:互联网整理

三、欧亚联系需要更便捷的运输通道

1. 丝绸之路国际运输通道是欧亚经济腹地之间快速便捷的通道

丝绸之路国际运输通道不但具有以新欧亚大陆桥为代表的铁路运输资源，还具有以新丝绸之路为代表的高等级公路运输资源和利用中国上海港、连云港水路便捷联系东北亚地区的港口资源，这是欧亚北部铁路通道和南部海运通道所不具备的综合运输资源优势。而且，随着欧亚地区经济发展和人民生活水平不断提高，欧亚经济大走廊沿线国家之间的货物贸易结构将不断调整，小批量、多批次、强时效、高附加值的货物贸易比例将不断增加，安全、便捷、高效的国际货物贸易运输需求也将随之增加，丝绸之路国际运输通道所包含的公路运输和铁路集装箱运输可以较好地满足这一需求。

2. 丝绸之路国际运输通道对开发沿线地区起支撑作用

欧亚北部铁路运输通道主要贯穿俄罗斯和北欧地区，连通国家较少。由新欧亚大陆桥和新丝绸之路组成的欧亚中部通道，不仅正好处在中国东中西部经济的连接带上，而且可以将经济不甚发达的中亚地区同经济比较发达的欧洲地区、中国东部沿海地区及东北亚地区广泛串连起来，联系更多的国家和地区。以中部通道为支撑，有利于欧洲、东北亚及中国东部沿海经济发达地区充分开发利用中国中西部及中亚地区的丰富资源和广阔市场；有利于地处内陆、远离海港的中亚 5 国快捷地通达西欧海岸和中国东部沿海，从而获得便捷的出海口。

欧亚陆路运输通道直接穿过中国、俄罗斯、中亚和欧洲等欧亚地区，并直接连通东北亚地区，沿线经济腹地的资源和产品通过短距离的集散就可以便捷地进入主干通道，便于带动沿线地区的资源开发和产业发展。相比之下，如果选择欧亚海运通道，大部分欧亚内陆地区的外贸货物必须先通过陆路交通集散到沿海港口，不仅运输距离大大增加，而且通过大西洋和印度洋的远距离海洋运输避开了不甚发达的欧亚内陆经济腹地。因此，海

运通道带动欧亚内陆地区资源开发和经济发展的强度较弱。

四、全球经济发展格局已发生变化

1. 国际发展战略的需要

从一定意义上来说，丝绸之路经济带将成为“欧亚非经济一体化”概念的代名词。同时，随着美洲经济一体化、跨太平洋经济合作及跨大西洋经济合作的推进，丝绸之路经济带将在东西两个方向加速与北美洲、南美洲及大洋洲的经济融合，成为实现全球经济一体化的战略平台。丝绸之路经济带在跨太平洋经济合作、跨大西洋经济合作深入发展的基础上，将从东、西两个方向进一步密切与包括美国、加拿大等发达国家在内的北美洲、南美洲经济的联系。世界各国在经济全球化与区域经济一体化高度发展的基础上开始推进全球经济一体化合作。

从区域性来看，丝绸之路经济带以中国、俄罗斯和中亚5国为主体，其建设区域主要涉及古丝绸之路沿线国家，包括东亚、中亚、西亚、南亚、北亚、欧洲等地区，这使得丝绸之路经济带具有明显的区域性特征，是实现区域经济一体化的重要平台。从国际性来看，丝绸之路经济带连接中国、欧盟、日本、俄罗斯、印度等世界主要经济体，并且随着交通联系的日益紧密和互联网的快速发展，丝绸之路经济带还可以向非洲、美洲等地区延伸，在世界范围内具有强大的辐射带动功能，这使得丝绸之路经济带成为经济全球化背景下的宏观经济组织和国际合作平台。由此可见，丝绸之路经济带同时具有区域性和全球性特征，是区域经济一体化和经济全球化的重要表现形式。

世界经济全球化，有利于发展中国家对外贸易的增长，有利于发展中国家加速自己的工业化进程，不断改善自己的产业结构；经济全球化，使发展中国家能够引进更多资金和技术，促进本国经济繁荣。经济全球化对发展中国家还意味着挑战和风险。发展中国家在全球化过程中要受到主要是按西方国家意志制定的国际经济规则的约束和制约，为此要付出一些代价；国民经济对外依赖程度日益提高，将使发展中国家易受国际经济波动的影响；迅速开放国内市场，使外国货物大批涌入，会强烈冲击发展中国家的民族工业，国际短期资本大量涌入，也大大增加了发展中国家的金融风险；大量引进外资和技术，发展中国家的主要产业乃至整个国民经济有被跨国公司和国际经济组织控制的危险等。但是，发展中国家必须积极参加世界经济全球化进程，孤立于世界经济全球化趋势之外是没有出路的。区域经济集团化是经济全球化发展到一定程度的产物，是最终实现经济全球化的具体步骤和途径，是经济全球化的有机组成部分。发展中国家在参与世界经济全球化过程时，应对全球化带来的巨大风险和安全问题有充分的认识，积极采取各种措施，趋利避害。尤其要加强和扩大南南合作，争取国际经济运行规则向有利于发展中国家的方向调整。

中国及中亚各国都属发展中的经济转轨国家，均需应对全球化的严峻挑战。大力发展经济、增强综合国力是丝绸之路经济带沿线国家面临的共同任务，一个长期稳定、和平的周边和地区环境也是沿线各国的共同诉求。

2. 中国发展战略的需要

随着中国的对外开放和现代化的推进，中国在市场和资源上越来越依赖于外部世界，也愈来愈与其他工业化国家成为竞争资源和市场的对手。目前在印度洋航线，中国 4/5 的能源进出口必须依靠马六甲海峡通道来运输，而在马六甲海峡已经受到美国驻军控制的情形下，中国仅能维持 3 天的原油储量面临严重的安全威胁。2010 年 1 月，国家能源委的成立，意味着中国能源安全战略被提上了新的高度。随着地缘战略格局与政治角力的变化，陆路通道成为新的诉求。

为此，必须从传统的“一洋战略”向更加安全稳妥的“海陆并行战略”转变，特别是在面对全球能源趋于紧张的现实情况下，中国就避开马六甲海峡的石油运输替代通道设计了三大陆路战略：一是北线战略：连接俄罗斯西伯利亚东部的安加尔斯克与中国大庆的石油管道即安大线，因为日本的介入而前景未卜，基本搁浅；二是南线战略：开凿克拉地峡运河，兴建泛亚洲石油大陆桥，参与西南周边国家的油气资源勘探开发，修建中缅石油管道（将来自中东的石油从缅甸实兑港上岸，经云南瑞丽到达昆明），这个方

案仅处于构想阶段，尚未论证实施；三是西线战略：建设中哈石油管线，兴建中国—吉尔吉斯斯坦、中国—巴基斯坦铁路，打造向西两大通道。相比较而言，在现实条件下，西线战略的中哈石油管线方案更具可行性。

向西开放战略是中国对外开放战略和西部大开发战略的重要内容，是西部地区对内对外双向的互动开放，包括沿边开放和内陆向西开放两大战略任务，主要面向中亚、西亚、南亚、东南亚等周边国家和地区的合作与联系。通过向西开放战略，可以充分利用国内、国外两种资源和两个市场，参与国际交换和国际竞争，促进生产要素合理流动以及本地区资源的科学开发与利用，形成跨国次区域合作发展以及内外需并重的发展模式，分层次、有重点地由内向外逐步推进开放水平，提升区域协调发展和自我发展能力，促进西部地区经济社会全面协调可持续发展和区域的共同繁荣。

构建互联互通的国际运输通道是中国向西开放的支撑条件，也是中国与周边国家要素双向流动和商品自由流通的重要保障。应利用铁路、公路、航空、管道、电网、通信为主体的综合通道网络，构建起与周边国家立体式、全方位、多功能和网格化的联通体系。通过多方向、多渠道、多口岸向周边国家和地区辐射，逐步拓展口岸交通功能，完善综合交通枢纽，畅通国内运输通道，加密综合交通网络，构建与国家综合交通网络系统实现良好衔接的国际运输通道格局。

第三节　构建丝绸之路经济带运输通道面临的机遇

丝绸之路经济带是以跨国综合交通通道为基础，以沿线国家中心城市为发展节点，以区域内商品、服务、资本、人员自由流动为发展动力，以区域内各国政府协调制度安排为发展手段，实现丝绸之路经济带区域内国家经济快速增长的新型跨国经济合作区的建设，为丝绸之路沿线各国、各地区的发展提供了良好的合作契机，必将带来欧亚各国经贸合作的共同繁荣和新机遇。

一、良好的合作基础

1.具有一定的组织化合作基础

上海合作组织是哈萨克斯坦共和国、中华人民共和国、吉尔吉斯斯坦共和国、俄罗斯联邦、塔吉克斯坦共和国、乌兹别克斯坦共和国于2001年6月15日在中国上海宣布成立的永久性政府间国际组织。其基本组成见表2－4。其宗旨是:加强各成员国之间的相互信任与睦邻友好;鼓励成员国在政治、经贸、科技、文化、教育、能源、交通、旅游、环保及其他领域的有效合作;共同致力于维护和保障地区的和平、安全与稳定;推动建立民主、公正、合理的国际政治新秩序。上海合作组织对内遵循“互信、互利、平等、协商”、尊重多样文明、谋求共同发展的上海精神,对外奉行不结盟、不针对其他国家和组织及对外开放原则。上海合作组织成员国政府首脑理事会每年举行一次例会,重点研究组织框架内多边合作的战略与优先方向,解决经济合作领域的原则和迫切问题,并批准组织年度预算。上海合作组织尽管不是一个以经济合作为主要目标的组织,但在推动成员国之间经济合作方面也发挥着卓有成效的作用,它强调了丝绸之路核心地区共同的利益和安全诉求,促进了成员国合作共识与机制的不断增多和完善,有助于夯实及拓展丝绸之路的合作基础。

表2－4　上海合作组织的基本组成表

成员国	中国、俄罗斯、哈萨克斯坦、吉尔吉斯斯坦、塔吉克斯坦、乌兹别克斯坦
观察员国	伊朗、巴基斯坦、阿富汗、蒙古、印度
轮值主席国客人	土库曼斯坦、独联体、东盟
对话伙伴国	斯里兰卡、白俄罗斯、土耳其

自成立起,上海合作组织为参与各国的经济合作与促进发展提供了有力的支撑,特别是在2002年建立了交通部长会议机制。表2－5为上海合作组织发展大记事。

表 2－5　上海合作组织发展大记事

时间	记　事
2001 年 1 月	乌兹别克斯坦提出作为正式成员加入“上海五国”
2001 年 6 月 15 日	在上海举行的峰会上，六国元首签署了《上海合作组织成立宣言》以及《打击恐怖主义、分裂主义、极端主义上海公约》，上海合作组织正式成立
2001 年 9 月 14 日	上海合作组织成员国政府首脑首次会议在阿拉木图举行
2002 年 6 月 7 日	在圣彼得堡峰会上，成员国元首通过了规定上海合作组织的宗旨、原则及基本合作方向的《上海合作组织宪章》，签署了《上海合作组织成员国关于地区反恐怖机构的协定》
2002 年	在上海合作组织框架下建立了交通部长会议机制，中国还与哈萨克斯坦建立了交通合作分委会机制
2003 年 9 月 23 日	在北京举行的上海合作组织成员国政府首脑会议通过了《签署上海合作组织成员国多边经贸合作纲要》，通过了 2004 年上海合作组织首个预算
2004 年 1 月	上海合作组织常设机构——设在北京的上海合作组织秘书处以及设在塔什干的地区反恐怖机构启动
2004 年	塔什干峰会上批准了《上海合作组织观察员条例》。蒙古在此次峰会上被赋予观察员地位，伊朗、巴基斯坦、印度在 2005 年阿斯塔峰会上获得观察员地位
2006 年	上海峰会任命努尔加利耶夫及苏班诺夫自 2007 年 1 月 1 日起分别担任上海合作组织秘书长和上海合作组织地区反恐怖机构执行委员会主任
2007 年 8 月 16 日	在上海合作组织比什凯克元首峰会上，时任俄罗斯总统普京倡议成立“上海合作组织大学”，得到成员国的一致赞同
2010 年 9 月 23 日	第三次上海合作组织成员国教育部长会议通过上海合作组织大学项目院校增至 62 所的决议，其中哈萨克斯坦 13 所，吉尔吉斯斯坦 8 所，中国 15 所，俄罗斯 16 所，塔吉克斯坦 10 所

续表 2-5

时间	记　事
2012 年 6 月 6—7 日	成员国元首理事会第十二次会议在北京召开，批准了《上海合作组织中期发展战略规划》及《上海合作组织成员国关于打击恐怖主义、分裂主义和极端主义 2013 至 2015 年合作纲要》
2013 年 9 月 13 日	第十三次成员国元首理事会会议在吉尔吉斯斯坦首都比什凯克举行，成员国元首签署并发表《比什凯克宣言》，批准《长期睦邻友好合作条约实施纲要》，签署《上海合作组织成员国政府间科技合作协定》

资料来源：欧亚经济发展论坛历届论坛资料汇总.

欧亚经济论坛发起于 2005 年，是一个以上海合作组织成员国和观察员国为主体，面向上海合作组织所覆盖的广大欧亚地区的、开放性的高层次国际会议。欧亚经济论坛总部设在西安，每两年举办一次。表 2-6 为历届欧亚经济论坛的主题与重点。

表 2-6　历届欧亚经济论坛的主题与重点

届别	召开时间	论坛主题	论坛重点
第一届	2005 年 12 月 10—11 日	搭建中国中西部与中亚及俄罗斯相关地方区域经济合作框架	论坛设全体大会和能源、旅游、金融、合作四个平行分会，分别就能源开发、丝绸之路旅游、开发性金融合作、中国中西部地方政府与中亚及俄罗斯地方政府合作等议题进行了富有成效的讨论，并提出了一些富有建设性的倡议。
第二届	2007 年 11 月 8—9 日	加强务实合作，谋求共同发展	论坛设全体大会和能源、金融、旅游、地方政府合作、教育和各国投资环境推介会等六个平行分会。来自俄罗斯、塔吉克斯坦、乌兹别克斯坦、蒙古、伊朗等 20 多个国家的政府官员、企业精英和专家学者等出席大会。在本届论坛上，各参会国共同签署了《西安共识》。

续表 2-6

届别	召开时间	论坛主题	论坛重点
第三届	2009 年 11 月 16—17 日	携手合作，促进经济复苏	共设全体大会和金融、能源、教育、海关与商界合作四个平行分会。来自欧亚地区 32 个国家的 783 名嘉宾出席大会。本届论坛期间，国家开发银行与西安市政府签署了《支持西安市文化产业和城市发展备忘录》，曲江新区与国家开发银行金融公司签约成立了国内首个城市发展基金；与会的欧亚各国海关和商界代表共同签署了《推进贸易安全与便利西安倡议》；召开了欧亚经济论坛理事会筹备委员会成立大会，推举产生了理事会筹备委员会副主任委员及委员，签署了会议备忘录，论坛开始逐步实现机制化发展。
第四届	2011 年 9 月 22—24 日	创新欧亚合作，共享转型机遇	欧亚各国政府、企业如何立足于经济转型、发展方式转变的新基点，创新合作领域、合作理念、合作模式及合作载体，分享转型机遇，实现以创新促合作、以合作促转型、以转型促发展的目标，共同开创欧亚地区的美好未来。
第五届	2013 年 9 月 26—28 日	深化务实合作，促进共同繁荣	设开幕式暨全体大会与金融合作、能源开发、经济增长、文化遗产、教育人才、新兴科技、旅游发展及生态环保等八大平行分会，低碳地球峰会、可持续货币大会等五个配套会议和中意经贸文化论坛、欧亚大陆桥物流合作会议等六项专题活动，致力于推进上海经济合作组织科技示范园区等重大项目取得实质性进展，提升地区基础设施互联互通和贸易投资便利化水平。

资料来源.欧亚经济发展论坛各届论坛资料汇总.

2.具有一定的产业合作基础

尽管“中亚—中国西北”这一区域经济发展水平低，人均 GDP 远远落后于欧洲和东亚发达经济体，但该区域却蕴含着世界上最丰富的矿产资源、能源资源、土地资源、人力资源以及古丝绸之路沿线众多的历史文物、古迹、壮丽的自然风光和多民族文化构成的宝贵旅游资源，经济增长潜力巨大。

中国已成为俄罗斯、哈萨克斯坦、土库曼斯坦的最大贸易伙伴，乌兹别克斯坦、吉尔吉斯斯坦的第二大贸易伙伴，塔吉克斯坦的第三大贸易伙伴。2013 年中俄贸易额达到创纪录的 892 亿美元，双方首座跨境铁路界河桥已经奠基，卢布和人民币在两国银行间外汇市场挂牌交易。2013 年，中国与中亚四国(除土库曼斯坦)贸易额达 402 亿美元，比 2012 年增长 13%。其中中哈贸易额达 286 亿美元，中乌贸易额首次突破 40 亿美元大关，增幅分别为 11.3%和 58.3%。中国是土库曼斯坦和乌兹别克斯坦最大的天然气出口市场。中国对中亚国家的直接投资快速增长，到 2012 年年底中国对哈萨克斯坦的投资总额达 200 亿美元，中国向哈萨克斯坦提供的贷款有 300 亿美元。中国已成为乌兹别克斯坦第一、吉尔吉斯斯坦第二大投资来源国。中哈原油管道、中国—中亚天然气管道相继开通，预计到 2020 年左右，土库曼斯坦每年将向中国出口天然气 650 亿立方米以上，中国与中亚国家在经济上更加紧密地联系在了一起。

丝绸之路经济带沿线国家(中亚五国、俄罗斯、蒙古等国)经济发展的共同特点是:经济结构单一，能源工业、出口贸易在经济发展中占据重要地位，制造业和加工业相对落后。这些国家为了改变经济结构单一现状，纷纷制定有利于经济结构调整的发展战略。例如，哈萨克斯坦于 2012 年开始实施《2010—2014 国家加速工业创新发展纲要》，把农业、冶金业、石油加工、电力、化工和制药、信息通信和交通运输、建筑业列为优先引资发展方向。吉尔吉斯斯坦《2013－2017 年稳定发展战略》把交通、电力、采矿、农业、轻工业、服务业等作为重点发展方向，2013 年该国的纺织业、渔业、肉类生产企业、“玛纳斯”国际机场、“IN FOX 信息中心”等领域都在积极寻求投

资伙伴。塔吉克斯坦制定了《塔吉克斯坦共和国截至2015年的国家发展战略》,2011年制定了《2012—2014年国家投资规划》,把水电站建设、公路修复及隧道建设、矿产资源开发、通信网改造以及农产品加工作为吸引外资的重点领域,而中资企业顺利实施的塔乌、塔吉、塔中公路项目及南北输变电线等一系列工程,为中资企业投资该国奠定了良好基础。乌兹别克斯坦于2010年颁布了《2011—2015乌兹别克斯坦工业发展纲要》,2012年10月颁布了《关于促进外资吸引补充措施的总统令》,将石化、化工、纺织、机械制造、煤炭工业、医药、农产品加工、建材、石油和天然气勘探等领域作为优先发展领域并提供大量优惠政策。2008年,俄罗斯颁布了《2020年前俄罗斯联邦社会经济长期发展构想》,鼓励向创新领域投资,把信息、节能、核能、医药、宇航作为优先发展对象。2012年俄罗斯提出打造多元化"新经济"的构想,把航天、航空、核能、淡水资源、远东和西伯利亚地区开发等领域作为投资合作的重点。丝绸之路经济带国家经济发展战略的调整和经济互补性,为沿线国家的多方面合作奠定了现实基础,丝绸之路经济带沿线国家吸引外资的优惠政策以及渴望经济快速发展的诉求为构建丝绸之路经济带提供了良好的机遇。

3. 具有一定的通道交通基础设施建设与合作基础

近年来,在联合国丝绸之路复兴计划等多种国际计划的引导下,丝绸之路沿线国家加大了在交通基础设施方面的投资力度。目前,新欧亚大陆桥沿线综合交通运输基础设施建设已经取得了重要进展。随着基础设施的改善,经由中亚地区的欧亚大陆桥将不断显示其比欧亚海洋运输成本低、时间短、风险低的优势,并有力推动丝绸之路经济带涵盖区域的经济社会发展。

(1)中国—俄罗斯—欧洲通道合作

2006年,中国原铁道部、德国铁路股份公司和俄罗斯铁路股份公司在中国北京签署了《关于加强欧亚铁路运输合作的谅解备忘录》,确定了合作的各项制度。这是三方铁路部门历史上首次签署合作文件,将促进中欧之间的陆地贸易。三方合作范围横跨欧亚,里程超过1万公里,范围之广为世界之最。三方合作的目的是：提高中国—俄罗斯—欧洲国家及回程方向的铁路货运量、开发以客户和市场为导向的铁路运输和物流方式，提高铁路运输在中国—俄罗斯—欧洲国家及回程方向货运市场中的份额。由新老欧亚大陆桥构成的中国—俄罗斯—欧洲铁路，是中国与欧洲和俄罗斯经济贸易往来的优良通道，与传统的海运相比，它具有距离短、时间快的优势，至于中国内陆地区进出欧盟，大陆桥的优势更为明显。但是，由于沿途经过众多的国家的海关制度以及铁路轨距不同等原因，大陆桥沟通欧亚的潜在优势并没有充分发挥，存在运输价格高、通关手续复杂等问题。在此之前，中国商品只能到达独联体范围，到达欧洲则很困难，2012 年才刚刚开通直达德国的集装箱班列。如今，在欧盟有巨大影响的德国及在独联体内处于领导地位的俄罗斯，一同与中国签署合作协议，有利于疏通欧亚大陆桥，从而为中欧中俄贸易提供有力的保证。

(2)中国—哈萨克斯坦通道合作

铁路方面，中哈铁路区域性的基础设施已部分建成，新欧亚大陆桥铁路运输网为哈萨克斯坦提供了出海口。中国于 2004 年开通连云港—阿拉山口—阿拉木图跨国的集装箱直达班列，2007 年 4 月开通乌鲁木齐—阿拉木图的国际集装箱班列。2012 年，哈萨克斯坦开工建设萨雷奥泽克—霍尔果斯口岸的铁路，实现与精伊霍铁路接轨的目标。公路方面，目前，横贯中国东、中、西部，东起上海、连云港，途径西安，西抵乌鲁木齐，并延伸至哈萨克斯坦、吉尔吉斯斯坦和塔吉克斯坦，广泛联系周边国家的新丝绸之路公路运输通道已基本形成。截至 2007 年年底，中哈间开通直达旅客和货物运输线路 60 余条。连霍高速(连云港—霍尔果斯，G30)已经全线开通并成功运营，在新丝绸之路上，可以通过霍尔果斯、阿拉山口和巴克图三大公路口岸连通哈萨克斯坦。航空方面，到 2007 年，中哈先后开通了乌鲁木齐—阿斯塔纳、北京—阿拉木图，上海—阿拉木图、乌鲁木齐—乌斯季卡缅诺戈尔斯克(东哈州)的直飞航线及多个航班口。此外，中哈通过乌鲁木齐、阿拉木图等城市可便利地中转于两国乃至欧亚的多个城市，已形成了方便快捷的航空网。2007 年 4 月 17 日，中哈航空会谈在北京举行，双方就扩大两国间航权安排达成协议，并签署了谅解备忘录。管道合作方面，中哈原油

管道总体规划年输油能力为2000万吨，西起里海的阿特劳，途经阿克纠宾，终点为中哈边界的阿拉山口，全长2798千米。中哈石油管道的油源由哈萨克斯坦和俄罗斯共同支撑，50%来自哈萨克斯坦的扎纳诺尔油田和阿克纠宾油田，50%来自里海地区的俄罗斯油田。中、哈、俄三国在能源领域的资金、技术、管理等方面各有优势，形成良性的资源与市场互补。中哈管道不仅加深了中哈石油合作，更把来自俄罗斯和哈萨克斯坦的石油连为一体。而在建的中国—中亚天然气管道，则将土库曼斯坦、哈萨克斯坦、乌兹别克斯坦与中国联系起来。

(3)新欧亚大陆桥的开通

"新欧亚大陆桥"是相对旧欧亚大陆桥而言的，它东起太平洋西岸日照、连云港等中国东部沿海港口，西可达大西洋东岸荷兰的鹿特丹、比利时的安特卫普等港口，横贯欧亚两大洲中部地带。它的东端直接与东亚及东南亚诸国相连；它的中国段西端，从新疆阿拉山口站换装出境进入中亚，与哈萨克斯坦德鲁日巴站接轨，西行至阿克套，进而分北中南三线接上欧洲铁路网通往欧洲。北线是由哈萨克斯坦阿克套北上与西伯利亚大铁路接轨，经俄罗斯、白俄罗斯、波兰通往西欧及北欧诸国；中线是由哈萨克斯坦往俄罗斯、乌克兰、斯洛伐克、匈牙利、奥地利、瑞士、德国、法国至英吉利海峡港口转海运或由哈萨克斯坦阿克套南下，沿吉尔吉斯斯坦边境经乌兹别克斯坦塔什乾及土库曼斯坦阿什哈巴德西行至克拉斯诺沃茨克，过里海达阿塞拜疆的巴库，再经格鲁吉亚第比利斯及波季港，越黑海至保加利亚的瓦尔纳，并经鲁塞进入罗马尼亚、匈牙利通往中欧诸国；南线是由土库曼斯坦阿什哈巴德向南入伊朗，至马什哈德折向西，经德黑兰、大不里士入土耳其，过博斯普鲁斯海峡，经保加利亚通往中欧、西欧及南欧诸国。这条大陆桥跨越欧亚两大洲，联结太平洋和大西洋，全长约10800千米，是世界上最长的一条大陆桥，通向中国、中亚、西亚、东欧和西欧30多个国家和地区。它已于1992年12月1日正式投入国际集装箱运输业务。新欧亚大陆桥的贯通不仅便利了中国东西交通与国外的联系，更重要的是对中国的经济发展产生了巨大的影响。

二、区域综合交通运输体系已初具规模

丝绸之路经济带区域内现已初步形成由铁路、公路、航空和管道等多种交通运输方式构成的综合交通运输体系。具体表现在:①铁路方面。从中国陇海铁路、兰新铁路经阿拉山口口岸进入中亚、直达欧洲的新欧亚大陆桥已基本形成。2012 年,阿拉山口口岸进出口货运量为 1658.6 万吨。自 2012 年 12 月开通以来,截至 2013 年 9 月,霍尔果斯铁路口岸站进出口货运量已达 100.21 万吨。②公路方面。中国对中亚国家已开放吉木乃、巴克图、阿拉山口等 11 个边境公路口岸,其中对哈萨克斯坦开放 7 个、吉尔吉斯斯坦开放 2 个、巴基斯坦开放 1 个、塔吉克斯坦开放 1 个。2012 年,阿拉山口公路口岸进出口货运量达 25.93 万吨,霍尔果斯公路口岸进出口货运量达 30.6 万吨。③航空方面。新疆对外有乌鲁木齐和喀什两大民航口岸,国际航线有 36 条,通航国家 22 个,包括中亚 5 国及俄罗斯、伊朗等多个国家。2012 年国际旅客吞吐量约为 70 万人次。

三、多元化、网格化、立体化的交通方式覆盖

铁路、高速公路、货运专线、飞机等多元化的交通方式正在以网格状、立体化的方式覆盖丝绸之路经济带。丝绸之路沿线省份陕西、甘肃和新疆,还有西南地区的四川和重庆,铁路建设不断加快,郑西高铁与西平、太中银、渝新欧、蓉新欧等铁路已经投入使用。此外,兰新铁路第二双线、兰渝铁路、天平铁路等交通大动脉正在建设中。由西安发往欧洲的货运班列“长安号”从 2014 年 6 月开始实现常态化运营,每周 1 班。渝新欧铁路开通四年,连接欧亚大陆。在丝绸之路经济带建设中,这条国际铁路联运通道成为重要载体。成都国际集装箱物流园区和成都海关的数据显示,截至 2014 年 4 月底,蓉欧快铁已搭载 3706 个货柜出境赴欧,货值超 1.8 亿美元。仅 1～4 月,蓉欧快铁运输的货值已占到国内所有经阿拉山口出境的国际货运专列的 43%。蓉欧快铁已然成为丝绸之路经济带上辐射和串联中国西部、俄罗斯及欧洲的经贸“大动脉”。西安咸阳国际机场是中国八大机场之一,正在努力实现与中亚的“空中对接”。机场已经开通 15 条国际

航线，未来将陆续实现西安直飞阿斯塔纳、塔什干、阿拉木图等中亚城市。2014 年 6 月，国家民航局支持陕西打造丝绸之路经济带国际开放门户，在西安建设航空城实验区。这是打造丝绸之路经济带新起点、进一步提升西安乃至陕西对外开放水平的一项综合性工程。为更好更快实现这一目标，需要完善航线网络，做强基地航空公司，壮大航空货运，打造丝绸之路经济带的国际开放门户。以建设空港国际贸易服务中心等平台为着力点，推进面向中西亚、欧洲的自由贸易园区建设。加快推进航空物流、航空维修、通用航空、航空租赁、航空人才培训、航空会展等六大航空服务业发展，建设临空现代服务业引领区。大力发展航空制造相关产业，培育航空产业集群，带动装备制造业和新技术、新材料的发展，打造与航空产业相关联的高端制造业聚集区。古丝绸之路重镇喀什正努力打造一条“空中丝绸之路”。喀什和吉尔吉斯斯坦、塔吉克斯坦、巴基斯坦、印度、阿富汗等国毗邻，是中国向西开放的门户和进入中亚、南亚、西亚乃至欧洲的国际大通道。国家民航局《加快中国民航发展的指导意见》将乌鲁木齐机场确定为国际门户枢纽。

四、油气管道建设持续推进

丝绸之路经济带沿线油气管道建设也有很大进展。中国—哈萨克斯坦（中哈）原油管道、中国—中亚天然气管道等大型能源合作项目相继建成并投入运营。中哈原油管道是中国第一条长距离跨国原油管道，西起哈萨克斯坦阿特劳，途径肯基亚克、阿塔苏至中哈边境阿拉山口，在中国境内与阿拉山口—独山子管道相连。管道全长 3007 千米，设计年输油能力 2000 万吨。2006 年 7 月 20 日，一期工程投入运营。2009 年 10 月 9 日，二期一段工程投入运营。自 2006 年开通以来，中哈原油管道已累计向中国输送原油 5000 多万吨。此外，自 2009 年底至 2013 年，中国—中亚天然气管道已累计向中国输送天然气 600 多亿立方米。

目前，加快油气管道建设已成为推进丝绸之路经济带建设的首要任务。为了提高管道运输在进口油气输送中的比重，陆路跨境油气管道建设路线目前已基本确定。丝绸之路经济带陆路跨境油气管道建设路线包括：

①建设中亚天然气管道C线、D线,建设西气东输三线、四线、五线工程,建成轮南—吐鲁番、伊宁—霍尔果斯等干线及天然气管道;②加快建设中哈原油管道二期工程,国内配套建设独山子—乌鲁木齐原油管道;③探索建设新疆喀什—巴基斯坦伊斯兰堡—伊朗油气运输通道,适时启动前期工作;④启动中俄东线、西线天然气管道建设。

第四节　构建丝绸之路国际运输通道面临的挑战

一、各国国家利益难以平衡

在丝绸之路经济带内部,并非所有地区能同时获得均等的发展机会,核心城市和产业集聚区能够实现超期发展,同时也存在产生成片贫困地区的可能性。

位于丝绸之路经济带沿线的中国和印度等大国对丝绸之路经济带持较为积极的态度。俄罗斯尽管大部分地区都不在丝绸之路经济带沿线上,但丝绸之路经济带的开辟对俄罗斯的贸易也将产生巨大影响。俄罗斯产品不仅可以通过中亚线路运往东亚地区,而且可以借丝绸之路经济带发展中国和欧洲之间的过境贸易。总体来说,俄罗斯对丝绸之路经济带的态度较为积极。欧洲主要大国也积极支持丝绸之路经济带的构建,因为其与东亚地区的贸易将受惠于该路线。俄罗斯与中亚国家存在着紧密的联系,这就决定了以中国为主导创建的丝绸之路经济带对于俄罗斯而言,不仅存在着相互合作的发展空间,也存在着两个大国在区域经济内相互制衡的博弈,从这个视角看待丝绸之路经济带的建设无疑具有非常重要的启示作用。中国和俄罗斯是名副其实的大国,而中亚国家则属于经济规模相对较小的国家,其产业结构较为单一,经济发展水平较为落后。中国和俄罗斯的崛起必然会给中亚地区注入非常强劲的动力,但同时也会给该地区带来强力的冲击。虽然中国提出建设丝绸之路经济带,但各种合作并非由中国主导,因此,必然也会存在竞争。中国和俄罗斯对中亚的影响力也必然会成为相互竞争的筹码,而那些经济规模较小的中亚国家,其内部所存在的

利益诉求也就决定了它们在丝绸之路经济带中的观点和立场。

另一方面是缺乏主导国与推进制度建设之间的平衡关系。为了消除有关国家的疑虑，中国明确表示放弃在新丝绸之路建设上的主导地位，其他国家也不具备承担这个地位的条件。而制度建设非有国家牵头不可，特别是在关键时期需要有国家主动放弃自己的利益，以便产生示范效应。放弃主导地位，则意味着承担额外责任的国家需要放弃额外的收益。这将考验国家对长远利益的认知以及对即期利益损失的承受能力。此外，要特别注意，推进新丝绸之路经济带须对地区一体化进程起到促进作用，而不是相反的作用。

二、各国经济发展水平、社会制度和文化差异

丝绸之路经济带沿线国家经济发展水平差异较大。2013 年中国和俄罗斯 GDP 分别为 9 万亿美元和 2.03 万亿美元，吉尔吉斯斯坦 72 亿美元、塔吉克斯坦 85 亿美元，后者人均 GDP 仅为 4610 美元，相当于世界平均水平(10096 美元)的 46%。空间格局呈现出强边缘弱中心的特征，且城市体系发育程度低、空间联系弱。丝绸之路经济带城市体系等级规模结构呈金字塔形，城市空间联系呈现出向心集聚特征，分别围绕莫斯科、开罗、巴格达、德黑兰、卡拉奇和拉哈尔六个城市形成六大集聚区。按照世界银行最新收入分组标准，丝绸之路 27 个沿线国家全是中等收入以上国家，其中高收入经济体 6 个(即人均国民收入 12276 美元或以上者)：俄罗斯、以色列、希腊、克罗地亚、斯洛文尼亚、意大利；上中等收入经济体 12 个(即人均国民收入在 3976～12275 美元之间)：中国、土库曼斯坦、哈萨克斯坦、乌克兰、伊朗、叙利亚、约旦、埃及、罗马尼亚、土耳其、保加利亚、塞尔维亚；下中等收入经济体 9 个(即人均国民收入在 1006～3975 美元之间)：吉尔吉斯斯坦、乌兹别克斯坦、塔吉克斯坦、蒙古国、摩尔多瓦共和国、阿富汗、印度、巴基斯坦、伊拉克。

丝绸之路经济带是多种文明的交汇地带，民族众多、信仰不一。以中亚地区为例，该地区民族众多，最多者哈萨克斯坦有 130 个民族，少的如塔吉克斯坦也有 86 个民族，是世界上民族状况比较复杂的地区之一。各民

族在语言系属、宗教信仰、文化传承、思想理念、生活方式上，既有相似之处，也有明显的区别，在不同的自然环境中，形成了具有较大差异的文化心理素质。这种差异的复杂性和多元性使得彼此在交往关系上具有排他性和松散性，因而在经济合作上缺乏向心力和融合性，缺少当前地区乃至世界经济发展合作中所需要的团队精神，在对外经贸合作中就表现为极易缺乏相互合作的整体性、同步性和协调性，在合作过程中容易忽视法律规范。这种传统文化心理特点反应在现代社会经济合作的行为方式上，往往导致在思想意识上倾向于自我发展，重视现实利益，缺乏长远眼光和创新意识。这些都不利于丝绸之路经济带沿线国家经济合作的诚实守信和共同发展。

三、基础设施、运输政策及标准差异

1. 基础设施及投资建设问题

丝绸之路经济带在基础设施、运输组织、运输政策及标准等方面也存在诸多问题。以中亚地区为例，中亚国家境内的道路基础设施基本上都是前苏联时期修的。自独立以来，各国一直忙于经济体制改革和经济结构调整，经济社会发展尚处于修复时期。由于管理体制不甚完善、国家资金不足，造成交通基础设施建设与养护资金不足，道路普遍失修、失养。加上中亚国家货车普遍吨位大、超载超限运输的影响，造成中亚国家大部分道路破坏严重，车辆行驶条件差、通行能力显著下降。对于中亚国家来说，基础设施的老化和不足是一个共有的问题，因为前苏联时期的铁路和公路网络只连接到莫斯科和独联体共和国。虽然中亚国家继承了前苏联时期的铁路网络，但是这些铁路网络当时并没有考虑到各共和国的边境，这意味着中亚国家不仅向外界的铁路运输需要经过几个边境，有时境内运输也需要经过他国边境，在没有一个有效的区域铁路合作协定和管理办法的支持下，提高了中亚国家运输成本。独立后，为了保证国家主权，中亚各国开始建立新的国内铁路线，以免出现境内运输时经过他国边境的现象。但是，建立新的铁路线需要大量的资金，对于资金短缺的中亚国家来讲，建立区域铁路合作协定和管理机制是一个合理的解决途径。

基础设施投资的不足同样也严重影响到了丝绸之路经济带国际运输通道的构建。这与合作国家的投资环境，包括经济发展状况、基础设施、结算方式、财税制度、法律规范等密切相关，如果不能同步建设，将很难互相衔接。中亚国家最主要的问题是在政策层面上引资乏力，投资短缺，技术设备落后。由于政策制度的经常性变更直接影响投资收益的稳定性，投资风险较大。因此在丝绸之路经济带国际运输通道的构建过程中，必须对其相关投资政策密切关注，作动态的跟踪分析和综合判断。

2. 技术问题

道路等基础设施的建设规划为丝绸之路经济带国际运输通道的建设带来了技术难题。新丝绸之路经济带路线的选择需要充分考虑地理环境、经济效益与政治协调。总体上，经济带的干线仍需以铁路交通为主，其次才是公路和石油管道，最后是其他配套设施。丝绸之路途经的地带多山、多沙漠，地理环境较为复杂。地理条件决定丝绸之路的很多路段只能绕行，而无法直接通过。从中国境内情况来看，现实的选择是通过新疆的霍尔果斯和阿拉山口等几个较为平坦的口岸出境，已经通车的欧亚大陆桥即属于此条线路。它是中国西北地区目前唯一的出境铁路，目前看来，这条线路应该无法承载建设新丝绸之路经济带的全部需求。正在规划论证中的中巴铁路、中尼铁路以及中吉乌铁路，均需要穿越山地，施工难度较大。

要想使交通线充分发挥扩散效应，选址除了考虑地理因素外，还要充分考虑经济因素。例如同样是贯通欧亚大陆的交通线，穿越人口稠密地区的线路所能带来的经济效益要远远高于西伯利亚铁路。除了人口与物产分布外，避免重复建设也是一个重要的考虑因素。新丝绸之路的规划应该统筹考虑与本地既有基础设施的衔接问题。例如，新丝绸之路不妨考虑与北南走廊计划等联结，最大限度地发挥已建成设施的效用，缩减早期投入。

3. 运输政策及标准方面的问题

丝绸之路经济带内铁轨轨距不统一是个老问题，但一直没有解决。中国和欧洲国家的铁路使用标准轨距，即 1435 毫米，而前苏联国家的轨距为

1520 毫米，造成列车过境的时间和运营成本提高，而对大运量和高速铁路的影响就更大。不同国家间技术标准的统一是很困难的，它涉及多方面的因素。改变轨距不仅要重建铁路及其相关设施，而且涉及机车、车辆制造等多个领域，花费巨大。丝绸之路经济带所经前苏联国家铁路线很长，改造不是一件易事，特别是对经济能力不足的小国更是如此。如果不进行全路网改造，只是改造一条线路，则会造成该线路与原有路网的隔离，显然是不合理的，这也就意味着，轨距问题将继续存在。

除此之外，各国涉及铁路交通运输的法律制度差异大，协调困难。跨越欧亚数国的物流运输所牵涉的层面极广，由此引发的法律问题也十分复杂。丝绸之路经济带沿线各国都各有一整套关于交通工具、通关、检验检疫的法律制度，冲突和抵牾不可避免，影响物流效率。而且，第二欧亚大陆桥沿线国家之间也没有签署统一的国际货物运输条约，各自加入的国际条约又不尽相同。如德国、荷兰是《国际铁路货物运输公约》成员国，东欧各国、俄罗斯和中国则加入《国际铁路货物联合运输协定》，而非《国际铁路货物运输公约》成员国，南线的伊朗则没有加入上述任何一个条约。没有统一的多边条约导致了通关手续复杂，例如，《国际铁路货物联合运输协定》规定：在办理国际铁路联运时，其运输票据、货物、车辆及有关单证都必须符合有关规定和一些国家的正当要求。而且，如果货物发往非本条约签署国，铁路应负责按另一种协定的运单要求办理运送手续。这就造成了规则运用上难以统一，通关程序倍增，加大了物流成本。

由于俄罗斯奉行国内贸易保护主义政策，对连云港驶出的第二欧亚大陆桥采取与其国内第一欧亚大陆桥不同的待遇，导致前者过境手续复杂，收费标准过高，大大增加了运输成本和运输时间。有数据表明，经由第二欧亚大陆桥的货物在口岸的平均滞留时间占全程时间的 30%，其中因单证、海关查验的原因而滞留的占 60%，最为典型的例子是，在霍尔果斯口岸，对过境货物的检查需要 9 个多小时，是前苏联国家之间同类检查花费时间的数十倍。也就是说，丝绸之路经济带内部的运输时间大量耗费在通关程序上，而且路程越远，途经的国家相应更多，所耗的时间也越长。加上沿线各国腐败现象严重，海关人员勒索卡要屡见不鲜，灰色成本大量存在。

正因为如此，作为丝绸之路经济带主体的第二欧亚大陆桥尽管比其他路线在距离上要短，但实际运输时间和成本往往会受到不确定因素的制约，影响其竞争力。

欧亚铁路大通道往返货物流量差异大，运输成本偏高。目前开通的新欧亚大陆桥和渝新欧铁路运输线均存在回程空载问题。在通关上，目前沿线各国的通关模式不统一，集装箱过境时都要接受边检，从而使边境操作上延误较多时间，提高了运输成本。一方面运输线收费较高、沿线服务配套能力差，与俄罗斯的西伯利亚大陆桥运输线竞争力差距悬殊，导致远端揽货能力不足；另一方面和中途环节的换装能力、运输能力不足有关，导致过境集装箱严重积压和大批车辆被占用；另外，运输组装形式不同也是造成运力浪费较为严重的原因。

第五节　本章小结

当前，世界经济已经进入新的历史时期。面对新的国际国内形势，位于丝绸之路桥头堡的中国提出建设丝绸之路经济带的伟大战略，是带动该经济带沿线国家和地区迅速发展的重要举措。本章首先从历史演进规律、经济带发展客观要求、区域经济发展要求、交通结构转型升级、“一带一路”战略等角度对构建丝绸之路经济带运输通道的必要性进行了分析。接着分析了构建丝绸之路经济带运输通道面临的形势，并从合作基础、区域综合交通运输体系以及多元化、网格化、立体化的交通方式覆盖等层面对丝绸之路经济带运输通道构建所面临的机遇进行了分析。最后，深入剖析了构建丝绸之路经济带运输通道所面临的问题和挑战。

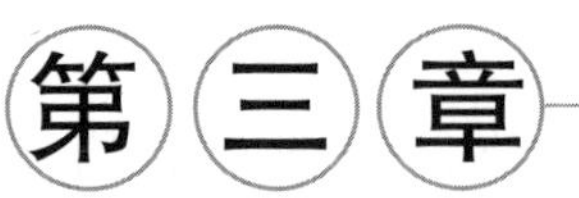

第三章 丝绸之路经济带运输通道的界定与系统构成

第一节 内涵界定

一、运输通道的理论发展

运输通道理论最早出现于20世纪60年代，是发达国家交通运输界的一种新理论，形成于交通运输网发展到综合运输阶段之后。对于不同国家和地区，运输通道理论指导实践的作用不尽相同。在发达国家，由于交通运输相对超前发展，许多运量大、效益高的联运方式建设了多条线路，经过一定阶段的竞争与淘汰，保留了一批干线，逐渐形成了若干运输通道。这些通道上的运输服务水平更高，运输效益更好。在欠发达地区，运输通道形成过程显得缓慢而又滞后。直到20世纪80年代，运输通道理论才在中国用于指导交通规划工作。当时中国交通网建设任务繁重，有关部门就如何做好干线通道的布局进行规划，保障基础设施的长远发展等工作取得了共识。20世纪80年代中国运输通道的指导作用在以下两个方面成绩显著：一方面，使用有限的建设资金充分发挥效益，避免布局选线失误造成损失；另一方面，为充分发挥不同运输方式的优势，以发展综合运输体系为目标建设现代化的大能力运输通道，最大限度地提高运输效率，减少单位运输成本。然而，就中国交通运输的发展现状而言，特别是“一带一路”发展战略中丝绸之路经济带的发展需求而言，中国对运输通道理论的研究依然相对薄弱，尚未形成完善的理论体系。

在上述国内外运输通道理论发展历程的基础上，中国将紧抓丝绸之路经济带大发展的契机，将运输通道理论作为经济带发展研究的一个分支加以研究。一方面实现运输通道理论的实质性发展，另一方面为丝绸之路经济带上交通运输通道的规划、建设、运营和管理提供基本保障，以期不断完善具有中国发展特点的运输通道理论。

二、运输通道的内涵

目前，国际上对于运输通道内涵的界定主要有以下几种解释，各种解释的侧重点不尽相同。

①“国际公共运输联盟”和原“联邦德国公共运输企业联盟”主编的《公共运输词典》对“运输通道”的解释为：在某一区域内，连接主要交通流发源地，有共同流向，可以有几种运输方式线路供选择的宽阔地带，它顺着共同方向的交通流向前延展。

②美国交通工程专家 Willian · W · Hay 对“运输通道”的解释为：在湖泊、河流、溪谷、山脉等自然资源分布、社会经济活动模式、政治等因素的影响下而形成的多货流密集地带，通常有多种运输方式提供服务。

③美国加州大学教授 Willian · L · Garrison 对“运输通道”的解释为：交通运输投资集中的延伸地带内，运输需求非常大，交通流非常密集，各种不同的运输方式在此地带内相互补充，为社会提供各种运输服务。

④加拿大艾伯塔省环境部门对“运输通道”的解释为：运输通道可以定义为包括几种运输线路在内的连续长条地带。所谓运输线路是由铁路、水道、公路、管道、输水管道、下水道、电力输送线、通讯线路等组成，这些设施的用地范围、宽度从几百米到几公里。几种运输方式混合在一起的称为多种方式的运输通道，以某种运输方式为主的称为某种运输方式通道，如铁路通道。

国内也有许多学者对“运输通道”进行了定义，较完整的有以下几种：

①张国伍教授认为“运输通道”是：某两地之间具有已经达到一定规模的双向或单向交通流，为了承担这些强大交通流而建设的交通运输线路的集合，称之为交通运输通道。张国伍教授强调了运输通道上一定要有达到

一定规模的交通流，从交通流对运输通道的需求角度来界定运输通道。

②张文尝等学者从运输联系与运输区域相结合的角度，对“运输通道”的解释为：运输通道是联结不同区域的重要和便捷的一种或多种运输干线的组合。他们强调运输通道是由一种或多种运输干线组合而成，从通道组成的角度来界定运输通道。

③刘舒燕在《交通运输系统工程》一书中根据国际公共运输联盟的《公共运输字典》对“运输通道”的定义进一步解释为：运输通道是国家的产业通道，是运输的大动脉。运输通道具有高密度、高效能、高效益的特点，是各种运输方式的最佳组合和相互补充。刘舒燕对运输通道的功能、定位给出了较为明确的说法，强调了交通通道区别于一般交通线路的本质特征，也突出了运输通道在国家产业经济中的重要地位。

④成耀荣在《综合运输学》一书中对“运输通道”的定义为：运输通道是一条宽阔的长条地带，承载着共同方向的交通流，把主要交通流发生地连接起来。成耀荣强调了运输通道的宽度和长度要求，突出了运输通道上的交通流具有相似的特征，总结了运输通道上交通流对于运输的类似需求，从运输通道的外形特征和内在需求两个方面界定了运输通道。

由上文可见，运输通道是具有综合交通能力的“交通运输走廊”，是自然通路的复合体。运输通道内涵在不同国家和地区、在不同发展阶段均有不同的表述和其自身的本质特征。

三、运输通道的特征

运输通道的特征可以概括为以下几个方面：

①它是区际或区内客货流发源地与目的地的密集地带，是社会经济关联的桥梁和纽带；

②它是一个运输带状地区，是客货流的主动脉。客货流包括区际运输流、过境运输流和区域内运输流，其中区际通道中区际和过境运输流是主体，而区域内通道中区内运输流是主体；

③它一般由平行的多种运输方式的运输线路组成，具有形成综合运输的能力和条件；

④运输通道具有层次性，一级运输区域通道与次级运输区域通过交通枢纽或运输枢纽形成有效衔接；

⑤运输通道不仅包括运输线路，而且包括运输工具以及枢纽设施，是相对完整的特定的空间域、时间域上的运输系统。

四、丝绸之路经济带国际运输通道

国际运输通道（international transportation corridor）也称国际运输走廊，是指在比邻国家间或一定区域内、连接主要交通流发源地、有共同流向、有几种运输方式线路可供选择的宽阔的长条地带。比较典型的国际运输通道是陆桥运输通道，即使用横贯大陆的铁路、公路运输线路作为中间桥梁，把大陆两端的海洋连接起来的联合运输，这种联合运输往往表现为国际间的集装箱联运。目前世界上的陆桥运输通道有北美大陆桥、欧亚大陆桥和新欧亚大陆桥等。

丝绸之路经济带国际运输通道在形式和功能上可以归纳出以下特征：①连接丝绸之路沿线国家和地区之间客货流发源地与目的地的密集地带，是产业关联的桥梁和纽带；②是一个运输带状地区，是丝绸之路经济带客货流的主动脉；③由平行的多种运输方式的运输线路组成，具有形成综合运输的能力和条件；④不仅包括运输线路，而且包括场站等基础设施，是相对完整的运输基础设施系统平台；⑤运输距离较长，对时效性要求较高；⑥日常业务涉及国际关系和对外政策，需要国际间合作。

丝绸之路经济带运输通道的含义非常广泛。探讨丝绸之路经济带运输通道的建设与发展，正是本书所关注的焦点内容。

第二节　空间构成

丝绸之路经济带是一条在人类经济文化交流史上具有深远历史意义的国际“交通运输大动脉”，其沿线国家和地区拥有丰富的矿产、文化、旅游等宝贵资源，在国际间的交流与促进发展上起到了重要的桥梁作用。

未来几年，随着公路、铁路、航空、油气管道等通道的不断打通与延伸，丝绸之路经济带沿线国家也将会出现动态调整,“丝绸之路经济带”的覆盖范围可能会进一步扩大。但是,总的来说,目前以中国和中亚五国为核心区域,向周边扩展至南亚、西亚和中东欧,再继续西进至西欧和北非的大的格局中期内会基本保持不变。而相应的,各国间相关政策的制定与协调以及合作机制的持续与建立,都会在上述基本思路前提下实施。

从全球范围来看,欧洲、东亚和北美是最为重要和强劲的三大经济中心,它们之间规模巨大的经济流通主要通过三个方向来实现:太平洋航线(亚洲—北美洲)、大西洋航线(北美洲—欧洲)、苏伊士运河航线(欧洲—亚洲)。从欧亚大陆的货物和运输市场分析,欧洲—亚洲这一走向可以分为北部(俄罗斯、中国、日本、韩国和欧洲)、南部(波斯湾国家、近东国家、印度和巴基斯坦)。

一、区段分布

1. 国内区段构成

丝绸之路经济带可以划分为中国国内区段和国外区段两大部分,其中国内区段基本上与陇海兰新经济带或欧亚大陆桥经济带的国内区段相重合,即以江苏连云港为起点,经徐州、郑州、西安、兰州、乌鲁木齐等主要节点城市,到新疆霍尔果斯口岸等边境地区,全长4100多公里。经济带上的国际运输通道也自然分为国外区段的通道和国内区段的通道。

在国内,这一连接东部沿海地区与西部边疆地区的主轴经济带,是由五个城市群依次相连构成的串珠式城市群集群区或城市群连绵带。这五个城市群是:以上海为中心的长江三角洲城市群、以郑州为中心的中原城市群、以西安为中心的关中—天水城市群、以兰州为中心的黄河上游城市群、以乌鲁木齐为中心的新疆城市群。最东部的长江三角洲城市群,是辐射带动全国现代化发展的最大的国家级增长极和功能不断增强的国际区域增长极,连云港、徐州等城市均为长三角城市群的重要组成部分。中原城市群东与长三角城市群紧密衔接,南与武汉城市群相连,西边是关中—天水城市群,北边是太原城市群,处于陇海兰新经济带与京广线经济带的

十字形交汇点，是这几个城市群相互衔接、融合所形成的联结东中西三大地区的大型城市群集群区的中心。关中—天水城市群是辐射带动西部和中部大片区域的国家级增长极，与中原城市群一样，具有坐中而关联东西南北的重要战略地位。黄河上游城市群包括兰州、西宁、银川三个省域城镇群，是西北地区承东带西、联北通南的战略枢纽，目前虽处于“准城市群”的发育阶段，但具有巨大的发展潜力，是带动西部大开发和西北大发展的大区域增长极。新疆城市群也处于“准城市群”的阶段，目前以环天山城镇密集区为基础，正在向南疆、北疆和国外地区延伸发展，具有成长为丝绸之路经济带上承外启内、贯通中西的核心性国际区域增长极的巨大潜力和必然趋势。

陇海兰新经济带的城市、城市群布局具有东、西两段差异大和发展不平衡的特点。东段的长三角和中原两个城市群及其辐射带动的腹地，城市分布和经济发展相对均衡，经济社会发展分别达到国内最高和次高水平。而西段的关中—天水城市群目前虽初具规模，但城市体系缺陷较多，其南部、北部和西部地区城镇稀疏，经济聚集功能不足，城市群发展还必须加快步伐。黄河上游、新疆城市群实际上正在形成之中，核心城市的规模和综合经济实力，以及城市群核心区的城镇密度和大中小城市数量都严重不足，城市和城市群的经济聚集功能、辐射带动腹地发展的功能远不能与东中部的核心城市和城市群相比。关中—天水、黄河上游和新疆三个城市群及其辐射带动的整个西北地区是丝绸之路经济带的关键性区段，必须将其建设成为从中亚、西亚进口资源的主要加工区和向中亚、西亚扩大贸易与投资的主要基地，成为推动丝绸之路经济带整体发展的战略前沿。但是西北地区目前所依托的实力，主要集中在兰新铁路沿线城市的“一线生机”上，两侧地区城市稀少，交通设施不足，经济落后，社会问题较多，是丝绸之路经济带国内区段的薄弱环节。

配合相应的交通设施建设，分别以西安、兰州、乌鲁木齐三个节点城市为中心，建设向主轴带两侧延伸的辐射状分支经济带，是促进西北地区城市和产业布局由“沉沉一线”向“条带网络”过渡，强化西北地区内外部经济联系，最终形成地区均衡发展格局的主要战略途径。西安节点应当重点建设四条分支轴带，即：①西安—铜川—延安—榆林轴带，与呼包经济带交汇；②西安—庆阳—银川轴带；③西安—汉中—安康轴带，分别与重庆、成都、襄阳、武汉等中心城市相通；④西安—临汾—太原轴带。兰州节点应当重点建设的四条分支轴带是：①兰州—固原—平凉—庆阳轴带，并向陕西延安、山西晋南延伸发展；②兰州—银川—包头—呼和浩特经济带，逐步发展成为兰银呼包经济带；③兰州—西宁—格尔木经济带，一个方向是向西藏的那曲和拉萨延伸，与雅鲁藏布江经济带相交，另一个方向是向新疆的南疆地区延伸，与环塔里木盆地经济带交汇；④兰州—成都—重庆经济带，促进黄河上游经济区与成渝经济区衔接、融合。乌鲁木齐节点应当重点建设以下三个分支轴带：①环天山经济带；②环准噶尔盆地经济带；③环塔里木盆地经济带。新疆的这种“三连环”经济带布局独具特色，其中环天山经济带在国内虽只是“半环”，但与哈萨克斯坦、吉尔吉斯斯坦等国的经济带相连，尤其是依托拟建的中国—吉尔吉斯斯坦—乌兹别克斯坦铁路，可以形成“乌鲁木齐—伊宁—扎尔肯特—阿拉木图—比什凯克—塔什干—安集延—奥什—喀什—阿克苏—库尔勒”这样一个“全环”的环天山跨国经济带。

为了加强丝绸之路经济带国内区段与国外区段的紧密衔接，必须在喀什、伊宁、塔城、阿勒泰等边境地区建设若干条出国大通道和一批大中型边贸、口岸城市，形成多通道互联互通的干线和节点城市。依托这些干线铁路、公路和节点城市，建设以下跨国分支条带：喀什—奥什—安集延—塔什干分支带；喀什—伊斯兰堡分支带；塔城—阿亚古兹分支带；阿勒泰—翁古达伊—新西伯利亚—鄂木斯克分支带。

2. 国外区段构成

从中亚、西亚各国的地理位置、资源分布、经济发展以及交通干线、城镇布局的特点来看，丝绸之路经济带在国外区段的大致走向和布局结构有以下几方面的特征：

①丝绸之路经济带国外区段的主轴带，应从邻近中国霍尔果斯口岸的扎尔肯特地区开始，经阿拉木图、比什凯克、希姆肯特、塔什干、杜尚别、撒

马尔罕、阿什哈巴德、德黑兰、巴格达、大马士革、安卡拉，与地中海沿岸的城市群相连。这一地带交通相对发达，城镇密集，资源丰富，经济聚集程度高，是将中亚五国和伊朗、伊拉克、叙利亚、土耳其等西亚诸国的城镇密集区与地中海沿岸的城市群连成一体的跨国经济走廊。该地带是以波斯湾—里海为核心的中亚—西亚能源资源富集区，是世界油、气资源蕴藏量最大的地带，其中被誉为“世界油库”的波斯湾地区，原油探明储量占世界总储量的2/3。从这一核心地区向西南延伸可与东非、北非、西非的主要产油国相通，这一地区被誉为“第二个海湾”，原油储量占世界总储量的8.6%。中亚—西亚能源区向北与俄罗斯的伏尔加—乌拉尔油气区和城市密集带相连接，一直可延伸到俄罗斯的西伯利亚油气区，是横跨三大洲的“非洲—中东—中亚—俄罗斯油气带”，被称为“全球油气资源核心地带”，蕴藏了全球70%以上的石油和80%以上的天然气。中国将近一半的进口石油来自海湾国家，加上从中亚和非洲的进口量，这一地带输向中国的石油将超过中国进口石油总量的70%，今后较长时期仍然是中国进口原油和天然气的主要基地。这一地区的中亚五国和伊朗、阿富汗等国，均有建设由中国经中亚、南亚、西亚直通欧洲的铁路、公路的利益要求，有关各方正在探索由伊朗经中亚国家通向中国的石油管道建设工程。丝绸之路经济带的主轴带处于全球油气资源核心地带的中心和中国—欧洲交通大通道的中段，其战略地位的重要性不言而喻。建设由新疆直通这一地带的若干条铁路、公路、油气管道等陆路交通干线，形成贯通中国与欧洲的南线交通大通道（北线大通道是乌鲁木齐—阿斯塔纳—莫斯科—鹿特丹）和连接欧亚两大洲的带状城市群连绵区，最终形成中国西部—中亚—西亚国家经济联合体，是中国经济全面走向世界、影响世界、融合和造福于世界的重大战略步骤。

②由中国新疆环准噶尔盆地经济带的阿勒泰、塔城，沿额尔齐斯河、乌拉尔河和哈萨克斯坦与俄罗斯边界地区的铁路、公路，可形成一条经哈萨克斯坦的阿亚古兹、阿斯塔纳、科斯塔奈、阿克托别直到俄罗斯的萨马拉、莫斯科的分支经济轴带。这一分支带一小部分在中国新疆，大部分在哈萨克斯坦和俄罗斯，基本上与“里海—中亚—俄罗斯油气带”和欧亚大陆桥相重合，与阿拉木图—比什凯克—塔什干—杜尚别—阿什哈巴德主轴带平

行，可一直延伸到波罗的海和大西洋沿岸。促进建设这一经济轴带，可将中国新疆的北疆地区、哈萨克斯坦北部相对发达地区、俄罗斯南部和西部的城市密集区，以及俄罗斯的伏尔加—乌拉尔、滨里海北部和西西伯利亚等大型油气资源蕴藏区连成一体。这一经济带与主轴带的布局和功能相呼应、相匹配，实际上是中国、中亚国家与欧洲经济发达地区加强经济联系、实现融合发展的又一条战略通道，即北部战略通道（主轴带为南部战略通道），在丝绸之路经济带的空间结构和中、俄、哈三国的战略合作中，以及与中欧、北欧、西欧国家之间的交往、合作中，将处于非常重要的战略地位。

③由塔什干向西北，沿锡尔河和塔什干—阿克托别铁路，经咸海北部的阿拉尔斯克，形成一条与"中国北疆—阿斯塔纳—阿克托别—萨马拉—莫斯科"轴带相交，在哈萨克斯坦境内与主轴带连成"工"字形布局的又一分支轴带。这一轴带是哈萨克斯坦南部和西部的资源富集区、工业和城镇密集区，其中的咸海地区和阿克纠宾斯克州、阿特劳州、西哈萨克斯坦州和曼吉斯套州，是哈萨克斯坦石油天然气的主要产地和石油化工产业的主要基地，也是中哈经济合作项目的重要集聚区。

④由撒马尔罕沿阿姆河方向，经布哈拉、努库斯、阿克套、阿特劳，与里海、黑海沿岸国家的城市群相连，形成一条与锡尔河经济带相平行并在里海地区相融合的分支经济带。这一经济带从西北到东南几乎贯穿乌兹别克斯坦全境，与锡尔河经济带融合为滨里海东部经济区，将里海以东的中亚五国与里海以西的阿塞拜疆、格鲁吉亚、亚美尼亚，以及黑海、地中海沿岸的乌克兰、罗马尼亚、保加利亚等东欧国家连成一体，是里海、黑海沿岸国家的石油、天然气主产区和能源化工基地，同时也是中国企业重点投资的目标地区之一。

⑤由杜尚别向南，经阿富汗的喀布尔、巴基斯坦的伊斯兰堡、卡拉奇，形成一条连通南亚国家、进入印度洋的重要分支条带。这一分支条带与正在建设中的中国新疆喀什到巴基斯坦的伊斯兰堡、卡拉奇、瓜达尔经济带基本相重合。建设这一经济带符合塔吉克斯坦、阿富汗两国寻求南下出海通道和巴基斯坦输入能源等方面的共同利益要求。巴基斯坦、阿富汗等国政府正在积极推动建设横贯南亚次大陆北部、从喀布尔经伊斯兰堡到新德

里和加尔各答的主交通线连接线，目的是提高交通便利程度，促进经济交往活动，这与建设杜尚别—喀布尔—伊斯兰堡—瓜达尔经济带和中巴经济走廊的国际合作有异曲同工、相辅相成之效。瓜达尔港是中巴能源通道的起点，由波斯湾、红海和印度洋的海运石油和天然气在巴基斯坦的瓜达尔港进入铁路或管道运输，在中国新疆的红其拉甫达坂口岸入境，将形成中国第五大油气输入通道。瓜达尔、卡拉奇—伊斯兰堡—喀什这一长达2000多公里的地带是中巴两国政府确定建设的“中巴经济走廊”，旨在将中国西部大开发战略与巴基斯坦国内经济发展结合为一体，目前正在实施一系列交通建设项目并成立了专门机构，合作研究制定“走廊”的远景规划。

⑥国外区段的主轴带和上述主要分支轴带逐步向其两侧扩展和向地中海、阿拉伯海沿岸地区延伸，最终形成与中国陇海兰新经济带全面、直接相通的中国西部—中亚五国—里海、黑海、地中海、阿拉伯海、红海沿岸各国一体化发展的带状经济区，将亚、欧、非三大洲连成一体，惠及人口30多亿，在世界经济发展中具有极为重要的战略意义。

⑦中国西北地区与中亚五国相连的大片区域是丝绸之路经济带的核心地带。中亚国家是中国的近邻，自然资源丰富，市场广阔，与中国之间的国家关系堪称友好典范，双方经济的互补性强，合作潜力巨大。中国西北—中亚五国这一地区应当在丝绸之路经济带中率先崛起，成为经济带的增长中心，在经济带的形成、延伸、扩展中发挥承东启西、聚集能量、辐射带动、创新示范等作用。

二、地缘布局

丝绸之路经济带呈现出“两边高、中间低”的洼地型经济地理特征。“两边”指的是经济发达的东端的亚太经济圈和西端的欧洲经济圈。“中间”是指经济发展相对落后的中国中西部、中亚以及西亚一带。在这个横跨欧亚大陆的经济带上，中亚地区是核心区。在丝绸之路经济带的地理版图上，中亚地区是关键纽带，也是必经之路。

1. 中亚地区运输通道

中亚地区处于丝绸之路经济带的枢纽地区，驻守着欧亚大陆的心脏，各种国际力量均有意于这一地区。前苏联解体以后，美国、欧盟等发达国家的资本很快进入中亚地区投资能源领域，占据优势地位。国际反恐斗争尤其是阿富汗战争以来，为了构建以美国为中心的安全体系，美国积极拉拢中亚，给予中亚大量经济军事援助，试图增强其在中亚地区的政治军事影响。这一地区的运输通道是丝绸之路经济带上的必经通道，在国际运输通道的建设和互联互通方面具有重要的战略地位。

2. 亚太经济区运输通道

亚太经济区指亚洲和环太平洋的国家和地区，重点指西太平洋的“新月带”①。亚太经济区是当前世界经济发展最有活力的地区。亚太地区政治比较稳定，经济持续强劲增长，充满活力。其中，各国经济有很大的互补性，合作的潜力很大。

亚太经济区包括的国家和地区有：文莱、柬埔寨、印度尼西亚、日本、朝鲜、韩国、老挝、马来西亚、马绍尔群岛、密克罗尼西亚、瑙鲁、新西兰、帕劳、巴布亚新几内亚、菲律宾、萨摩亚、新加坡、所罗门群岛、泰国、东帝汶、汤加、图瓦卢、瓦努阿图、越南、中国、蒙古。

亚太经济区在自然和经济方面具有丰富的多样性，经济发展上亚太经济合作组织有世界上分别排第一位、第二位和第三位的国家美国、中国、日本；“亚洲四小龙”韩国、新加坡、中国台湾、香港；日本、韩国和美国西海岸为重要的技术策源地；俄罗斯远东地区、加拿大和澳大利亚蕴藏有着丰富的自然资源；中国、墨西哥正快速走上工业化发展之路；中国拥有丰富的人力资源；美国和新西兰拥有生产力水平极高的农业；澳大利亚和新西兰拥有发达的畜牧业。有经济学家预测，未来世界的经济中心由传统的欧洲、

① 西太平洋“新月带”是指位于亚洲东部、西太平洋沿岸，属于东亚和东南亚的一些国家和地区，自北而南依次分布着日本、韩国、中国、泰国、菲律宾、新加坡、马来西亚、文莱和印度尼西亚等国家和台湾、香港两地区，大致构成一狭长的半月状地带。

北美东部转向亚太经济区。

3.欧洲经济区

1994年1月1日，由欧洲共同体12国和欧洲自由贸易联盟7国中的奥地利、芬兰、冰岛、挪威和瑞典5国组成的当今世界最大的自由贸易区——欧洲经济区正式成立。欧洲经济区的诞生不仅改变了欧共体与欧洲自由贸易联盟的关系，同时也对西欧联合及世界经济产生了重大影响。现今欧洲经济区成员为欧洲自由贸易联盟四个成员国中的三国：冰岛、列支顿士登和挪威(瑞士除外)，以及27个欧盟成员国。

欧洲经济区根据欧盟倡导的“四大自由”而建立，货物、人员、服务及资金可在欧洲经济区自由流动。欧洲经济区成员与欧盟成员国之间可以自由贸易，但必须遵守大部分欧盟法律。欧洲经济区在欧盟的决策过程中影响力不大。欧洲经济区成员无需承担欧盟相关的开支，但实际上会为欧洲的融合作出开支。

欧洲经济区现有的国际运输通道也将成为丝绸之路经济带上国际运输通道的重要组成部分。

三、通道走向

1.经俄罗斯的运输通道之“东—西”国际运输通道

“东—西”国际运输通道在俄罗斯境内部分可以分为主路线和次路线。

(1)主路线：西伯利亚铁路干线

西伯利亚铁路干线是复线电气化铁路，起点莫斯科，终点符拉迪沃斯托克，总距离约为10000千米，为该国65%的煤炭、20%的石油制品和25%的木料提供运输服务。在该干线附近集中着该国80%的工业潜力，蕴藏着丰富的石油、天然气、煤炭、黑色和有色金属等矿藏及森林资源。

目前，中国铁路通过满洲里、绥芬河、珲春三个国境站与俄罗斯铁路连通，办理包括中俄两国之间及通过俄罗斯的中转国际货物联运。从1999年到2007年，中俄间货物运量由768万吨提高到3653万吨，年均增长

21.5%。近年来，中俄铁路口岸集装箱运量快速增长，集装箱直达列车的开行数量不断扩大。在组织北京—莫斯科集装箱班列的基础上，2008年初试验开行了北京—蒙古—俄罗斯—白俄罗斯—波兰—德国(汉堡)集装箱示范列车，取得圆满成功。该列车运行近10000千米，历时近13天。此外，还开行了中国—俄罗斯—捷克集装箱直达列车。这些集装箱班列的成功运行，极大地提高了中俄铁路运输通道的竞争能力，促进了集装箱运输的发展。2008年10月，中俄边界最大的集装箱运输中心——外贝加尔斯克集装箱运输中心正式运营，年过境能力可超过100万吨。

(2)次路线：跨朝鲜半岛铁路干线

从朝鲜半岛经俄罗斯再入欧洲的陆地铁路干线共有3条：1.3万千米的跨朝鲜半岛经俄罗斯哈桑站再进入西伯利亚铁路至欧洲的线路，1.15万千米的南阳—图们—哈尔滨—满洲里至俄罗斯再进入欧洲的线路，1.12万千米的从平壤—沈阳—二连浩特—乌兰巴托进入俄罗斯的伊尔库茨克再进入欧洲的线路。

俄罗斯针对中国的区域性中转运输服务可以通过以下两条路线来实施：滨海边疆区1号：哈尔滨—格罗杰科沃—符拉迪沃斯托克—纳霍德卡东方港—亚太地区国家港口；滨海边疆区2号：珲春—克拉斯基诺—波西耶特/扎鲁比诺，然后抵达亚太地区各港口。

2.经俄罗斯的运输通道之“北—南”及“中央”运输通道

相对于“东—西”运输走廊，“北—南”运输走廊通过的国家多、文化风俗迥异、基础设施投资庞大。这些因素使该路线的运营状况变得复杂。

“北—南”运输走廊是一条兼顾公路、铁路、水路的混合型运输通道。其中，汽车运输路线为与芬兰交界的托尔菲雅诺夫卡—圣彼得堡—莫斯科—伏尔加格勒—阿斯特拉罕。另有至新西伯利亚、斯塔夫罗波尔、高加索、哈萨克斯坦和乌克兰的公路运输分线。水路路线为圣彼得堡—下诺夫哥罗德—阿斯特拉罕—里海。

被俄罗斯称为“中央运输走廊”的从中国经哈萨克斯坦、俄罗斯再入欧洲的国际运输走廊开始进入实质性操作阶段，而且比通过西伯利亚的

“东—西”运输走廊和苏伊士运河路线更具有竞争优势。这条运输线路从圣彼得堡—莫斯科—喀山—奥伦堡—阿克托贝—克孜洛尔达—什姆肯特—塔拉兹—阿拉木图—霍尔果斯，然后进入中国，到达连云港。总长度为8445千米，其中在哈萨克斯坦境内为2787千米。

3.绕开俄罗斯的运输通道

(1)欧洲—高加索—亚洲国际运输通道

1993年，在由外高加索三国(阿塞拜疆、格鲁吉亚、亚美尼亚)、中亚五国元首参加的布鲁塞尔会议上，将重建丝绸之路的思想具体化为《发展“欧洲—高加索—亚洲”运输走廊纲要》。20世纪90年代初，纲要规划的线路主要包括以下几个方向：德鲁日巴—塔什干—阿什哈巴德 土库曼巴希—巴库—第比利斯—波季，然后通过驳船运至敖德萨、瓦尔纳、康斯坦茨、伊斯坦布尔；也包括阿克纠宾斯克—阿捷劳(古里耶夫)—阿克套(舍甫琴柯)—巴库。这条干线连接了本地区的哈萨克斯坦、乌兹别克斯坦、土库曼斯坦、伊朗和土耳其，进而逐渐形成了一体化铁路网络。为实施通过伊朗、土耳其进入欧洲和巴基斯坦的天然气管道项目，计划修建叶拉利耶夫(哈萨克斯坦)—土库曼巴希(土库曼斯坦)—土库曼本德尔(伊朗)铁路干线。

2007年11月，阿塞拜疆、土耳其和格鲁吉亚三国总统为卡尔斯—阿哈尔卡拉基—第比利斯—巴库铁路正式开工修建剪彩。这条被称为“轨道上的丝绸之路”的铁路，在通车后火车时速可以达到120千米，年运量可以达到1500万吨。其中，卡尔斯—阿哈尔卡拉基之间长度为98千米，土耳其境内为68千米，格鲁吉亚境内为30千米。

(2)“1520空间”的伸缩和“1435空间”的渗透

在亚欧大陆范围内，铁路轨距形态基本可以分成四种：1676mm、1520mm、1435mm、1000mm。与欧洲和中国不同，俄罗斯自19世纪开始修建的铁路，从地缘政治角度和军事战略等角度出发，把自己的轨道距离设定为1520mm。这一轨距的使用范围随着俄罗斯实力的强弱而出现变化。

2006年，哈萨克斯坦政府宣布，准备运用本国财政资金，建设一条可以和中国阿拉山口站相连接、通过哈萨克斯坦的多斯德克—阿克斗卡—杰兹卡兹甘—比涅乌—阿克套,然后穿过土库曼斯坦到达伊朗边界的戈尔甘的铁路线。这条铁路最显著的特点就是其轨距为1435mm。这条铁路的建成将彻底改变俄罗斯主导的、欧亚大陆之间的“1520空间”地缘政治和地缘经济格局。这个被称为“跨哈萨克斯坦铁路干线”的计划,已经在中哈两国政府层面进行过探讨。随着国际政治经济格局的不断发展变化,各国在丝绸之路经济带上的发展理念以及实际行动也证明了“1520空间”影响力的逐渐下降和“1435空间”向“1520空间”挺进或者相互渗透的不争事实。

第三节　要素构成

一、起讫区域

随着区域经济专门化的发展,区域间的客货交流不断增加,运输的发生或到达的集约化、区域经济专业化程度越高。由于区域经济专业化程度的提高,运输联系随之增大,需要运输通道的能力也逐步扩大;反之,运输条件改善后,区域专业化生产程度又会进一步提高。这种关系的循环是不断发展的,正是在这种不断发展之中,大能力的运输通道逐步形成。根据经济发展水平,区域可划分为不同的类型,各类区域的不同特征又决定了运输联系在内容和方向上发展重大变化。

第一类:以输出原材料为主的区域。运输越便捷,能力越大,运费越低,对地区经济的发展越有利。输出的货物为农产品、矿产品等,这些产品以未加工或半加工形态销售到消费地,而高级制成品则从外地输入。

第二类:工业化进程中的区域。区域内对本地资源加以利用、加工,但大多数制成品仍从外地输入。

第三类:成熟型区域。该地区变为食品和原料的输入者,并对原料进行加工制成成品用以输出销售或在当地消费。

第四类:衰老型区域。区域内自然资源已大部分消耗,而其制成品的外地市场却被效率更高的、竞争性更好的其他地区夺去,这种地区如不对产业结构进行调整将变成一个萧条地区,许多地区都发生过类似现象。

丝绸之路经济带运输通道除了满足欧亚地区的货物运输以外，还要提供社会所需的客运服务。运输通道联结区域的客运量发生与区域的许多因素有关，主要有人口密度、就业机会的多少、城镇化水平的高低以及生产力布局重心的转移等。

二、交通线路

运输通道在综合运输体系中起着重要的骨干作用，输送能力大，担负着区域间客货交流量的大部分。过境运输及地方运输，应选择不同的运输方式，兼顾长短途运输，构成运输通道的运输方式可以是铁路、公路、航空、水运、管道等一种或多种方式，也可以由几种运输方式联运形成。运输方式的选择有多种影响因素，主要有自然条件、客货流的种类，以及运输方式的技术、经济特征。

运输通道是大型基础设施，由运输线路、场站设施、调度和管理的通讯设备、以及大量的为使作业效率更高或满足客货物特殊需要的附属设备组成。运输通道线路构成的运输方式各有不同，但是形成同一走向。通道运输方式的组成各具特征，必然与通道吸引范围的经济结构相关。通道不同运输方式的构成，还应根据其本身的技术经济特点，因地制宜、协调发展，组成综合运输体系，以便使通道内集中的客货流能迅速、及时、安全地通过，充分发挥通道优质、高效的运输效益。

运输通道由不同干线组合而成，要准确地识别和评价通道容量，汇总通道内各种不同方式的设施能力。铁路、公路、航道等具有不同的技术特点，它们的通过能力相差很大。即使是同一种运输方式，由于技术等级不同，通过能力差别也很大。故通过能力不可以简单相加，而应针对不同种运输方式分别评定。这也是由于不同种运输方式适用于不同种客货成分的缘故。其次，运输通道的通过能力还因不同区段而有差别，能力最小区段是运输通道的限制区段，如铁路经过山区，坡度大、能力低。评定通道的综合通过能力，应根据其最小限制能力的区段决定。另外，运输通道的通过能力由不同运输环节组成，主要有线路、运输工具、牵引动力、站港及枢纽等，其中能力最低的环节就成为限制因素。运输通道的发展过程中，只有各环节能力相互匹配，才能很好地发挥整个通道的运输总能力。

第四节　交通方式构成

一、公路

欧亚国际通道在中国境内以连云港—霍尔果斯国道主干线为主要公路通道，全部由二级以上高等级公路组成。丝绸之路通道在中国新疆有5个分支，分别可以通过霍尔果斯、阿拉山口口岸联系哈萨克斯坦，经哈萨克斯坦集散，可以到达乌兹别克斯坦、塔吉克斯坦和吉尔吉斯斯坦等中亚国家，甚至到达俄罗斯和欧洲；通过土尔尕特和伊尔克斯坦口岸可以联系吉尔吉斯，并通过吉尔吉斯到达塔吉克斯坦和乌兹别克斯坦；通过卡拉苏口岸，可以联系塔吉克斯坦，通过中亚国家可以联系西亚的伊朗等国家，通过土耳其的博斯普鲁士海峡到达欧洲。阿拉山口口岸是公路铁路并运口岸，目前口岸公路等级相对较低，已不适应国际运输和交通合作的需求；霍尔果斯口岸是目前中国西部最大的公路交通口岸，口岸公路已经达到二级公路标准，目前交通量已超过7000标准车/日，但其需要在近期完成升级改造；吐尔尕特和伊尔克斯坦口岸公路为三级路，路面状况较好，目前可以满足进出口客货运需求，但对接口岸公路的吉尔吉斯斯坦公路路况差，路面破坏严重，亟需改善；新卡拉苏口岸公路全长76公里，以二级、三级路为主，基本满足目前的客货运输需求，但其中314国道至阔勒买达坂和对应的塔吉克斯坦公路为四级和等外路，有待进一步提高。

二、铁路

中国丝绸之路铁路运输通道东起连云港，以我国陇海、兰新铁路为骨架，西经中亚、欧洲有关国家至荷兰鹿特丹港，又称新欧亚大陆桥。该通道东段可连接东亚及东南亚诸国，从我国口岸出境进入中亚后，可以分北、西、南三线接上欧洲铁路网通往欧洲。目前由中国通过哈萨克斯坦和俄罗斯的北线已经开通运营。从连云港至兰州的陇海铁路是贯穿中国东、中、

西部最主要的铁路干线，也是新欧亚大陆桥的重要组成部分，全线为复线并已实现电气化。兰新铁路由陇海铁路向西，从甘肃省兰州市至新疆乌鲁木齐，全长1912公里，为复线铁路。在中国西部，欧亚铁路运输通道目前有兰新线西段和南疆铁路两个分支。从乌鲁木齐西至阿拉山口口岸的兰新铁路西段为单线铁路。其中乌西—奎屯段为国家一级铁路，运送能力为旅客列车5对/日，货物697万吨/年；奎屯—阿拉山口段为国家二级铁路，运送能力为旅客列车3对/日，货物475万吨/年。目前兰新铁路西段运送能力已经达到饱和，甚至出现货物堆积在口岸无法运出的现象。根据《中国铁路网中长期规划》，吐鲁番—库尔勒铁路将于2020年前改建为复线。库尔勒—喀什段为国际二级铁路，运送能力为旅客列车3对/日，货物475万吨/年～824万吨/年，目前铁路达到运力的60%左右。打通我国丝绸之路的南通道，发展南疆铁路和相关公路的作用，更广泛地联系中亚国家和沿线国家，是未来欧亚国际通道的发展重点之一。

“一带一路”战略发展初期，开通的铁路通道有以下几个：

1.渝新欧国际铁路

2012年9月2日，被称作第三条欧亚大陆桥的渝新欧国际铁路正式开通运营，为我国西部地区产品开辟了一条经铁路进入欧洲市场的黄金通道。渝新欧铁路从重庆西站始发，经西安、兰州、乌鲁木齐，从边境口岸新疆阿拉山口进入哈萨克斯坦，再经俄罗斯、白俄罗斯、波兰到达德国的杜伊斯堡，全程11179公里。与20世纪60年代开通的俄罗斯西伯利亚大铁路及我国连云港到荷兰阿姆斯特丹这两条欧亚大陆桥相比，渝新欧铁路实行一站通关的运营模式，大大压缩了运输成本。与传统的水路运输相比，运输时间从过去的40天左右缩短到16天。

2.汉新欧国际铁路

2012年10月24日，汉新欧铁路开通。汉新欧铁路是武汉至欧洲六国国际货运专列，自武汉发出后，经安康、西安、兰州、乌鲁木齐，到达新疆边境口岸阿拉山口出境，穿越哈萨克斯坦、俄罗斯、白俄罗斯、波兰，到达捷克梅林克帕尔杜比采，行程10863公里，运行约23天。

3. 霍尔果斯口岸铁路

2012年12月底，中国与哈萨克斯坦第二条铁路通道——霍尔果斯口岸铁路线开通货运专列。首趟货运专列由江苏连云港起运，到达新疆霍尔果斯口岸站后，再换装前往哈萨克斯坦。这是继新欧亚大陆桥中哈阿拉山口铁路线后，我国第二条向西开放的国际铁路通道，也是我国向西开放的又一条“黄金通道”。霍尔果斯口岸铁路线运营后，这个口岸将成为我国面向中亚乃至欧洲的集公路、铁路、管道为一体的国际交通枢纽，将有利于增加中哈两国贸易量，促进中国向西开放。

4. 郑新欧国际铁路

2013年8月2日，郑新欧国际铁路货运班列顺利开通，标志着中国内陆地区又一条直达欧洲的陆上铁路货运大通道顺利通行。郑新欧国际铁路由郑州出发，经西安、兰州、乌鲁木齐，向西过北疆铁路，到达边境口岸阿拉山口，进入哈萨克斯坦，再经俄罗斯、白俄罗斯、波兰，最后抵达德国汉堡。该趟列车途中经过2次转关、2次换轨，共经过6个国家，线路总长达10214公里，耗时16天。

三、海路

丝绸之路海上运输通道主要有东线、南线和北美三条航线。东线从广州、澳门、粤东、闽南港口起航，直航菲律宾马尼拉，横渡太平洋到北美洲墨西哥的阿卡普尔科港，然后前往南美洲的秘鲁、智利、阿根廷，以及中美洲加勒比海地区诸国。南线从广州起航，越南海、印度洋、波斯湾、东非和欧洲，途经100多个国家和地区，全长14000公里。郑和下西洋后，南线海上丝绸之路发展到了顶峰，其航线经过占城、瓜哇、旧港、满拉加、哑鲁、苏门答腊、那孤儿、勃泥、小葛兰、彭亨、锡兰山、三岛、苏禄、吕宋、溜山、打歪、八都马、柯枝、南巫里、古里、坎八叶、木克郎、甘巴里、阿波巴丹、阿丁、天方、米息、麻林地、忽鲁模斯、祖法儿、木鲁旰、木骨都束、抹儿干别、不拉哇、曼

巴萨、木兰皮等国。北美航线是中国与美洲交通贸易和文化交往的海上通道,是海上丝绸之路的一部分,航线最初为北美绕好望角到印度洋,过马六甲海峡驶往中国广州,后来逐步发展为可以选择直航太平洋,过苏门答腊到广州,停靠在广州黄埔。

第五节　沿线国家(经济体)构成

随着丝绸之路经济带的不断发展,不同运输方式的运输线路聚合组成具有一定规律的交通流带,逐渐成熟成为丝绸之路经济带。国际运输通道是指在丝绸之路的起终点之间具有多条交通运输线,覆盖途径地带,担任着重要和大量客货流运输任务的运输通道。丝绸之路经济带国际运输通道由平行的多种交通运输方式的运输线路互相补充,共同提供强大的交通运输服务。在丝绸之路经济带国际运输通道上还布局有不同的交通运输机场设施,包括机场设施、港站枢纽以及配套的各种服务设施。

近年来,随着欧亚国际贸易的发展,由中国沿海港口城市上海、连云港沿西安、乌鲁木齐经过中亚国家的欧亚运输通道显示出愈来愈重要的意义和潜力。

从地理区位来看,欧亚各国区域特征明显。俄罗斯和中国是欧亚金融、物流和信息中心,俄罗斯、中亚各国和中国中西部都处在欧亚大陆的中心地区,它们虽然在自然环境、经济发展、文化传统、宗教信仰等方面存在一定差异,但近年来各国政府均将对外开放、引进外资、开拓国际市场作为促进其经济复苏和发展的重要战略。俄罗斯与欧盟国家联系方便,以俄罗斯和中国为内圈和核心圈,第二圈则为哈萨克斯坦、塔吉克斯坦、吉尔吉斯斯塔、土库曼斯塔、乌兹别克斯坦等中亚五国,第三圈就是欧亚的其他国家。处于“龙头”地位的核心区是俄罗斯和中国经济圈,无论现在还是将来对周边来说都有着极大的吸引力、辐射力和增长力。

一、中国和俄罗斯

中国位于欧亚大陆东部,太平洋西岸。陆地面积约 960 万平方公里,海洋面积299.7万平方公里。与20个个国家相邻，其中陆上邻国14个，分别是：朝鲜、俄罗斯、蒙古、哈萨克斯坦、吉尔吉斯斯坦、塔吉克斯坦、阿富汗、巴基斯坦、印度、不丹、尼泊尔、缅甸、老挝和越南；海上邻国6个，分别是：韩国、日本、菲律宾、文莱、马来西亚及印度尼西亚。中国与邻国均有密切的贸易往来，进出口贸易总额连年增长。中国是世界第二大经济体、世界第一贸易大国、世界第一大外汇储备国、世界第一大钢铁生产国、世界第一大农业国、世界第一大粮食总产量国，是世界上经济发展最快的国家之一。

俄罗斯地跨欧亚两洲，位于欧洲东部和亚洲大陆的北部，其欧洲领土的大部分是东欧平原。北邻北冰洋，东濒太平洋，西接大西洋，西北临波罗的海、芬兰湾。俄罗斯是世界上领土面积最大的国家，陆地面积1707.52万平方公里，占前苏联领土面积(2200万平方公里)的76%。国土东西最长为9000公里，南北最宽为4000公里。陆地邻国西北面有挪威、芬兰，西面有爱沙尼亚、拉脱维亚、立陶宛、波兰、白俄罗斯，西南面是乌克兰，南面有格鲁吉亚、阿塞拜疆、哈萨克斯坦，东南面有中国、蒙古和朝鲜，东面与日本、韩国、加拿大和美国隔海相望。该国2012年1—10月份的国内生产总值增长3.7%，2011年同期这个数字为4.3%。截至2012年12月17日，通货膨胀率为6.3%。与2011年相比，工业生产速度增幅减缓(2012年前11个月增幅为2.7%，2011年全年这个数字为4.7%)，但是加工领域表现出高增长速度，为4.4%。固定资本投资略有增加，为8.4%，2011年的这个数字为8.3%。

二、哈萨克斯坦等五国

1.哈萨克斯坦

哈萨克斯坦与俄罗斯、中国、吉尔吉斯、乌兹别克、土库曼等国接壤，并与伊朗、阿塞拜疆隔海相望。哈萨克斯坦面积为272.49万平方公里，约占地球表面积的2%，相当于所有西欧国家面积之和，国土面积排世界第九位，是欧亚地区一个大国家。哈萨克斯坦被世界公认为是后苏联国家中最

发达的国家之一，拥有丰富的自然资源和较为雄厚的工业基础，已探明的矿藏有90多种。煤、铁、铜、铅、锌产量丰富，用于核燃料和制造核武器的铀的产量也居世界第一，被称为“铀库”，此外里海地区的油气资源也十分丰富。以铁路运输为主，公路运输、管道运输和航空运输也较重要。主要城市有阿斯塔纳、阿拉木图、卡拉干达、奇姆肯特、巴甫洛达尔等。哈萨克斯坦是独联体第二大经济体，综合国力仅次于俄罗斯，属于中高收入国家；此外，哈萨克斯坦还是世界主要粮食出口国之一。2015年将与俄罗斯、白俄罗斯、亚美尼亚成立欧亚联盟。哈萨克斯坦的经济发展特点：一是私有化进程快。现私有经济已占国家经济总量的80%以上；自建国收到的外来投资按人均在独联体国家占第一位。二是对外来商品依存度很高，特别是高科技产品、生活日用品、轻工产品基本被美国、德国、日本、韩国、中国、土耳其的商品所替代。三是市场需求旺盛，物资集散辐射面广。同时，“中国产品销售中心”已在哈萨克斯坦建立。

2.塔吉克斯坦

塔吉克斯坦主要的民族是塔吉克族，是欧罗巴民族之一，主要从事畜牧业，兼营农业，过着半定居半游牧的生活。全国面积为14.31万平方公里，位于中亚东南部。东部与中国新疆毗邻，南与阿富汗接壤，西邻乌兹别克斯坦，北接吉尔吉斯共和国。境内山地面积约占国土面积的93%，有“高山国”之称。北部山脉属天山山系，中部属吉萨尔—阿尔泰山系，东南部为帕米尔高原，最高峰为共产主义峰，海拔为7495米。北部是费尔干纳盆地的西缘，西南部有瓦赫什谷地、吉萨尔谷地和喷赤谷地等。大部分河流属咸海水系，主要有锡尔河、阿姆河、泽拉夫尚河、瓦赫什河和菲尔尼甘河等。截至2013年1月，拥有人口798.48万，其中塔吉克族占79.9%，乌兹别克族占15.3%，俄罗斯族约占1%。此外，还有鞑靼、吉尔吉斯、土库曼、哈萨克、乌克兰、白俄罗斯、亚美尼亚等民族。

中国家主席习近平曾在杜尚别会见塔吉克斯坦总理拉苏尔佐达，强调指出：双方通过了《中塔战略伙伴关系未来5年发展规划》，为两国合作开辟了广阔前景。我对目前访问取得的成果感到满意。随着中国经济发展，将扩大和深化同其他国家的交往合作，欢迎其他国家利用中国发展的机遇，携手实现发展。中方提出的共建丝绸之路经济带倡议是互利共赢的，欢迎塔方积极参与。双方要把握当前有利时机，抓住利益契合点，扎实推进合作。两国政府要发挥指导、协调、监督作用，制定实施具体合作项目，抓好落实。

3. 吉尔吉斯斯坦

吉尔吉斯斯坦人口为577.6万，是中亚的一个内陆国。矿产资源较丰富，共发现各类矿产地2000多处，拥有化学元素周期表大多数元素。据统计，探明储量的优势矿产主要有金、钨、锡、汞、锑、铁等。境内河流湖泊众多，水资源蕴藏量在独联体国家中居第三位，仅次于俄罗斯、塔吉克斯坦，潜在的水力发电能力为1450亿千瓦时，仅开发利用了10%左右；主要河流有纳伦河、恰特卡尔问、萨雷查斯河、楚河、塔拉斯河、卡拉达里亚河、克孜勒苏河等；主要湖泊有伊塞克湖、松格里湖、萨雷切列克湖等，多分布在海拔2000米以上地区，风景优美，具有较高的旅游价值。吉尔吉斯坦的国民经济以多种所有制为基础，农牧业为主，工业基础薄弱。吉尔吉斯坦的任何个人、企业和组织都有权从事进出口贸易业务。据吉国家统计局数字，2010年1—11月，吉对外贸易总额为42.69亿美元，同比增加10.6%；进口额为30.182亿美元，同比增加12.3%，其中，从独联体国家进口额增加6.3%；出口额为12.508亿美元，同比增加6.7%，其中，对独联体国家出口额增加0.6%。贸易逆差17.674亿美元(2009年同期为15.162亿美元)，与独联体国家贸易逆差为11.636亿美元，与其他国家贸易逆差为6.038亿美元。吉主要贸易伙伴有：俄罗斯(占吉贸易总量28.9%)、中国(14.1%)、哈萨克斯坦(11.8%)、阿联酋(6.7%)、美国(6.3%)、瑞士(5.8%)、乌兹别克斯坦(2.9%)、土耳其(2.5%)、白俄罗斯(2.2%)。吉出口产品主要为贵金属、化学物品和农产品等，主要进口石油产品、二手汽车、服装、化工产品、天然气等。

4.土库曼斯坦

土库曼斯坦是国土面积仅次于哈萨克斯坦的中亚第二大国家，是位于中亚西南部的内陆国。作为前苏联加盟共和国之一，土库曼斯坦是世界上最干旱的地区之一，但它拥有丰富的天然气（世界第五）和石油资源，石油天然气工业为该国的支柱产业。据其官方公布的资料，该国石油和天然气的远景储量为208亿吨和24.6万亿立方米，居世界前列。土库曼斯坦经济结构单一，长期以来一直是前苏联的原料供应地，以种植业和畜牧业为主。主要出口产品有天然气、石油制品、皮棉，主要进口产品是粮食、肉类、轻工业品。中、土两国进一步扩大能源领域的合作，在每年向中国出口300亿立方米的天然气的合作基础上，土库曼斯坦进一步扩大对中国的天然气供应规模，每年向华增供百亿立方米天然气。

5.乌兹别克斯坦

乌兹别克斯坦现在是世界第6大棉花生产国和第2大棉花出口国，世界第7大黄金生产国，同时也是区域内重要的天然气、煤、铜、石油、银和铀生产国。该国亦为计划经济向市场经济平稳转型的成功范例。乌兹别克斯坦自然资源丰富，是独联体中经济实力较强的国家，经济实力次于俄罗斯、乌克兰、哈萨克斯坦。国民经济支柱产业是“四金”：黄金、“白金”（棉花）、“黑金”（石油）、“蓝金”（天然气）。但经济结构单一，加工工业较为落后。农业、畜牧业和采矿业发达，棉花产量占前苏联的2/3，生丝产量占前苏联的49%，洋麻产量占前苏联的90%以上，羊羔皮、蚕茧和黄金产量分别占前苏联的2/3、1/2和1/3。轻工业不发达，62%的日用品依靠其他原苏联加盟共和国提供。矿产资源储量总价值约3.5万亿美元，现探明有近100种矿产品，主要有天然气、煤炭、石油、有色金属、黄金、铜、铅、锌和稀有金属等，黄金储量居世界第四位，独联体第二位，年开采量80吨左右。铜和钨的储量在独联体国家中均居前列，石油和白银、白金、锌、铝矾土等金属矿藏也非常丰富。铀储量约占世界第七、八位，铀开采量占前苏联的25%。煤储量为20亿吨。水力资源丰富，森林覆盖率为12%。天然气资源主要分布在卡拉库盆地东北部边缘的查尔米和布哈拉台阶地区，其中最大的加兹里气田储量达4193亿立方米。石油资源多集中在东部天山褶皱带的费尔干纳盆地，已探明储量为5.84亿吨。天然气的产量仅次于土库曼斯坦，居中亚第二位、独联体第三位，年产气量在300亿立方米以上。乌兹别克斯坦工业在中亚地区举足轻重，天然气、机械制造、有色金属、黑色金属、轻纺和丝绸等工业都比较发达。

欧亚经济区各国之间资源禀赋条件的差异明显，互补较强，为经济金融的合作奠定了良好的基础。欧亚经济区必须充分发掘和利用区内资源禀赋条件的这种差异和比较优势，寻找合作的契机，实现共同发展。

三、其他国家

欧亚其他国家在丝绸之路经济带国际运输通道上同样发挥着重要的作用。

丝绸之路通道上主要国家资源状况见表3-1。

表3-1　丝绸之路通道上主要国家资源状况

国家	经济主体	资源优势
中国	工业、农业	中国是资源大国。陆地面积居世界第三位，45种主要矿产资源的潜在价值居世界第三位，水能、太阳能和煤炭资源分别居世界第一、第二和第三位。自然资源种类多、资源类型齐全是中国资源的又一个重要优势
俄罗斯	工业、农业	森林覆盖面积、木材蓄积量均居世界第一位。可耕地面积居世界第三位。天然气储量居世界第一位。石油占世界探明储量的13%。煤蕴藏量居世界第二位。铁蕴藏量居世界第一位。铝蕴藏量居世界第二位。铀蕴藏量占世界探明储量的14%。黄金储量居世界第四至第五位。此外，还拥有占世界探明储量65%的磷灰石和30%的镍、锡
阿富汗	农业	矿藏资源较为丰富，但未得到充分开发。目前已探明的资源主要有天然气、煤、盐、铬、铁、铜、云母及绿宝石等
乌兹别克斯坦	农业	自然资源丰富，是世界上重要的棉花、黄金产地之一

续表 3-1

国家	经济主体	资源优势
印度	服务业	云母产量世界第一,煤和重晶石产量居世界第三
巴基斯坦	农业	天然气 4920 亿立方米、石油 1.84 亿桶、煤 1850 亿吨、铁 4.3 亿吨、铝土 7400 万吨,还有大量的铬矿、大理石和宝石,森林覆盖率 4.8%
土耳其	工业、农业	大理石、硼矿、铬、钍、铁和煤等矿产资源丰富
罗马尼亚	工业	矿藏有石油、天然气、煤、铝土矿、金、银、铁、锰、锑、盐、铀、铅等
荷兰	农业、工业、服务业	自然资源贫乏,但天然气储量丰富
哈萨克斯坦	农业	铀矿、铜矿、铅矿、锌矿、钨矿储量丰富

数据来源:丝绸之路通道上各个国家地理简介资料整理.

中国矿产资源齐全丰富,在整个丝绸之路通道上占据了绝对资源优势,加之经济实力雄厚,在丝绸之路通道建设与合作发展中起着重要的领头作用。俄罗斯森林覆盖面积居世界第一位,可耕地面积居世界第三位,天然气储量居世界第一位,石油占世界探明储量的 13%,具有种类丰富的自然资源,俄罗斯是丝绸之路通道上的重要节点。阿富汗、乌兹别克斯坦、印度、巴基斯坦、土耳其、罗马尼亚、哈萨克斯坦、荷兰等也是丝绸之路通道上的重要国家。

第六节　本章小结

首先,界定了丝绸之路经济带运输通道的含义,指出丝绸之路经济带运输通道是连接丝绸之路经济带上不同国家和地区之间客货流发源地与目的地的密集地带,是丝绸之路经济带沿途国家和地区产业关联、社会经济交流的桥梁和纽带;是丝绸之路经济带上国际间客货运输的主动脉;由丝绸之路经济带上平行的多种运输方式的运输线路组成,具有形成综合运输的能力和条件;不仅包括丝绸之路经济带上的运输线路,而且包括场站等基础设施,是相对完整的运输基础设施系统平台。

其次，剖析了丝绸之路经济带运输通道的空间构成、要素构成和交通方式构成。丝绸之路经济带运输通道的空间构成分为中国国内区段和国外区段两大部分；要素构成主要包括相联的起讫区域，根据经济发展水平，区域可划分为不同的类型，各类区域的不同特征又决定了运输联系在内容和方向上发展重大变化。

最后，阐述了丝绸之路经济带运输通道沿线国家(经济体)的构成。主要包括中国、俄罗斯、哈萨克斯坦、吉尔吉斯斯坦、塔吉克斯坦、土库曼斯坦、乌兹别克斯坦、阿富汗、印度、巴基斯坦、土耳其、罗马尼亚、荷兰等。

第四章 丝绸之路经济带运输通道的运输需求分析

第一节　需求特征

需求特征是以市场需求者为研究主体，分析需求者对某些产品或者服务在需求方面具有的特点。丝绸之路经济带运输通道上的需求特征分析是研究丝绸之路经济带运输通道发展的基础。

(1)丝绸之路经济带运输通道上的需求分析研究主体是：丝绸之路经济带上运输通道中的货主或者旅客。

(2)丝绸之路经济带运输通道上的需求分析研究客体是：丝绸之路经济带上的运输需求(包括运输需要和支付能力)。

(3)丝绸之路经济带运输通道上的需求分析研究范围是：丝绸之路经济带范围以内。

一、特征分析

与一般的运输需求相同，丝绸之路经济带运输通道上的运输需求特征主要可以总结为广泛性、多样性、派生性、规律性、不平衡性和部分可替代性。除此之外，由于线路长、方式多、市场复杂，丝绸之路经济带运输通道上的运输需求还具有其特性。

1. 广泛性

随着“一带一路”发展战略的深入人心，丝绸之路经济带上沿途国家和地区社会经济的发展不但有其内部促进动力，还有丝绸之路经济带发展的外部带动力，即沿途国家地区的人民出行、产品流通等都产生的广泛的运输需求。运输业作为一个独立的产业部门，任何社会活动都不可能脱离它而独立存在，因此与其他商品和服务的需求相比，运输需求具有广泛性，是一种带有普遍性的需求。丝绸之路经济带的发展带来了更为频繁和深入的国际间、地区间的交流，特别是产品的广泛流通，使得丝绸之路经济带上的运输需求更为广泛，丝绸之路经济带上运输通道沿途国家、地区的产品、人员流通范围更大，更广泛。

2. 多样性

货物运输服务提供者面对的是种类繁多的承运货物。由于在重量、容积、形状、性质、包装上各有不同，它们对运输条件的要求也不同，在运输过程中必须采用不同的技术措施，如石油等液体货物需用罐车或管道运输，鲜活货物需用冷藏车运输，化学品、危险货物、大长货物等都需要特殊的运输条件。旅客运输需求对于服务质量的要求也是多样的。由于旅客的旅行目的、收入水平、自身身份等不同，对运输服务的质量要求必然呈现多样性。因此运输需求不仅仅是一个量的概念，还有质的要求，安全、速度、方便、舒适、满足物流效率的要求等是运输质量的具体表现。运输服务的供给者必须适应运输质量方面多层次的需求。丝绸之路经济带上运输通道的运输需求涉及不同国家、地区，涉及不同的货物种类，涉及不同的运输对象和运输过程的特殊要求，其多样性特点更为明显。

3. 派生性

在经济生活中，如果一种商品或劳务需求是由另一种或几种商品或劳务需求派生出来的，则称该商品或劳务的需求为派生性需求。引起派生性需求的商品或劳务需求称为本源性需求。同传统的运输需求一样，丝绸之路经济带运输通道上的运输需求也具有派生性特征。显然，和所有的运输需要一样，丝绸之路经济带运输通道上货主或旅客提出位移要求的目的往往不是位移本身，而是为实现其生产、生活中的其他需求，完成空间位移只是一个必不可少的环节。

4. 规律性

(1)空间特定性

运输需求是对位移的要求,而且这种位移是运输消费者指定的两点之间带有方向性的位移,也就是说运输需求具有空间特定性。运输需求的这一特点,构成了运输需求的两个要素,即流向和流程。流向是指货物或旅客空间位移的地理走向,即从何处来到何处去;流程也称运输距离,是指货物或旅客空间位移的起点与止点之间的距离。

对于货运来说,运输需求在方向上往往是不平衡的,特别是一些大宗货物如煤炭、石油、矿石等,都有很明显的流动方向,这是造成货物运输量在方向上不平衡的主要原因。

丝绸之路经济带上的运输需求在方向上也是不平衡的,一些原材料和产成品多是从原料生产地到产品加工地的移动,一些产成品多是从产品生产地到产品消耗地的移动,其实也是在丝绸之路经济带上不同国家和地区之间的流动。

(2)时间特定性

客货运输需求在发生的时间上有一定的规律性,例如周末和重要节日前后的客运需求明显高于其他时间,市内交通的高峰期是上下班时间,蔬菜和瓜果的收获季节也是这些货物的运输繁忙期,这些反映在对运输需求的要求上,就是时间的特定性。运输需求在时间上的不平衡引起运输生产在时间上的不均衡。丝绸之路经济带运输通道上的货物流通在时间上呈现出和流向上一样的不均衡特征,旅客流动在时间上的不特定性主要是人的主观性特点决定的。

5. 复杂性

丝绸之路经济带运输通道上的运输需求具有复杂性的特征,主要表现为:

①跨越不同国家和地区的运输需求要受到不同国家地区相关法律、法规、政策、条文和规范的制约管理;

②跨越不同国家和地区的运输需求必须借助不同国家和地区不同的运输基础设施来完成，其运输过程中必然出现规则不统一的问题，甚至出现运输线路宽度、负荷等问题的制约；

③跨越不同国家和地区的运输需求受到不同国家、地区经济、文化、风俗等影响，运输需求差异化特点显著；

④跨越不同国家和地区的运输需求对市场的分析和评价具有较大差异；

⑤跨越不同国家和地区的运输需求对通道上的综合运输组织具有较高的要求。

二、来源分析

丝绸之路经济带运输通道的运输需求具有总量大、方式多、要求高等特点，运输通道上的运输需求与资源优化配置、使用者的需求、地区社会经济发展、运输生产以及运输需求的差异性等关系密切。

1. 运输需求与资源优化配置

资源是一切对人类社会发展具有效用的物质的或非物质的客观存在，对于人类而言具有稀缺性属性，优化资源配置是人类社会发展面临的永恒问题。同理，丝绸之路经济带的发展过程就是不断进行资源优化配置的过程，就是资源优化配置的广度、深度、时间、空间不断拓展的过程。

丝绸之路经济带运输通道上的运输需求实际上是客货在丝绸之路经济带上对空间位移的需求，运输需求的实现就是人或物移动要求的实现。实现过程中涉及多个参与方，而且各参与方都有各自的利益要求。只有各方利益要求得到满足，这个过程才能最终实现，而各参与方利益的实现正说明这种移动是有必要的，是有利于人类社会发展的，即资源在此过程中得到了优化配置。丝绸之路经济带运输通道上的运输需求的实现过程就是资源优化配置过程的外在表现，运输需求在本质上就是资源优化配置的需求。

从丝绸之路经济带上客货运输需求实现过程中的两个问题来分析，将

会更为清晰。第一个问题是为何会产生运输需求？第二个问题是运输需求实现后的效果如何？丝绸之路经济带运输通道上的货物可能是某一国家或地区的原始资源、初级产品，也有可能是另一个国家或地区的半成品或产成品，这些都是资源的范畴。因此，丝绸之路经济带运输通道上的货物，究其本质，就是丝绸之路经济带上的资源。仅仅从运输的角度出发来研究，货物运输需求实现的过程将涉及货物的起运地、发到地，也就涉及丝绸之路经济带不同的国家和地区，以及其不同的管理、制度、规范，甚至法律、条文。就运输市场参与者而言，至少涉及的有不同国家和地区的托运人、承运人和收货人三个利益主体。运输需求实现的全过程将涉及丝绸之路经济带上更多的利益主体，不同的利益主体均要实现各自的期望利益。对于资源提供者而言，如果资源的效用大于其提供给组织者的效用，他不可能放弃发挥资源的效用而提供给组织者从而运送给使用者。对于资源的使用者而言，如果资源的效用小于其所付出的代价，或者是付出更小的代价就可以得到具有同等效用的资源，他不可能花费代价使用该资源。对于资源的组织者、资源的运送者和资源的经销者而言，在实现其利益要求的同时，也肯定是资源优化配置的过程，否则其利益要求也不可能得到实现。也就是说，运输需求的产生是由于此物在收货地比在托运地更有效用，预计能带来各自都能期望获得的利益。而运输需求实现后的效果是此物得到了最合适的使用。通过运输需求过程的实现，各参与方都通过自身利益要求的实现，使得资源得到了优化配置。

2. 运输需求与使用者的位移需求

运输需求是运输使用者的位移需求，这一问题实际上探讨的是“人的方便”与“车的方便”的问题。然而在以静态技术经济特性为基点的综合运输理论指导下，进行综合运输布局规划的实践过程往往忽略了这一点。甚至将运输需求等同于运输供给者的位移，也就是等同于车辆的运输。运输业的发展首先开始于运输需求。运输需求是客观存在的，而且客观存在的运输需求是有约束条件的，当运输供给满足需求的约束条件时，就会产生运输活动，运输活动的集合就构成了运输业。显然，运输需求与运输供给的有机统一是运输业发展的重要动力。

丝绸之路经济带运输通道上的运输活动同样遵循以上的理论，不同国家和地区不同的货物有着不同的运输需求，这些货物在丝绸之路经济带运输通道上通过不同的运输方式，经由不同的运输线路，搭乘不同的载运工具，经过不同的起讫点，由不同的承运人和托运人在丝绸之路经济带上完成物理性位移，实现其使用价值。这一运输过程，不仅仅是货物的流动过程，同时是车辆的流动过程，运输供给者的流动过程，即运输需求和使用者在丝绸之路经济带运输通道上的物理性位移。这种位移有别与单一运输方式、单一运输线路、单一途经国家的货物物理性位移，更具有复杂性，位移过程涉及的参与主体更多，资源配置更为复杂，全程运输的管理部门和管理制度更多。

3. 运输需求与欧亚地区社会经济发展

"地球上自从有了人类存在，就有了运输行为。运输与人类生产和生活密不可分，对社会各个方面起着十分重要的作用，成为了联系生产与消费、城市与乡村、各行业之间的桥梁和地区与地区之间的纽带。"也就是说，自从有了人类的存在，人们就有了对运输的需求，而且这种需求与人们的生活和生产的关系越来越密切，一直伴随着人类社会经济的发展。荣朝和于 1991 年在《运输化》一文中详细论证了运输化理论，认为社会经济发展可以分为前运输化、运输化、后运输化三个阶段。其中运输化阶段又可以分为初步运输化和完善运输化两个阶段。在这个过程中，人类社会经济的发展正是运输需求不断变化发展的结果，人与货物对空间位移需求的规模、结构、层次等的变化一直伴随着人类社会经济的发展而变化。人类社会经济发展的过程就是运输需求不断变化的过程，从而使交通运输成为经济发展所依赖的最主要的基础产业、基础结构和环境条件。从以上分析可以看出，运输需求与经济社会的发展是互动的，社会经济的发展变化引起新的运输需求的出现，运输需求的发展变化又使社会经济发展变化成为可能。尤其是在工业生产社会化程度不断提高，专业化、规模化趋势日趋明显的经济发展轨迹中，这一点体现得更为明显。

综上所述，人类社会经济和运输的发展过程就是运输需求不断发展变化的过程，在此过程中运输需求的变化一直伴随着人类社会经济的发展，两者互相作用，呈螺旋型上升。欧亚地区乃至整个丝绸之路经济带上各国和各地区经济社会的发展同样遵从此发展规律。地区经济的繁荣发展带动的是人和货的流动需求，经济发展需要大量的产品流通和人员流动。与此同时，各种资源的有效流动又最大限度地促进了社会经济的发展。中国"一带一路"发展战略着眼于全球经济快速发展的目标，从丝绸之路经济带这一带状区域的经济发展开始，带动整个欧亚地区的经济飞跃。丝绸之路经济带的经济发展需求有沿带国家和地区给予足够的、高效率的运输供给，这种运输供给的基本要求是：合理有效地配置丝绸之路经济带上的运输资源，提供能够满足丝绸之路经济带上运输需求的运输供给，能够为欧亚经济发展提供运输保障。

4. **运输需求与运输生产**

一般工农业产品需求的实现通常与其生产过程是分离的，表现为空间上的分离和时间上的分离，在成品或半成品完成生产过程以后，进入流通领域，最后进入消费领域从而实现消费，完成需求的实现。而运输需求的实现与生产却有其自身的特殊性，两者是同步的。交通运输业作为一种特殊产业，不同于其他产业生产，因为交通运输行业的产品，即创造的使用价值与其生产过程不相分离，因而不能像商品那样在这个生产过程本身之外流通。运输产品作为一种无形的运输劳务，只能在生产过程中被消费。也就是说，运输需求的实现是在运输生产的同时完成，两者在空间和时间上是结合在一起的。运输需求的这一特性就客观决定了运输需求者在选择运输产品时，运输供给者在提供运输产品时都具有一定的局限性。前者无法享受同样的产品，后者也无法提供同样的产品。

丝绸之路经济带上的运输需求与运输生产有着同样的特点，生产与消费具有同一性。但又有其个性，丝绸之路经济带运输通道上的运输生产可能是由不同的运输区段、载运工具、运输线路、运输方式、运输供给者完成的，而丝绸之路经济带运输通道上的运输需求和任何一种运输需求具有同样的属性，均是完成人或者货的物理性位移。然而，丝绸之路经济带运输通道上的运输生产和运输消费也具有同一性。

5. 运输需求的差异性

不同的旅客、不同的货主对位移要求存在着一定的差异，而且在位移的实现的过程中还包含着许多不同的附加要求。因此，运输需求具有明显的差异性，几乎不存在同一品质的运输需求。同样一批货物要求从 A 地运往 B 地，但是由于货物本身的特性不同，对运输的要求就相差很大，即便是同一种货物，由于运送过程的不同、使用条件的不同，对运输的要求同样有一定差异。旅客运输更是如此。产生运输需求差异性的原因主要有三个方面：第一，运输需求在社会经济各个领域都存在，不同领域对运输的需求必然存在差别；第二，影响运输需求的因素有很多，不同因素的组合必然会引起运输需求的变化；第三，运输需求的品质内涵很丰富，货主或旅客对运输需求不同品质的要求存在着差异，这种差异直接引起对运输要求的差别。

丝绸之路经济带运输通道上的运输活动也是独一无二的，货物或者旅客跨越不同的国家和地区、搭乘不同的载运工具、借用不同的运输方式、途经不同的运输站点、沿着不同的运输线路，遵循不同国家和地区的运输规则，完成不同的运输过程，每一项运输活动都是具有差异性的。

综上所述，丝绸之路经济带国际运输通道的形成是欧亚地区资源优化配置的本质需求，是欧亚地区经济交流的迫切需求，是欧亚地区客货流动的直接需求。丝绸之路经济带国际运输通道沿途的国家和地区的运输需求不论从需求的产生、运输需求的实现来看，还是从需求者的品质要求来看，运输需求的差异性都十分明显。

第二节　需求的产生

随着全球政治、经济、社会的全面发展，欧亚地区甚至全球都对丝绸之路经济带国际运输通道的需求与日俱增。

一、经济增长产生运输需求

丝绸之路经济带国际运输通道所经各国的社会经济发展逐渐进入稳定期,特别是在几个大国经济快速发展的影响下,各国经济将在今后相当长一段时期内保持稳定发展,各国经济的发展必然对交通运输提出了更多、更高的要求。

丝绸之路经济带国际运输通道涉及了不同运输方式构成的综合运输系统,通道系统复杂。丝绸之路经济带途经中国、俄罗斯、阿富汗、乌兹别克斯坦、印度、巴基斯坦、土耳其、罗马尼亚、荷兰等40多个国家、160个城市,各地区的经济社会发展不平衡,决定了丝绸之路经济带国际运输线路长、国家多、运输方式多样、社会经济发展不平衡的特点。如表4-1、图4-1所示,2012年全年国内生产总值最高的中国达到15.83亿万美元,而乌兹别克斯坦仅有0.0483亿万美元,两国之间的经济总量差异巨大。

表4-1 2012年丝绸之路通道上主要国家经济发展状况(2012年末汇率)

国家	全年国内生产总值(万亿美元)	同比上升
中国	15.83	7.8%
俄罗斯	2.0	11.8%
乌兹别克斯坦	0.0483	8.2%
印度	1.8	5.4%
巴基斯坦	0.2	3%
土耳其	0.799	3.2%
罗马尼亚	0.134	0.3%
荷兰	0.77	−0.8%
哈萨克斯坦	0.2	5%

数据来源:丝绸之路通道上各个国家经济发展统计公报统计数据整理.

随着丝绸之路经济的发展,丝绸之路经济带运输通道沿途国家和地区之间的社会、经济、文化交流日益增加,地区经济发展的不均衡会在很大程度上刺激不同国家和地区的经济增长需求。丝绸之路经济带运输通道沿

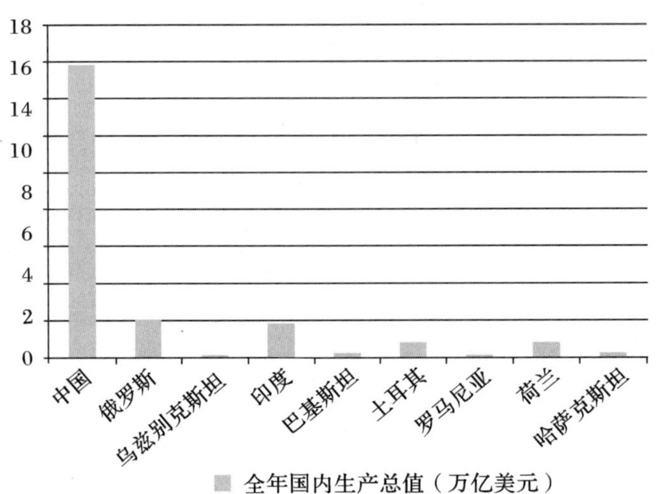

图 4-1　2012 年丝绸之路通道上主要国家经济总量分布图

数据来源：丝绸之路通道上各个国家经济发展统计公报统计数据整理.

途国家和地区之间的社会、经济、文化的交流必须以交通运输为基本载体，需要通过人和物的物理性位移来实现不同国家和地区的交流。特别是在经济交流领域，经济交流必然带来大量的产品流通，需要交通运输来完成流通过程。丝绸之路经济带运输通道上不同国家和地区之间的交通运输又要借助于运输通道的建设与联通。

二、对外贸易产生运输需求

全球一体化发展背景下，国家经济、社会的发展在一定程度上依赖于对外贸易的发展，而对外贸易的发展必然依赖于货物运输的发展，依赖于交通通道的建设与发展。随着中国社会主义市场经济发展方式的不断转型，对外贸易在中国国民经济生产总值中所占的比重将呈明显的上升趋势。

丝绸之路经济带国际运输通道沿线国家和地区的经济快速发展推动了运输通道的建设，特别是各国进出口贸易的发展带动了运输通道的发展。随着全球经济一体化向纵深发展，各国经济的对外贸易依赖性越来越明显，各国的外贸发展水平在一定程度上决定着该国的经济发展水平。丝

绸之路通道沿途主要国家的对外贸易发展情况如表 4－2 所示。

表 4－2　2012 年丝绸之路通道上主要国家进出口货物贸易状况

国别	进口贸易总额	出口贸易总额	货物贸易额
中国	20490 亿美元	18180 亿美元	38670 亿美元
俄罗斯	3125.67 亿美元	5247.27 亿美元	8372.95 亿美元
乌兹别克斯坦	120.3 亿美元	142.6 亿美元	262.9 亿美元
印度	4867.55 亿美元	2924.80 亿美元	7792.35 亿美元
土耳其	2365.4 亿美元	1525.6 亿美元	3891 亿美元
罗马尼亚	546.08 亿欧元	450.43 亿欧元	996.51 亿欧元
荷兰	5916.8 亿美元	6567.1 亿美元	12483.9 亿美元
哈萨克斯坦	—	—	239.8 亿美元

数据来源：丝绸之路通道上各个国家对外贸易统计数据整理.

近年来，丝绸之路经济带运输通道沿线国家、地区的对外贸易得到快速发展，外贸总量不断创新高。特别是中国—俄罗斯 2012 年的贸易总额高达 881.6 亿美元，中国—印度 2012 年的贸易总额高达 600 亿美元，中国—哈萨克斯坦 2012 年贸易额达到 257 亿美元，中国—巴基斯坦 2012 年贸易总额达到 124 亿美元。贸易总额同比增幅最大的是中国—巴基斯坦，高达 17.6%。本书选择哈萨克斯坦和中国的贸易情况进行分析，具体如下：

哈萨克斯坦统计署网站讯，2012 年哈中进出口贸易总值达 239.8 亿美元，与 2011 年相比（以下简称同比）增长 12.5%，占哈进出口总值的 17.5%，中国是哈萨克斯坦第一大贸易伙伴国。其中，哈向中国出口 164.8 亿美元，同比增长 1.2%，占其出口总值的 17.9%，中国是哈萨克斯坦最大出口国；自中国进口 75.0 亿美元，同比增长 49.3%，占其进口总值的 16.8%，中国是哈萨克斯坦第二大进口国（列俄罗斯之后）。2012 年哈萨克斯坦社会经济指标汇总如表 4－3 所示。

表 4-3 哈萨克斯坦社会经济指标汇总表(2012 年)

指标	2012 年	比 2011 年
面积(万平方公里)	272.49	—
人口(万)	1693.4(2013 年 2 月 1 日)	—
GDP(亿美元)	2016.8	5.0%
工业产值(亿美元)	1114.5	0.5%
农业产值(亿美元)	130	-17.8%
建筑业	151.7	2.9%
交通业	31.9	7.0%
固定资产投资(亿美元)	365.8	3.8%
社会零售商品总额(亿美元)	289.7	12.9%
外贸额(亿美元)	1368	9.8%
出口(亿美元)	923	5.3%
进口(亿美元)	445	20.2%
顺差(亿美元)	478	-4.5%
通胀率	6%	—
失业率	5.3%	—
货币名称	坚戈(Tenge)	—
汇率	(全年平均)1 美元=149.11 坚戈	—
人均工资(美元)	677.8(101079 坚戈)	12.4%
当年引资(亿美元)	170.25(截至 2012.9.30)	—
共引外资(亿美元)	1655(1993—2012.9.30)	—
外汇储备(亿美元)	860	17.9%
外债(亿美元)	1348.78(截至 2012.9.30)	—

2012 年,哈萨克斯坦的交通运输结构如图 4-2 所示。

哈萨克斯坦绝大多数的货物运输依赖道路运输完成,对外贸易量绝大部分由汽车运输完成,其对丝绸之路通道的依赖程度尤为明显,见表 4-4。

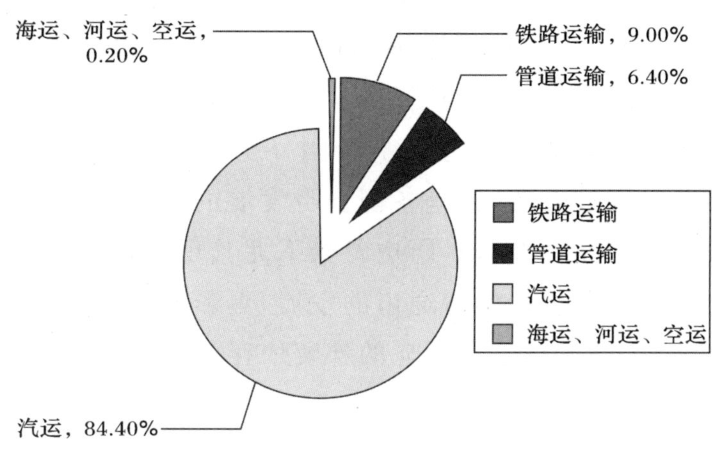

图 4-2　哈萨克斯坦交通运输结构图

资料来源:哈萨克斯坦统计署.

表 4-4　哈萨克斯坦运输量变化(2005—2012 年)

项目	2005	2012	增长(%)
货运(百万吨)	1926.9	3221.6	67.2
汽车运输	1511.1	2718.1	79.9
铁路运输	222.7	290.9	30.6
管道运输	192	207.3	8.0
海运	0.2	4	1924.1
河运	0.8	1.3	59.2
空运	0.0207	0.0196	−5.2
客运(百万人)	9924	18483.8	86.3
汽车运输	9905.8	18455.1	86.3
铁路运输	16.5	24.1	46.3
河运	0.04	0.1	143.4
空运	1.7	4.6	168.2

数据来源:哈萨克斯坦统计署(2012).

哈萨克斯坦运输发展中，增长幅度最大的是水路运输，主要原因在于其水路运输发展起点低，近年来航海货运的开发促使其海运发达。增长幅度位于第二的是道路运输，得益于道路运输基础设施的大力发展，也是丝绸之路运输通道建设不断发展的结果。

丝绸之路经济带国际运输通道上各国外贸联系紧密，相互依存，不仅仅是经济全球化的发展需要，也是各国自身发展的迫切需要。欧亚国际运输通道的建设与合作发展在这一历史背景下尤其重要，各国政府对通道建设与合作发展的注重程度影响着通道的发展，更影响着各国外贸的相互依存与促进发展。与之对应，这种明显的外贸依存对欧亚国际运输通道的发展提出了更高的要求。

三、资源流通产生运输需求

各国资源的差异性和资源配置的不平衡性产生了资源的流通需求。丝绸之路经济带沿途国家大都为发展中国家，还有一些欠发达地区，虽然大都以工业、农业为经济主体，但均拥有丰富的自然资源。因此，丝绸之路通道沿途国家之间，沿途国家与其他国家之间，都有着大量的资源交流。资源的流通与交流构成了丝绸之路经济带国际运输通道建设与合作发展的需求潜力优势。

从资源禀赋来看，一个地区的比较优势、产业的选择和技术进步的方式都会与该地区的资源禀赋条件有关。丝绸之路经济带各国、各地区之间资源禀赋条件的差异明显，互补较强，为经济金融的合作奠定了良好的基础。丝绸之路经济带沿途国家和地区必须充分发掘和利用区内资源禀赋条件的这种差异和比较优势，寻找合作的契机，实现共同发展。

中国矿产资源齐全丰富，在整个丝绸之路通道上占据了绝对资源优势，加之经济实力雄厚，在丝绸之路通道建设与合作发展中起着重要的领头作用。俄罗斯森林覆盖面积居世界第一位，可耕地面积居世界第三位，天然气储量居世界第一位，石油占世界探明储量的13%，具有种类丰富的自然资源，俄罗斯是丝绸之路通道上的重要节点。阿富汗、乌兹别克斯坦、印度、巴基斯坦、土耳其、罗马尼亚、哈萨克斯坦、荷兰等也是通道上的重要

国家，为丝绸之路经济带全面发展提供基本的资源保障和通道保障。

丝绸之路通道上主要国家资源状况如表 4－5 所示。

表 4－5　丝绸之路通道上主要国家资源状况

国家	经济主体	资源优势
中国	工业、农业	中国是资源大国。陆地面积居世界第三位，45 种主要矿产资源的潜在价值居世界第三位，水能、太阳能和煤炭资源分别居世界第一、第二和第三位。自然资源种类多、资源类型齐全是中国资源的又一个重要优势
俄罗斯	工业、农业	森林覆盖面积居世界第一位。木材蓄积量居世界第一位。可耕地面积居世界第三位。天然气储量居世界第一位。石油占世界探明储量的 13％。煤蕴藏量居世界第二位。铁蕴藏量，居世界第一位。铝蕴藏量居世界第二位。铀蕴藏量占世界探明储量的 14％。黄金储量居世界第四至第五位。此外，还拥有占世界探明储量 65％的磷灰石和 30％的镍、锡
阿富汗	农业	矿藏资源较为丰富，但未得到充分开发。目前已探明的资源主要有天然气、煤、盐、铬、铁、铜、云母及绿宝石等
乌兹别克斯坦	农业	自然资源丰富，是世界上重要的棉花、黄金产地之一
印度	服务业	云母产量世界第一，煤和重晶石产量居世界第三
巴基斯坦	农业	天然气 4920 亿立方米、石油 1.84 亿桶、煤 1850 亿吨、铁 4.3 亿吨、铝土 7400 万吨，还有大量的铬矿、大理石和宝石。森林覆盖率 4.8％
土耳其	工业、农业	大理石、硼矿、铬、钍、铁和煤等矿产资源丰富
罗马尼亚	工业	矿藏有石油、天然气、煤、铝土矿、金、银、铁、锰、锑、盐、铀、铅等
荷兰	农业、工业、服务业	自然资源贫乏，但天然气储量丰富
哈萨克斯坦	农业	铀矿、铜矿、铅矿、锌矿、钨矿储量丰富

数据来源：丝绸之路通道上各个国家地理简介资料整理.

第三节　需求的影响因素

一、客运需求的影响因素

1.地区经济发展水平

交通运输的客运需求有很大一部分是生产性出行需求，生产速度的快慢直接影响出行需求。交通运输领域的客运量和周转量的变化趋势与国内生产总值的变化趋势基本一致，即随着国内生产总值的增长客运需求也逐渐增长。这是因为人们的出行需求有相当一部分属于生产性出行需求，这些活动都是与商品经济联系在一起的，因而商品经济的发展程度直接影响到这部分生产性出行需求。商品经济越发达，商务活动越频繁，活动范围越广泛，旅客运输需求也就越发达。

2.居民收入水平

根据马斯洛的需求层次理论，吃、穿、住、行、医疗卫生是最基础的生存和安全需求，这些需求得到满足后才会有更高层面的需求。随着居民生活水平的提高，居民消费总额中用于衣、食、住、医疗等生存和安全需要的支出比重将逐渐减少，而用于提高生活质量的高层次需求，如探亲访友、度假、旅游的消费性出行需求的支出比重将逐渐增加。

丝绸之路经济带运输通道沿途国家和地区的社会经济、文化历史各有差异，居民的收入水平和消费习惯有较大的差异，特别是居民收入水平的高低决定着居民的出行频率和出行目标，从而也影响了产成品、半成品的社会流通需求，即货物运输需求。因此，丝绸之路经济带运输通道沿途国家和地区的居民收入水平对通道上的运输需求有很大的影响。

3.人口数量和结构

旅客运输的对象是人。人口数量及其增长速度，尤其是劳动力数量及

其增长速度是影响人口迁移和流动的重要因素，人口数量和结构的变化必然引起出行需求的变化。一般而言，受体力、工作、性质等影响，男性以20—45岁之间的平均出行次数较多，女性以20—40岁平均出行次数较多。

丝绸之路经济带运输通道沿途国家和地区的人口数量和结构具有较大的差异，这种差异引起了通道上不同国家和地区运输需求总量的差异性和运输需求结构的差异性。因此，不同国家和地区运输需求的特性也显现了出来。

4. 城市化发展水平

城市化最明显的两大标志是用地规模和人口规模的扩大。随着城市化进程的加快，到城市务工的农村人口越来越多，从而刺激了公路客运需求的不断增加。同时，乡镇企业和农村经济的发展，将促使城市和农村经济联系日益紧密，城乡一体化进程加快，城乡居民交流更加频繁，而中短途运量主要由公路运输承担，这就导致公路客运需求大幅度增长。

丝绸之路经济带运输通道在有些国家和地区通过的是其城市通道，而有些通过的是乡村偏远地区。一般情况下，城市地区，特别是城市化水平较高的地区，其运输需求总量越大，运输需求的层次越多，对运输需求的要求也越高。

二、货运需求的影响因素

1. 国民经济发展水平

货运需求的大小取决于国民经济规模及其发展水平，经济的增长必然带来货运需求的增长。在经济结构相同或者相近的情况下，经济实力雄厚、发展水平较高的地区，一般都具有较大规模的货物生成量，其空间经济势能也较强，对外界有较强的辐射力和吸引力，其产品往往都大出大入。即使是同一国家或地区经济发展的不同时期，货运需求结构也会发生相应的变化。目前，丝绸之路经济带上欧亚国家处于精加工工业时期，经济发展对原材料的依赖明显减少，由于大宗散货需求增长速度放慢，使总体运输需求在数量上的增长速度放慢，但货运需求越发多样化，技术密集型产品、高价值产品比重增加，对国际运输的质量要求越来越高。

2. 产业机构发展水平

随着经济发展和产业结构的不断升级，货运需求结构也会发生较大的变化。由于不同产业对货运需求在质和量上的要求都不同，因此对运输方式的需求也不一样。一般来说，第一产业比重下降，大宗货物运输强度降低，相应的铁路、水运等能满足大量物资运输的交通方式将会有所削弱。第二产业产品结构优化，高科技含量、高附加值、高档次产品增加，运输需求弹性很大，对运输服务的质量要求较高，相应更多地需要公路、航空等灵活的运输方式，以保证其在时间、运送质量上要求的交通方式的支持。第三产业弹性较低，但对运输服务的质量要求很高。如果用单位社会总产值所产生的货物周转量表示货运强度，那么重工业的货运强度最大，它大于轻工业，而轻工业又大于服务业，一些新兴工业，如电子、生物工程、信息产业等对运输量的需求也很小。因而丝绸之路经济带运输通道沿途不同国家、不同地区的产业结构不同，货运强度也就不同。而同一国家同一地区经济发展的不同阶段，随着产业结构的升级换代，货运强度也呈现出阶段性的变化。总体说来，任何一种产业产值的增长都会带动货物运输需求的增长。

3. 区域经济的空间分布

在空间结构的各个经济个体中，交通及通讯设施担负着整个空间产品的运输交流和信息交流任务，对区域经济空间结构的合理运动起着润滑和枢纽的作用。与此同时，区域经济的空间分布又直接引导交通运输的流量、流向以及运距。一方面，随着经济及生产力的不断发展，各地区各部门之间的联系与协作日益密切，这将增强对运输的需求；另一方面，随着地区工业的不断发展，经济分布逐渐符合了因地制宜的要求，各地逐渐形成较

为完善的经济体系。生产的分布将会尽量安排在距离能源及原料较近的地方，这将逐渐减少不必要的运输成本，降低运输距离，从而导致运输需求的降低。

4. 运输通道的发展水平

运输通道的布局和质量直接影响着通道的吸引范围、各线路的通行能力和需求的适应程度。拥有发达的通道及较高的服务水平，可以提高货物运输的效率，扩大货物运输的范围，提高货运需求的时效性，带动沿线地区的经济发展，从而刺激对货物运输的需求。随着"一带一路"发展战略的深入，丝绸之路经济带沿线的国家和地区已经开始了对运输通道的建设，加强了不同国家和地区在运输通道基础设施建设方面的合作。

5. 综合交通的发展水平

在一定时期内，一定的地理区域内，运输需求总量如一块蛋糕，由不同的运输方式来分配。如果某一种运输方式所占的份额较大，其他运输方式所占的份额必然减少。在一定的时期内，不同运输方式能赢得多少需求份额，是不同运输方式发展的市场基础。这一基础及变化，在不同运输方式的技术经济特征未发生实质性变化之前，取决于客运需求者即旅客的行为变化，具体体现在旅客对不同运输方式的选择行为上。旅客选择运输方式时，要综合考虑安全性、及时性、经济性、方便性、舒适性、运行频率等多种因素，而且随着收入水平的提高，旅客对客运服务范围越广泛，旅客运输需求也就越发达。

丝绸之路经济带运输通道涉及多种运输方式，途经多种运输线路，随着大宗货物、批量、长距离的运输需求发展，丝绸之路经济带运输通道上的多式联运得到快速发展，集装箱运输业进一步跟进，综合运输得到促进发展。综合运输的发展在一定程度上也会影响丝绸之路经济带运输通道上的运输需求总量。

6.地区经济和经济体制

在市场经济条件下，由于竞争和追求效益的作用，产品在市场上相对自由地流动，商品交换的范围迅速扩大，交换频率大大增加。因此，运输需求也必然相对膨胀。同时，商品市场半径迅速扩大，货运平均运距增长很快。丝绸之路经济带沿线国家的经济体制均在通过各种方式不断优化，这种优化促进了地区经济的发展，也能促进运输需求的发展。

第四节　需求预测方法

根据丝绸之路经济带国际运输通道沿线的客、货运输发展历史规律来选择运输需求预测方法和预测模型。预测方法应采用定量计算与定性分析相结合，预测模型不应少于三种，以弥补各种预测模型的局限性。

一、定量预测方法

本书中运输需求的预测选取公路运输需求的计算为例。

定量预测方法主要有回归分析法、指数平滑法、弹性系数法、增长率统计法、灰色模型等，详见表 4-6 所示。

表 4-6　定量预测方法汇总分析

模型类型	数学模型形式		符号含义	适用特点
回归分析	一元回归	$y=a+bx$ $y=ax^b$ $y=ae^{bx}$ $y=a+b\ln x$ $y=a_o+a_1x+a_2x^2+\cdots+a^nx^n$	y:未来预测值 x:经济指标 $a,b,a_o,a_1,\cdots,a_n$:回归参数	短期、中期、长期预测
	多元回归	$y=a_o+a_1x_1+a_2x_2+\cdots+a_nx_n$	$x_1,x_2,\cdots,x_n$:各经济指标	

续表 4-6

模型类型	数学模型形式		符号含义	适用特点
指数平滑	水平趋势	$Y_{T+L}=S_T^{(1)}$ $S_T^{(1)}=\alpha Y_T+(1-\alpha)S_{T-1}^{(1)}$	y_{T+L}:未来第 L 年的预测值 y_T:预测对象在第 T 年的统计值 a:权系数,一般在 0.01～0.3 之间,可由经验给出。当历史数据发展平缓时取高值;反之取低值 $S_{T-1}^{(1)}$:第 $T-1$ 年的一次平滑值 L:预测期年数 $S_T^{(1)}$,$S_T^{(2)}$,$S_T^{(3)}$:分别为第 T 年一次、二次、三次平滑值	短期、中期预测
	线性趋势	$Y_{T+L}=a_T+b_T L$ $a_T=2S_T^{(1)}-S_T^{(2)}$ $b_T=\frac{\alpha}{1-\alpha}[S_T^{(1)}-S_T^{(2)}]$		
	二次曲线	$Y_{T+L}=a_T+b_T L+c_T L^2$ $a_T=3S_T^{(1)}-3S_T^{(2)}+3S_T^{(3)}$ $b_T=\frac{a}{2(1-a)^2}[(6-5a)S_T^{(1)}-2(5-4a)S_T^{(2)}+(4-3a)S_T^{(3)}]$ $c_T=\frac{a}{2(1-a)^2}[S_T^{(1)}-2S_T^{(2)}+S_T^{(3)}]$		
弹性系数	$y_t=y_o(1+i)^t \quad i=E_s q=\frac{i'}{q'}q$		y_t:未来第 t 年预测值 y_o:统计期末统计值 t:预测期年数 i':统计期增长率 q',q:分别为类比变量在过去和在未来时间的年均增长率(%)	短、中、长期预测
增长率统计法	$y_t=y_o(1+r)^t \quad r=\left[\sqrt[n]{\frac{y_o}{y_{-T}}}-1\right]\times100\%$		n:统计期年数 y_{-T}:统计期初统计值 其他同上	短期、中期预测
灰色预测	$y(t+1)=ae^{bt}-c$		$y(t+1)$:第 $t+1$ 年以前各年的累计值 其他同上	短期、中期预测

指数平滑法中 α 值由预测者选定,理论上 α 值可取 0 至 1,但通常取 0.15至 0.3。α 大小体现了不同时期历史数据在预测值中所起的作用不同,α 值越大,历史数据在预测中所占比重也就越大;反之则越小。弹性系数法中要找出对道路运输影响最大的因素,分析该因素的变化与道路运输

的关系。

二、定性预测方法

交通运输需求的定性预测方法主要有：专家调查法、类比算法、比例算法等。

1. 专家调查法

专家调查法或称专家评估法，是以专家作为索取信息的对象，依靠专家的知识和经验，由专家通过调查研究对问题作出判断、评估和预测的一种方法。

2. 类比算法

类比算法是按照丝绸之路经济带国际运输通道沿线国家或者地区的运输需求特征进行类比分析，从而预测出运输通道的运输需求量。

3. 比例算法

比例算法是指以现有或测算的数据为基础，按照国家规定的适用比例与之相乘来确定有关预算指标的一种方法。

三、组合预测法

组合预测法即对同一预测对象采用多种预测方法并进行综合。实际运用时应对各种途径的预测结果分别赋予一定的权重 W_i，按下列公式计算综合预测值：

$$Y = \sum W_i * Y_i$$

式中：Y——综合预测值，即经组合处理后的最终预测值；

Y_i——第 I 种预测方法获得的中间预测值；

W_i——第 I 种中间预测值被赋予的权重系数，$\sum w_i = 1$；

上述权重 W_i 的确定，既可以由预测者根据自己的预测经验给定，也可

以按各种预测方法的标准差确定，公式如下：

$$W_i = (S - S_i)/[S(n-1)] \qquad S = \sum S_i$$

式中：S_i——第 I 种预测模型的标准差；

n——预测方法数。

丝绸之路经济带国际运输通道上的运输需求除了按照以上的预测方法进行计算以外，还应该关注运输通道上各种运输方式之间的协调，运输通道上综合运输需求量并非各种运输方式运量预测结果的简单叠加，还应该考虑综合运输的发展以及综合运输服务水平的提升。

丝绸之路经济带运输通道的规划、建设以及运营发展必将以运输需求预测为基础，因此丝绸之路经济带上综合运输需求预测量是关键因素。

第五节　本章小结

首先，分析了丝绸之路经济带运输通道上的运输需求特征。与一般的运输需求相同，丝绸之路经济带运输通道上的运输需求特征主要可以总结为广泛性、多样性、派生性、规律性、不平衡性和部分可替代性。除此之外，由于线路长、方式多、市场复杂，丝绸之路经济带运输通道上的运输需求还具有其特性——复杂性，主要表现为：①跨越不同国家和地区的运输需求要受到不同国家和地区相关法律、法规、政策、条文和规范的制约管理；②跨越不同国家和地区的运输需求必须借助不同国家和地区不同的运输基础设施来完成，其运输过程中必然出现规则不统一的问题，甚至出现运输线路宽度、负荷等问题的制约；③跨越不同国家和地区的运输需求受到不同国家、地区经济、文化、风俗等影响，运输需求差异化特点显著；④跨越不同国家和地区的运输需求对市场的分析和评价具有较大差异；⑤跨越不同国家和地区的运输需求对通道上的综合运输组织具有较高的要求。

其次，对丝绸之路经济带运输通道的运输需求与资源优化配置、使用者的需求、地区社会经济发展、运输生产以及运输需求的差异性等的关系进行了分析。探讨了丝绸之路经济带运输通道上的运输需求，认为运输需求来源于丝绸之路经济带沿途国家和地区经济的增长、丝绸之路经济带沿途国家和地区对外贸易的发展、丝绸之路经济带沿途国家和地区资源流通的增加。

最后，给出了运输需求的预测方法。定量预测方法主要有回归分析法、指数平滑法、弹性系数法、增长率统计法、灰色模型等；交通运输需求的定性预测方法主要有专家调查法、类比算法、比例算法等。丝绸之路经济带国际运输通道上的运输需求除了按照以上的预测方法进行计算以外，还应该关注运输通道上各种运输方式之间的协调，运输通道上综合运输需求量并非各种运输方式运量预测结果的简单叠加，还应该考虑综合运输的发展以及综合运输服务水平的提升。

第五章 现代物流导向的丝绸之路通道运输网络构建

第一节 丝绸之路交通运输网络

运输物流业是现代服务业的重要组成部分，对于调整经济结构、转变发展方式、增强国际竞争力具有重要作用。当前，世界经济深度转型调整，全球经济一体化和产业国际分工趋势日益明显，中国经济发展面临着进一步扩大内需、提高创新能力、促进发展方式转变的新机遇和新挑战。党的十八大把推动服务业特别是现代服务业发展壮大作为推进经济结构战略性调整的重要任务，对物流业的发展提出了更高的要求。近年来，国务院先后出台了一系列促进物流业发展的政策措施，有力推动了物流业的发展。2009 年 3 月，国务院颁发了《物流产业调整和振兴规划》，物流产业作为唯一的生产性服务业被列入十大产业振兴规划，体现了党中央国务院对物流产业的重视，是中国物流产业发展的重要标志。2011 年，《中国国民经济和社会发展“十二五”规划》中明确指出：“大力发展现代物流产业，加快建立社会化、专业化、信息化的物流服务体系，大力发展第三方物流，有限整合和利用现有物流资源，加强物流基础设施的建设和衔接，提高物流效率，降低物流成本。”2013 年，交通运输部发布《交通运输部关于推进物流业健康发展的指导意见》，提出“物流业是现代服务业的重要组成部分，对于调整经济结构、转变发展方式、增强国际竞争力具有重要作用。”

交通运输网络是一个由交通枢纽与运输通道共同构成的系统，前者为节点，后者为线路，通过点和线的有机结合，共同完成客、货运输流的组织与输送，为社会经济发展提供便捷、高效的客货运输服务。可以预见，今后一段时期，交通运输网络构建作为中国综合交通运输体系建设的一项重点任务，将步入一个快速和关键发展时期。随着不同层次综合交通网络的建设与完善，中国交通运输网的“节点”和“线路”将逐步实现协调发展，交通运输网络效应将逐步显现。

近年来，中国提出的“丝绸之路经济带”对于提升中国对外开放水平，拓展经济发展战略空间，发挥西部各省区的区位、资源、产业优势，巩固西部地区边防乃至社会政治稳定都具有非常重要的意义。建设丝绸之路经济带，首先要加强运输网络的建设。近年来，中西部铁路建设和发展迅速，以陇海、兰州、北疆南疆、兰青合青藏线等铁路形成的丝绸之路经济带国内铁路网主骨架已基本形成，并通过阿拉山口、霍尔果斯口岸站和中亚、欧洲铁路网相连，为铁路通道的形成奠定了坚实基础。同时，中国对中亚国家已开放吉木乃、阿拉山口等 11 个边境公路口岸，其中对哈萨克斯坦 7 个、吉尔吉斯斯坦 2 个、巴基斯坦 1 个、塔吉克斯坦 1 个。航空方面，新疆对外有国际航线 36 条，通航国家 22 个，包括中亚 5 国及俄罗斯、伊朗等多个丝绸之路经济带沿线国家。丝绸之路沿线区域已初步形成以铁路、公路、航空和管道等多种运输方式构成的通道网络，但是尚未形成国内通道与境外通道的有效互通。同时，因国家利益、政策衔接、双边协定和基础设施不匹配等因素影响，以及通关检查不畅、口岸换装能力不足等技术原因，“丝绸之路”运输通道网络的作用尚没有被完全挖掘。

第二节　现代物流理论的发展

物流从最初的实物分配阶段（physical distritution），发展到后来的综合物流管理阶段（integrated logistics management），到如今的供应链管理阶段（supply chain management）、可持续物流（sustainable logistics）阶段，标志着物流业已从发展以交通运输、仓储管理为主要功能的阶段，转入以物流组织和管理体制创新、信息技术应用为特征的多功能集成化、系统化、网络化的现代物流阶段。物流不同阶段的演进过程也是物流业整体水平

提升的过程。

一、分销物流

分销物流(physical distribution)开始于20世纪50年代中期,主要研究生产企业的产品出厂或者商业流通企业的商品分销领域的物流,分为运输、仓储、装卸、包装、流通加工和信息几个专业的物流活动。随着分销物流学这一概念的发展,从美国走向了全世界,成为世界各国一致公认的一个比较统一的物流概念。这一时期促进了物流管理学的形成和发展,进而形成了物流学派、物流产业和物流领域。

二、综合物流

物流是指为了满足客户的需求,以最低的成本,通过运输、保管、配送等方式,实现原材料、半成品、成品或相关信息进行由商品的产地到商品的消费地的计划、实施和管理的全过程。物流理论在发展过程中,主要有以下几个学说:

1.“第三利润源”学说

“第三利润源”的说法是日本学者西泽修在1970年提出的,他认为由于受到科技和管理水平的限制,第一、二利润源泉已近枯竭,有待于科技的重大突破,而物流领域却可以大有作为。“第三利润源”理论认为物流作为“经济领域的黑暗大陆”虽然没有被完全照亮,但经过几十年的实践探索,物流领域绝不会是一个不毛之地,肯定是一片富饶之源。在经历了1973年的石油危机之后,物流“第三利润源”的作用已经得到证实,物流在企业管理中的地位得到巩固。

2.服务中心学说

服务中心说认为:物流活动最大的作用,并不在于为企业节约了消耗、降低了成本或增加了利润,而在于提高企业对用户的服务水平,从而提高企业的竞争能力。因此,这一学说使用“后勤(logistics)”一词描述物流,特别强调其服务保障的职能。通过物流的服务保障，企业以其整体能力来压缩成本和增加利润。

3.战略中心学说

物流战略中心说是学术界和企业界逐渐意识到物流具有战略性而提出的一种说法，认为物流会影响到企业总体的生存与发展，应该站在战略高度看待物流对企业长期发展所带来的深远影响。将物流与企业的生存和发展直接联系起来的观点，对促进物流的发展具有重要意义。马士华从供应链管理的角度，提出物流管理战略全局化的观念(2001)。还有一些学者从供应链的角度提出了“即时物流战略”“一体化物流战略”“网络化物流战略”和“物流战略联盟”等。

三、供应链管理

1983年、1984年发表在《哈佛商业评论》上的两篇论文《Kraljic Peter: Purchasing must become supply management》和《Shapiro Roy: Get leverage from logistics》开创了供应链研究的先河。目前，对供应链管理理论的研究已呈现出多样性，有从管理的角度来研究和阐述供应链管理的理论，也有的从流通企业发展和物流运动的组织形式、组织模式等角度出发来探索供应链理论。目前这方面主要有以下几种理论观点：供应链管理是物流管理的超集；物流是供应链管理的一部分；供应链物流；物流供应链等。

四、可持续物流

可持续物流是部分学者近几年提出的一个新课题，是从环境和可持续发展角度建立的环境共生型的物流管理系统。世界银行提出经济、生态和社会是可持续发展影响评估框架的三个维度。运输对这三个维度均有影响。从经济的视角看，交通拥挤对贸易及其他商业活动都产生了负面的影响。运输引起的汽车尾气排放、噪音和气候变化都导致了生态问题。此外，安全与治安问题以及噪声和拥挤对生活质量和生活方式都产生了影响，这些是对社会维度的影响。在过去的几十年间，运输需求的大大增加

引起了社会各界对物流可持续发展问题的特别关注。交通堵塞、汽车尾气排放、噪声、安全等其他与可持续发展相关的问题得到比以往任何时候都多的关注。因此，控制密集运输带来的负面影响迫在眉睫。然而，另一方面，物流作为一个经济增长和人们日常生活的必要元素，增加的运输需求也必须同时得到满足。日益增加的物流需求与可持续生存环境需求的相互制约关系，在交通枢纽城市尤其凸显。过去十年以来，为了更好地控制由运输引起的温室气体排放，美国和欧盟（EU）都颁布了一些新的监管政策。例如，欧盟修改的欧盟排放贸易方案（ETS）提出到2020年温室气体排放与2005年比较平均减少10%的目标。中国在《交通运输"十二五"发展规划中》也提出到2015年运营车辆和船舶的二氧化碳排放量与2005年比较平均减少11%和16%的目标。

第三节　现代物流网络的特点

现代物流指的是将信息、运输、仓储、库存、装卸搬运以及包装等物流活动综合起来的一种新型的集成式管理，其任务是尽可能降低物流的总成本，为顾客提供最好的服务。具体来看，现代物流网络具有以下特征：

一、客户服务导向

现代物流是基于企业经营战略基础上从顾客服务目标的设定开始，并且追求顾客服务的差别化战略。在现代物流中，客户服务的设定优先于其他各项活动，为了使客户服务有效开展，要求物流中心、信息系统、作业系统和组织结构等相应条件的完善。因此，一个优秀的物流系统应当做到物流设施的规模化、网络化，物流活动主体的合理化，物流信息系统的高度化，物流作业系统的效率化。

二、整体最优导向

现代物流管理的范围从大的方面包括供应物流、生产物流、销售物流，从微观来看还包括各个企业的内部物流。现代物流包含的环节有供应商、生产商、批发商、零售商、最终用户等。而且，在现代物流的流通渠道中，各个环节（供应商、生产商、批发商、零售商和最终用户）不再相互隔离，而是结合起来，相互之间信息有效沟通，以保证物流活动的效率和效益。但是，如果物流活动只是追求“部分最优”，将无法在竞争激烈的环境中生存下去。因此，现代物流追求的是跨越部门界限、跨越企业界限的将生产、物流、销售等各环节进行整合的整体最优。物流发展的实践表明，通过对企业内部物流资源的整合和一体化，再将物流资源整合和一体化扩展到企业之间相互联系、分工协作的整个链条，形成供应链管理，才会取得最佳经济效益。在整合过程中，第三方物流服务提供商扮演着重要的作用。

三、信息拉动导向

现代物流追求的是整体最优，因此跨部门、跨企业的整合依赖于信息的有效沟通与共享，使物流管理成为供应链管理，并带来的企业经营方式的改变，即从推式经营转向拉式经营，伴随着经营方式的转变，信息日益成为物流管理的核心。信息系统对于物流服务提供商尤为重要，因为通过对物流信息进行采集、传输、存储、处理、分析，信息系统可以有效实施物流业务、支持物流决策、提高客户服务水平，提高物流服务提供商的运作效率和决策的科学性，最终提高企业的市场竞争力。集成化、模块化、实时化、网络化和智能化是物流信息系统的主要特点。

四、四流统一导向

货物流、信息流、资金流和人才流（即“四流”）是现代物流中的四个关键要素。现代物流条件下，商品运输由单一的传统运输方式变成多种运输方式的最佳组合，提高了运输效率，缩短了中间储存的中转时间，加速了商品流动，大大降低了运输成本，加快了商品使用价值的实现。因此，信息流和货物流为基础的现代物流，能够有效地减少流动资金的占压，加速资金周转，充分发挥资本的增值作用。同时，货物流、信息流和资金流的统一动作离不开高素质的物流人才。所有物流目标最终都是通过物流活动中的人实现的。从以上的分析与扩展中，可以看到现代物流的内涵主要体现在

系统整合的理念、供应链思想、物流外包的思路和客户服务目标为首的经营战略。

第四节　一体化发展思路

目前,丝绸之路运输的功能单一,集约化水平低。资源整合是现代物流发展过程中必须坚持的重要战略,整合的根本目的在于优化资源配置。中国物流学会常务副会长戴定一认为,物流业的核心价值就在于整合,这也是现代物流业区别于传统的运输、仓储行业的主要特征。促进行业集约发展,是丝绸之路运输行业加快转变发展方式、发展现代交通运输业的迫切需要。实现丝绸之路道路货运与现代物流一体化发展可从以下三方面着手整合物流资源。

一、依托物流基地

物流基地作为物流业发展到一定阶段的产物,是以城市或一定的经济区域为依托,处于多种交通运输方式的交汇点的综合性的相对集中的独立区域。通常物流基地由政府和物流企业作为开发主体,通过逐步配套完善各项基础设施、服务设施、提供各种优惠政策、吸引物流企业在此聚集进行专业物流活动,以获得规模效益,降低物流成本。丝绸之路经济带可以合理规划物流基地,通过资源整合来达到规模效应。

物流基地在资源整合中具有以下作用:

①有利于配置社会资源。物流基地整合了不同规模、不同服务项目、不同专长的物流服务企业,将区域内的众多工商企业的物流需求信息集聚到同一平台上,同时引入银行、电信、保险、法律、会计、汽修汽配等专业化增值服务,使物流设施设备的利用率得到了全面提高,各种服务资源实现优势互补,从而达到了社会资源优化配置的目的。

②有利于聚集物流需求。物流基地将来自生产企业、商贸企业、第三方物流企业、个体车主的货源、车源等信息经信息系统整合处理后在交易中心进行发布和交易,利用信息系统使单个企业信息成为物流企业群的信

息，为各类物流需求信息的集聚与整合提供了平台。

③有利于提升服务能力。作为集成商的物流基地与进驻企业间既分工又合作。面临客户对物流服务一体化和专业化的运作要求，基地内物流企业秉承资源整合中专业化分工要求，形成竞争与合作关系。入驻物流基地的企业借助于企业间协同效应的发挥，在提升物流服务专业化的同时提升一体化的服务能力，从而实现了自身的发展，满足了客户服务一体化的要求，物流服务能力得到有力提升。

④有利于发挥辐射效应。丝绸之路经济带物流基地可以吸引周边众多物流与贷代企业入驻，这些入驻企业拥有自己的经营网络，其节点资源同样可以为物流基地所用。正是通过入驻企业的网络联系，物流基地把触角延伸到全国各地。入驻企业在物流基地找到了生存发展的空间，企业的发展又增强了物流基地的凝聚力和辐射力，从而转变为丝绸之路经济带经济发展的驱动力。

随着物流业的快速发展，物流基地也呈现出多元化的运营模式。借鉴发达国家物流中心的运营经验，一些物流中心不仅吸引物流企业的入驻，对入驻的生产企业也同样提供优惠的土地价格，以吸引生产企业入驻。生产企业入驻物流中心，减少了货物运输距离，提高了物流环节的响应速度和物流效率，降低了物流总成本，改变了中国大部分物流基地“停车场＋仓储”的运营模式。这些改革都需要政府在政策和项目上给予大力支持，物流基地项目相比其他商业项目对当地的GDP和地方税收贡献比较小，同时，建立物流园区政府也面临着土地“变性”的风险，很多开发商以物流基地名义拿到土地后，待土地升值或根据园区周边环境的变化，不再从事物流行业的业务而转向收益更丰厚的行业。相关部门应尽早系统研究并出台土地、项目投资、财政金融、水电气价格、交通运输等配套扶持政策，以构建物流资源整合平台良好的政策环境。丝绸之路经济带，应进一步规划建立多功能、高层次、集散功能强、辐射范围广、经营集约的物流基地。

二、依托物流信息平台

随着中国一些大型物流园区和物流中心的规划建设，区域公共物流信

息平台的规划建设也成为现代物流系统建设的重要内容。物流信息平台是通过对物流相关信息的采集，为物流企业、制造业企业、政府管理等相关部门的信息系统提供基础物流信息，满足企业信息系统对物流公用信息的需求，支撑企业信息系统各种功能的实现；同时，通过物流共享信息，可支撑政府部门间行业管理与市场规范化管理协同工作机制的建立。建立高度整合各项资源的物流信息平台，能帮助区域内企业和政府克服重复建设、市场分割、基础设施分割等诸多“行政区经济”现象，提高区域内资源的共享。

物流信息平台最重要的作用就是能整合各物流信息系统的信息资源，完成各系统之间的数据交换，实现信息共享。物流信息平台可以担负信息系统中公用物流信息的中转功能，各个承担数据采集的子系统按一定规则将公用数据发送给信息平台，由信息平台进行规范化处理后加以存储，根据需求规划或者各物流信息系统的请求，采用规范格式将数据发送出去。一个功能完善的物流信息平台应整合企业、货主、公路、铁路、港口、银行、海关、工商、税务等多个信息系统，通过物流信息平台能实现以上各系统之间的信息交换和信息传递，满足不同客户的信息需求，提高物流系统的效率。

通过物流信息平台，可以加强丝绸之路经济带物流企业与上下游企业之间的合作，形成并优化企业价值链。当合作企业提出物流请求时，物流企业可通过物流信息平台迅速建立价值链接，提供相关物流服务。这有利于提高社会大量闲置物流资源的利用率，起到调整、调配社会物流资源，优化企业价值链、理顺产业经济链的重要作用。在创造良好经济效益的同时，也能创造良好的社会效益。

三、依托业务合作

现代服务业要求服务业充分运用高度发展的网络经济及信息经济来改变传统的经营模式，将战略、虚拟的经营理念引入物流行业，依托业务整合资源，对于传统物流企业实现跨越性创新具有积极的意义。虚拟企业、物流联盟正是在这种创新发展的背景中产生的。

1. 加盟型资源整合

目前，一些民营物流企业散、小、差，诚信缺失、信息化程度低、管理水平较低，这些问题已成为影响丝绸之路经济带运输业发展壮大的瓶颈。小规模物流企业需要找到适合于本企业转型发展的模式，物流企业的加盟模式是契约型战略联盟的重要形式。

对于小规模物流企业来说，加盟是一个共赢的成长之路，依托于品牌加盟，可以分享主导物流企业的资源优势。运用现代物流网络中的资源在物流企业的运营中发挥着举足轻重的作用，主导物流企业走"轻资产"的路子，能有效地规避直接投资的资金压力和经营风险，也大大加快了扩张速度。通过连锁加盟方式发展物流网点，不仅能提高物流的组织化程度，而且也有利于中小企业的稳定发展。然而，如果主导企业片面追求品牌授权，大量发展加盟伙伴而又缺乏有效的管理和强有力的服务能力，不仅会使企业形象受损，而且也会使加盟企业的权益受到侵犯，最终很可能导致整个系统的崩溃。

就中国物流市场而言，市场规模庞大与市场高度分散并存是目前物流市场的主要特征，系统整合是客观发展的需要，业务整合是连锁经营的竞争核心。在连锁加盟的模式中，整合的关键是管理。主导企业在管理中应规范化、专业化、标准化。主导企业应注重品牌塑造，既向社会展现企业良好的形象，又向客户提供良好的物流服务。加盟企业看中的是主导企业的品牌，只有主导企业在行业中具有很高的知名度、良好的服务、显著的经济效益，才能吸引更多企业加盟，从而达到快速扩张的目的。

2. 物流企业联盟

物流企业联盟是指由两家或以上物流企业出于对整体市场预期和企业自身经营目标、经营风险的考虑，为达到优势互补、收益共享、风险共担战略目标，通过股权或者契约等方式结成的一种较为稳定的集约化物流组织合作模式。联盟在帮助企业拓展市场、降低成本、提高效率的同时，也将大大提高货运业的组织化、网络化、信息化、标准化水平。

专线货运企业的转型升级是中国公路货运转型升级的重要一步，专线联盟是物流联盟的重要模式。随着中国经济进入转型期，专线市场无序、粗放、自由、高速、暴利的时代也早已一去不复返。长期的粗放发展方式，落后的经营模式已经严重制约了专线服务质量的提升，过小、过散、过弱的市场使专线企业的发展进入瓶颈期。近几年，专线企业的发展环境逐步恶化，市场秩序混乱、恶性竞争普遍存在，运营成本在逐步增加，大多专线企业已进入微利时代，传统的专线发展模式已经无法支撑企业健康发展。

在此现状下，专线企业只有通过建立联盟，做专做精，集约发展，才能达到互利共赢。然而，联而无盟，是国内很多地方性专线联盟的现状，表面看似联合，但实质之间的业务沟通并不顺畅，货损货差、时效、利益分配等没有标准界限和规定，往往导致联盟不能发展壮大。因此，拥有统一的信息平台、统一的品牌标识、标准的服务流程、统一的管理机构才是有竞争力的专线联盟。信息平台在专线联盟的运营中至关重要，信息平台不仅要实现成员间信息的交换和共享，更要具备清晰的利益分配机制。

第五节　一体化发展路径

整合物流资源，扩大物流企业规模，提高物流资源集中度，实现物流服务一体化，提高物流设施的有效利用率，提高物流企业竞争力，加强中国物流产业战略地位，是现代物流业发展的必然趋势。

目前，丝绸之路经济带运输物流业一体化运作进程还相对缓慢。因此，要充分发挥物流提高效率、降低成本的作用，助推经济发展方式转变，必须按照物流业的产业特点，立足于物流主体市场的培育以及基础设施合理布局与建设。

一、一体化市场主体培育

交通运输部发布的《交通运输部关于推进物流业健康发展的指导意见》中提出：市场主体快速成长，组织化程度大幅提升。初步形成以若干全国性龙头骨干企业为引领、以区域性中小企业联盟为主体、以零散小微运输业户为补充、以货运中介为纽带的物流市场主体结构，物流组织的网络化、集约化程度大大提高。

1.现代物流龙头企业

现代物流龙头企业，是指具有一定经营规模，管理、技术水平先进，信誉良好，有创新机制和创新能力，具有核心竞争力和成长性，能带动交通物流企业整体发展，提高道路物流组织化程度，对行业的发展和进步起到积极示范作用的道路、邮政、水运、航空等物流企业。

龙头企业是行业领先企业，具有核心竞争力和竞争优势。龙头企业在自己的主营业务领域范围内是行业领头羊，已经赢得了市场的认同并成为相应业务领域内的标杆企业。龙头企业是相对的、发展的，其竞争优势是比较而言的。由于物流市场竞争格局并非一成不变，龙头企业的领先优势也是相对的。龙头企业是具有高成长性的企业，对行业有积极的示范作用。龙头企业的发展模式对于周边物流企业具有较强的引导示范效应。

(1)培育龙头企业的思路

龙头企业培育工作的基本思路是通过制定扶持政策引导龙头企业进行整合、创新，通过实施先进物流项目引导物流企业发展方向。具体为：制定扶持政策，鼓励龙头企业发展。鼓励物流龙头企业通过参股、兼并、联合、合资、合作等多种形式重组整合，扩大经营规模；鼓励物流龙头企业进行资源整合和业务创新，引导社会资金加大对物流业的投入，实现内外向型扩张，培育一批能够提供综合性一体化服务的物流龙头企业。

通过项目扶持，一批高成长性的县级龙头企业迅速发展，成为促进市级龙头企业加快发展的有效动力。扶持物流项目，开展龙头企业示范工程，带动物流企业提升技术水平和管理能力，促进物流产业结构整体升级。龙头企业在享受项目资金扶持的同时，也承担着项目总结和推广示范的义务。物流项目结束后，龙头企业及时总结经验，撰写项目技术报告，编制培训教材和推广方案，并组织实施培训和推广示范活动，带动周边物流企业共同提升，协同发展。

(2)准入标准与评选机制

在龙头企业评选过程中要坚持以下原则:

①评选与重点企业联系制度相衔接。重点企业联系制度实施以来,为各级管理部门积累了大量的区域性物流骨干企业资料,重点联系企业也成为各级运管部门了解物流市场和行业现状的重要窗口。

②坚持总量控制和适当倾斜原则。现代物流龙头企业评选坚持总量控制原则,每个领域龙头企业培育对象应该最多不超过3家。龙头企业评选适当向一些当前基础比较薄弱但又符合现代物流业发展趋势的企业倾斜,适当放宽其准入条件,如综合物流领域。

③重在企业经营实力和发展战略评价。对于达到"准入标准"且申请成为龙头企业培育对象的,要求企业提交可以体现企业经营现状和未来发展思路的有关文档资料、技术报告等。市运管部门组织有关专家、学者对候选企业的经营规模、竞争能力、未来两年物流投资意向和项目先进性、适用性进行评议。建立定期评选和优上劣下动态管理机制。体现结构调整,鼓励重组、整合。企业之间通过参股、兼并、联合、合资、合作等多种形式进行重组整合,是物流企业迅速壮大经营规模、提高品牌知名度的有效途径,也有利于吸引社会资金关注并进入物流产业领域,对于物流产业整体提升具有极强的示范作用。对于这些通过联合、重组等形式组建物流企业集团的,不定期予以龙头企业资格评审和资格增补。

(3)扶持政策和管理措施

对物流龙头企业可以给予以下政策扶持:第一,规费优惠。对企业货运车辆总吨位在一定数量以上非挂靠企业的营运货车,公路规费的优惠政策。第二,物流项目资金扶持。对龙头企业投资发展物流站场、信息化、大吨位车辆、托盘、叉车等先进设施设备给予一定的资金补助。要进一步加强与计划、工商、财政、税收、金融、科技等部门的协调与沟通,争取出台更多的有利于促进龙头企业培育的相关政策。

在对龙头企业进行政策扶持和项目资金扶持的同时,还应完善龙头企业管理制度与措施。要建立完善的龙头企业考核、检查和动态管理机制。确定为现代物流龙头企业后,企业需要提交发展计划或龙头企业建设报告,并明确承诺有关义务。龙头企业发展计划经审核后,运管部门与龙头企业签署责任书，实行目标责任制管理。运管部门通过定期和不定期考核，对龙头企业建设状况和政府扶持资金利用效率予以评估，凡是不达标的企业将被及时停止资格，建立并完善龙头企业动态管理机制。龙头企业培育工作实行优上劣下的动态管理机制，每两年定期组织龙头企业评审。龙头企业在建设过程中如果不达标，将被提前终止资格；在责任书或项目合同期满后，则需经再次申请、评选才能继续获得龙头企业资格。通过总量控制、择优选择、优上劣下和不定期增补，并结合物流示范项目管理，形成龙头企业的动态管理机制，实现重点物流企业你追我赶、共同发展的良性竞争。

2. 中小物流企业联盟

所谓中小物流企业联盟，是指两个或两个以上中小物流企业为实现特定物流目标，通过签署合同形成优势互补、相互信任、风险共担、收益共享的长期物流伙伴关系，在保持自身独立性的同时，通过股权参与或契约联合，结成较为稳定的集约化物流组织的合作模式。

(1)促进中小企业联盟的思路

促进道路货运企业转型升级和引导中小企业集约化发展，可以围绕以下三种联盟模式展开：

①以提升企业服务质量为中心，以提高网络覆盖能力为目标，建立不同区域相同服务类型的中小企业联盟，扩大企业服务范围，增强服务实力。例如，不同区域的物流信息网站公司构成的联盟；不同区域、城市间物流园区、货运站场运营公司、干线运输企业、挂靠运输企业等构成的联盟。

②以产品为中心，以整合产品供应链的物流全过程为目标，建立服务于物流各阶段的物流企业联盟，完善供应链各阶段服务功能，为制造企业提供一体化全链条的物流服务。例如，以某汽车制造企业为核心，整合原材料、零件制造商、整车制造商、零售商之间涉及库存管理、运输、包装、简单加工、配送等物流环节的物流企业，形成为某类产品服务的专业物流供应链企业联盟。

③以发展综合运输、提高货物运输效率为中心，建立可以提供多种运

输方式服务的企业之间的联盟，充分发挥各种运输方式的技术经济优势，避免盲目竞争，提高整体效益。例如，各种运输方式的运输公司和货运代理公司实现联盟，就可以实现多种运输方式的综合利用，最大限度满足客户对运输经济性的需求。

(2)中小物流企业联盟模式优化运作

第一，更加彻底的物流信息化。为了更好地实现物流信息化，基于互联网的物流信息平台是重中之重。中小物流企业由于人力、物力、财力有限，物流信息化程度不高。单据的录入、仓库的管理等很多方面还要依靠人力进行，这会使程序繁琐而且容易出错。物流联盟如果也这样做，会使业务混乱，不利于发展。应该建立健全物流信息平台，实现物流信息化。数码技术是信息化发展的必然趋势，中小物流联盟应该采用数码技术实现彻底的信息化。该技术不但可以应用到仓储系统上，还可以应用到配送系统上。通过系统的统一调度，从而实现快捷的物流体系。信息的共享和交换可以保证仓库的最小化、运力发挥到最大化和运送的最快捷，同时还能对货物实时跟踪，方便客户的查询接收。物流联盟要做好信息的共享和交换工作。同时可以把联盟内部的剩余资源提前在信息平台上发布，比如多余的车辆、多余的货源，以便调度能够提前做出安排。

第二，建立全国分布式货运中转站。中小物流联盟可以在全国合理分配货物中转站，然后通过中转站汇总分配再发往全国各地。虽然现在的物流公司一般也会采取这样的措施，然而单个的物流公司是不可能把中转站发挥到最大效果的。加之中转站的数量不可能太多，分配地域也很受限，能起到的作用就十分有限。但是中小物流联盟由于成员较多，可以做到全国覆盖，这样就能在全国范围内建立分布式货运中转站。货运中转站能够及时对往来的货物进行分类汇总，在联盟的调度下，每个物流公司通过中转站只承接单一地域的物流业务就能做到满载而归，而又不会浪费运力，可以实现投入产出的最理想化。由于联盟内部成员分散各地，收货点无形中就很多，可以提高联盟的业务量。

第三，发展基于 Web 的动态联盟。面对市场的激烈竞争，物流联盟为了占据主导地位，应当发展成为一个动态的网络结构，以适应市场快速变化的需要。对于不能适应联盟供应链需求的企业，将被淘汰并从外部选择合适的企业进入。联盟网络结构从而成为能够快速适应市场需求的动态组织，实现供应链的动态联盟。虽然这种联盟方式缺乏稳定性，但可以对市场变化快速作出反应，具有较强的市场适应性，对于现阶段变化多端的市场比较实用。

第四，采用分段式按劳分配的利益分配方式。利益问题不容忽视，物流联盟的利益分配比一般物流要更加复杂。这是因为没有现成的行业标准。组建物流联盟就应迅速确立联盟成员都能接受的行业标准，这样有利于利润的相对公平的分配。由于物流联盟是合作共赢的关系，可以采用分段式按劳分配的利益分配方式。该利益分配方式主要有以下 4 个阶段：收货到运送到中转站之间的利润分配；中转站到各地物流点的利润分配；各地物流点发货送货的利润提成；物流联盟的利润分成。物流联盟想要正常运作，要有资金支持，这部分资金的来源就应该是物流利润的提成。物流联盟在组建初期要有一个明确的提成方案，如按照金额或者是发送货物的重量、体积、路程等进行提成。

第五，“客户赔付在前，责任追究在后”的事故处理原则。让顾客满意是进行管理的目标之一，是决定企业长远发展的关键。社会向多元化、信息化发展，消费者的需求也有多样化的趋势。订货的多样性增强、批次增多、批量减少，使货物的流通加剧，物流信息的工作量和繁琐度增强了很多，使物流事故无形中增加。再加上天气、交通、人为造成的损失，物流事故不可避免，需要提前协定事故发生的赔偿责任机制。为了长远发展，面对事故，要有专门的事故委员会专门管理，这样才能公平。而且本着顾客就是上帝的宗旨，事故发生后要先外后内，也就是在确定了责任方之后，先解决外部的赔偿问题，再追究联盟内部的责任，进行赔付。这样有利于拉近物流联盟和客户的关系，建立物流联盟良好的企业形象。

3. 零散小微运输业

中小微物流脏乱差的现状以及服务的滞后，已经不能满足市场和用户的需求。另一方面，人工成本的增加、管理的落后以及信息的不对称，让中

小微物流生存窘迫。通过构建一站式的协同平台，将线上和线下通过平台来整合，可以达到资源的优化配置。

首先，中小微物流公司受到地域的限制，久而久之货源以及资源会枯竭，那么互联网的介入就是打破了这种地域的限制。

其次，以往的信息平台未能打通交易环节，而满意通达直接实现在线下单，节省电话沟通成本，实现在线交互，形成交易闭环。

第三，让中小微物流摆脱园区的高房租成本限制，到互联网上来开店，获取线上的海量订单，让中小微物流成本大大节省。

第四，平台自身研发的 SAAS 类型的物流业务管理平台，让中小微物流摆脱手工记账和人工填单的原始做法，在管理流程上更加高效进步，成本也大大节约，充分享受到信息化带来的好处。

第五，满意通达与保险和银行合作，打通金融环节，为中小微物流公司解决资金难题，保障了中小微物流的正常运营。

第六，在整合零散订单和团购订单以及第三方物流企业和电商，形成线上的海量订单库，让入驻的中小微物流企业获得一手货源的同时，提高服务质量，介入评价体系，增强对于中小微物流的集约化管理。平台本身就是集散和调拨中心，不用投入大量资金圈地建园区。

中小微物流最关注两件事情：一是成本的减少，二是利益的频率最高化和最大化。零担市场高效有序的进行消化，分散必将趋向聚合，聚合才能产生强大能量，所以中小微物流公司需要找一个最适合自己的模式或者是方法，以最小的成本进入，享受最大的利益收获。

4.货运中介

在进入国际大物流时代的今天，越来越多的货运代理企业意识到货代市场的竞争日趋激烈，而如何去应对这些变化和竞争正是要解决的问题。物流是一个新的发展空间。货运代理企业可以在从事传统的货运代理行业基础上渗透至物流业，通过为客户提供全程的物流服务，从中获得自身发展所需要的商业利润和市场空间。

(1)细分行业市场，采取相应的专业化竞争策略，建立新的盈利模式对于货代企业来说，区分行业市场、提供专业服务、挖掘增值价值是其转型的法宝。现有的竞争者是同地区内业务类型相同的大型国有、中外合资的物流企业，有较完善的全国性网络，规模大，资金实力雄厚，大多都在向第三方、第四方物流企业转型，积极开展综合物流服务。对此，货代企业可以针对客户的需求，在货代服务的基础上，以较低的服务费提供高层次的增值服务，如提供物流咨询、定制物流方案等，并应根据顾客需求来制定物流服务方案，合理地配置资源。通过向顾客提供合适的成本节约、高质量和服务为先的解决方案，使企业和顾客双方满意。

有实力的货代企业可以开始进军供应链的上游，甚至开始介入海运业，从货运代理人向海运承运人转变。大部分货代企业应注重供应链的下游，思考如何的捆绑客户，进入客户的企业物流部分，向嵌入式第三方物流企业转型。

(2)开发和完善物流信息系统，强化企业核心竞争力

科学技术的发展使得供应链中的货物运输变得越来越“可视化”。电子交换技术(EDI)、全球定位系统(GPS)、智能运输系统(ITS)等系统的出现，大大提高了物流作业效率。现代物流作为一种新的服务行业，已经成为全球一体化经济中一项重要的增值服务。国际货运代理行业要想在未来的经济市场中占有一席之地，必须发展现代物流服务，实现货运代理业向物流业转型，这是货运代理业发展的必由之路。

只有充分掌握有关的信息，货代企业才能利用这些信息对物流过程中的各个活动进行有效的计划、控制、协调和管理。通过信息的不断传递，一方面应把不同层次的经济行为协调起来，一方面把各部门、各岗位的经济行为协调起来，通过信息技术处理人、财、物之间的关系，强化核心竞争力，提供低成本、高质量、高效率的物流服务。

随着信息技术的发展与成熟，货代企业可以通过“全程订舱集成代理平台”理念实现商业模式和盈利模式的转变。一是应用模式的转变，将客户信息系统与货运代理系统相融合，形成全程货运代理模式；二是消费模式的转变，消费由许可模式向软件服务化模式(SaaS)模式过渡，降低总体拥有成本和使用门槛；三是外包模式的转变，未来社会分工会越来越细，大

外包是未来的趋势。全程订舱集成代理平台模式在 SaaS 基础上更关注行业应用，从而发挥两者的合力，成为提升销售、降低成本的有力工具。

基于供应链管理的思想来设计构建该平台，该平台以互联网为载体，以物流综合性智能平台为核心、以下游联接客户企业管理软件系统 ERP 为核心，与上游联接船运公司的海运系统和上游客户的采购、分销系统和海关商检等职能部门的系统对接，加上客户管理（CRM）、供应商管理（SRM）、货运代理门户（portal）、网络营销（marketing）、移动商务（mobile commerce）等系统功能来实现互联互通，通过客户缴纳年费或者按照客户流量收取服务费（亦即 SaaS 模式）收取一定手续费，变原来的差价收入为服务性流量性收入。

货代企业以 SaaS 向供应链上下游企业提供信息技术服务，为更大范围的中小企业客户提供一种全新的货运代理运营解决方案，构建一站式订舱工作平台。订舱平台的价值延伸模式就是以供应链整合协作为基础，在系统内延伸服务链条，分别从产品、服务和渠道创新服务内容，其核心就是用户价值，也就是提供合理的产品，给予更好的服务体验，利用更丰富的渠道选择，最终提高交易溢价和平台价值，达到为客户创造价值、系统整体获益的目的。

（3）实行规模经营，虚拟联合，构建虚拟联盟企业

对于规模小、服务地区少、业务单一的货代公司，可通过联合、合并、控股、协作等形式实现规模化经营。以资产和效益为纽带，打破地域、行业、企业等界限，在业务上通过空运销售代理、海运订舱代理等经营方式，促进货源的规模化、集约化；在财务上，通过集中融资、吸纳外资和私营等民间资本，从资金上为推动战略联盟提供保障。

加大货代横向之间联合、兼并、重组的步伐，整合货代固有资源，推动其发展壮大，以联盟整体名义进行市场竞争。通过联盟，企业可提高信用等级向银行贷款，规避一定的经营风险，可购置先进物流技术设施发挥规模效应，投资建设信息管理系统，以较小的成本较大地改善信息化状况，实现与客户之间的信息共享和货物跟踪，实现效率化服务，降低单位物流服务成本，提高服务能力。

供应链管理作为一种全新的管理思想，强调企业如何凝聚自己的核心能力去和其他企业建立战略合作关系。它的最终目的是“双赢”。传统的企业发展只强调巩固和发展自己的能力和业务，在市场中获胜。而供应链管理则强调供应链整个过程的整合管理。实现这一种新的转移，需要企业在各个方面完成转变，而其中思想的转变，由“你输我赢”的观念转向“双赢”乃至“多赢”，是最根本的也是最重要的。

二、运输通道基础设施建设

丝绸之路经济带物流产业作为丝绸之路经济带区域经济的基础性产业，其发展有利于促进丝绸之路经济带区域社会经济的发展。优化丝绸之路经济带物流基础设施，改善产业结构，有利于提高丝绸之路经济带区域经济综合能力，增强丝绸之路经济带区域经济竞争力。

1. 物流基础设施网络的区位与功能设定

(1)物流基础设施网络区位选择的合理性

不管是在国家层面还是区域层面，物流基础设施网络的区位选择都存在着许多需要解决的问题。从物流发展较为成熟的国家和地区看，物流基础设施网络一般都在交通区位条件优越、经济发达、产业集中的地区率先形成并获得快速发展。也就是说，并不是每个城市都需要或有条件建设大规模的物流基础设施网络。规模合理的物流基础设施网络能够为跨国和跨区域的经济活动提供专业化程度较高的物流服务，它的辐射和影响力呈内向和外向的方式，服务功能超越了空间的界限。在一个国家或区域，处于其核心区域的物流基础设施网络，通过集聚效应和极化效应，提升核心区域的竞争力。区域之间、区域内部的各要素相互联系、彼此制约，其中任何一个要素的变化都可能会引起其它要素相应的变化，而每一个区域的发展又有其特有的自然、社会和经济条件，因而带来全国各区域经济发展水平、经济结构和经济区域布局的差异，进而影响区域经济发展战略、规划、计划、政策与管理的“独特”特征。正是这些不同的特征使得在一个国家或区域范围内的物流基础设施网络具有极强的区位选择性，并且处于不同区

位上的物流基础设施网络的功能定位也有着较大的差异。

在一个国家或区域的物流基础设施网络建设和发展中，物流基础设施网络的区位选择性极强。区域经济发展与物流基础设施网络的形成与发展存着内在的必然联系，这种历史上、功能上和空间上的联系，造成了区域经济演进、发展和物流基础设施网络形成的一脉相承关系。区域的客观情况是物流基础设施网络形成的基础条件，随着区域经济的发展，物流基础设施网络相继产生，顺序上先有区域经济的发展，然后逐渐衍生出物流基础设施网络，同时物流基础设施网络发展也促进着区域的扩张和功能的进一步完善。

(2)物流基础设施网络功能定位的准确性

物流基础设施网络准确的功能定位是其规模合理化的保障。物流基础设施网络虽然在表面上看功能较多，但核心功能是运输、仓储、配送、流通加工及信息处理等。贸易、餐饮、办公、居住等功能只是完善物流基础设施网络整体服务功能的辅助功能。由此可见，物流基础设施网络从功能构成上看具有主导功能明显的专业化特征。物流基础设施网络整体功能的实现是个循序渐进的过程，它的功能定位应当反映实际需求，应与区域经济发展水平相适应，随着经济的发展而逐步完善。

物流基础设施网络具有影响区域的形象和区域竞争力、推动区域经济发展等功能，它在经济发展的不同阶段呈现出不同的功能特征。考察发达国家物流基础设施网络的发展过程可以看出，早期的物流基础设施网络是以城市中心区发展起来的，以运输、仓储、装卸搬运功能为主，附有部分配送和信息处理功能。这个时期的物流基础设施网络的发展与城市第二产业关系密切，形象上也以企业的自有运输和仓储为标志。后期或现代物流基础设施网络则逐渐脱离城市中心区，以大面积的专业化、社会化的仓储、配送和多式联运中心为特征和标志，以运输、仓储、配送以及物流信息处理为主体功能，辅之以相应的服务设施，具有强烈的专业性和社会化特征，并与全球经济密切相关，具有目的明确的物流整体服务功能。在功能构成、空间形象、交通运转方式、设施配备等方面相对独立于城市，并且与城市居民的日常生活有着必然的联系，它的存在对城市或周边地区的经济发展有着至关重要的作用。由于物流基础设施网络增长的真正动力源于与全球经济发展相关的企业组织的集聚和潜在增长，因此，物流基础设施网络的规模也主要取决于其所在区域在全球经济或区域经济发展中的影响力和控制程度。

丝绸之路经济带物流基础设施网络的功能定位应与产业结构调整相结合。产业特征影响物流基础设施网络的特征，物流基础设施网络的产业定位应与经济发展的一般规律保持一致，必须立足于丝绸之路经济带产业发展的方向，对主导产业资源进行充分的市场调研和评估，就对物流基础设施网络功能定位显得尤为重要。

2.物流基础设施网络的布局与规划

(1)物流基础设施网络规划布局

要确定物流基础设施网络合理规模，一个完善的物流规划必不可少。通过物流基础设施网络统筹规划，打破垄断形成合力，实现城市群、核心城市的物流基础设施网络的整合效应。整合是一种协作方式，它的优点在于使协作各方的利益最大化，甚至达到理论上不损害各方的利益。整合不同于支配和妥协，支配和妥协这两种方式最显著的特点在于无法形成利益最大化局面，前一种只能满足一方的利益，而后一种又恰恰造成了各方利益的损害。随着区域经济的发展，物流基础设施网络的集聚效应不断扩大、辐射作用不断增强，其发展壮大是必然趋势。在城市现代物流业总体规划和详细规划审批程序中，需要加强对大中城市物流基础设施网络规划的管理和调控，使物流基础设施网络的规划建设与城市总体规划紧密结合，从而稳妥地推进区域物流基础设施网络的建设和发展。投资规模是影响物流基础设施网络规模的另一个关键因素。因此，需要加强对计划投资的引导，以有效调节和控制物流基础设施网络的规模，使投资成为合理引导物流基础设施网络规模控制的有力杠杆。

(2)物流基础设施网络统筹规划

目前，物流基础设施网络的规划在战略上必须持“积极而又慎重”的态度。物流基础设施网络的建设需要纳入城市经济建设规划和科技发展规

划中，需要因时制宜，因地制宜，视区域经济发展水平、地理环境、科技力量等情况逐步发展。地区需要对物流基础设施网络的建设和发展设立管理机构，实行统一管理和统筹规划，使物流基础设施网络建设取得事半功倍的效果。统筹规划，需要认真制定和实施有关物流基础设施网络发展的政策措施，以保证物流基础设施网络建设顺利进行，切忌各地一哄而起。

丝绸之路经济带物流基础设施网络规划时，需要注意以下几点：

①注重供给与需求之间的平衡关系。在进行丝绸之路经济带物流基础设施网络的建设时，不能只片面强调物流节点和物流线路的绝对数量，应当注重土地的利用效率。物流基础设施网络的发展应遵循经济发展的客观规律，注重科学规范，注重物流基础设施网络的需求。如果只强调供给，而不强调需求，将会导致很高的空置率，很可能使当地财政背上沉重的包袱。

②注意地区物流基础设施网络的差别。对于物流基础设施网络的建设来讲，必须考虑丝绸之路经济带沿线地区经济发展的客观条件，不能复制国外的物流基础设施网络，要根据自身的特点来建设和发展物流基础设施网络。同时必须考虑投资问题，就是要测算是否能够回收成本。因此，政府必须充分发挥在物流基础设施网络建设和发展中的调节作用，使物流基础设施网络的建设逐步进行，必须注意调节物流基础设施网络的建设规模和投资规模，不能集中大批供给导致供大于求，要保持适度合理的规模。最终检验物流基础设施网络建设和发展的结果如何，就是看它是否能促进区域经济的发展。

3. 物流基础设施网络硬件的完善

完善的物流基础设施网络是物流与经济可持续发展的基本保证。建设完善的物流基础设施网络，加快建设区域周边城市高速公路，缓解交通压力，提高物流基础设施网络内外交通的通行能力。规划布局合理的物流功能区域，设立仓储区、装卸区、多式联运区、流通加工区、配套服务区等。完善物流信息管理系统，对区域内物流作业实施高效化管理。

交通基础设施是物流基础设施网络发展的命脉。区位影响因素中最为重要的因素是通达性，即到达某特定地区的交通运输条件，包括空间距离、花费时间费用等指标。便利的交通，包括航空、公路交通、铁路交通、海运等，对物流基础设施网络的建设和发展有相当重要的作用。另外需要加强物流基础设施网络内部配套服务区域硬件设施的建设，如供电、供水、餐饮、住宿、车辆服务和办公等。

第六节　本章小结

随着全球经济一体化的趋势明显加速，市场竞争程度日益加剧，现代物流被称为继资源节约、劳动生产率提高后的第三利润源，是适应当今世界经济最新发展趋势的重要基础产业，其发展水平逐渐成为衡量区域现代化水平和综合实力的重要标志。现代物流业的发展在促进生产、引导消费、推动经济结构调整和增长方式转变等方面发挥着重要作用，并日益成为国民经济的先导性产业。丝绸之路经济带如何充分利用区位、交通、产业等有利条件，从自身道路货运基础设施、经济特征以及对综合运输服务的需求出发，不断优化道路货运的发展环境，全面提升道路货运业发展的整体水平，完成道路货运与现代物流一体化发展，是今后一段时期内的重要任务之一。

本章首先对物流发展的过程、现代物流的特点进行了梳理，发现现代物流导向的丝绸之路运输通道网络构建中存在的问题；其次提出了丝绸之路交通运输网络与现代物流一体化发展思路，包括依托物流基地整合资源、依托物流信息平台整合资源以及依托业务整合资源；最后从市场主体的培育以及基础设施建设两个方面提出丝绸之路交通运输网络与现代物流一体化发展的路径。通过对现代物流导向的丝绸之路运输通道网络的构建，有助于更好地把握道路货运与现代物流发展的基本规律。本书提出的运输通道网络与现代物流一体化发展路径，诠释了现代物流业发展的基本规律，为货运物流企业转型发展提供方向与路径指引，同时为丝绸之路道路运输业现代化进程中的政策、规制改革等提供较为系统的建议。

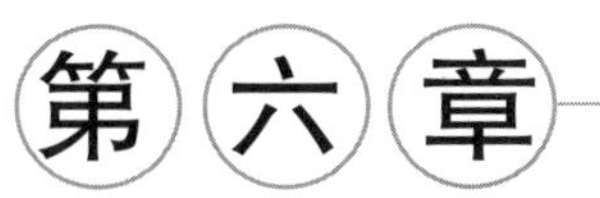

第六章 多式联运导向的通道交通运输组织优化

第一节 运输通道组织方式优化概述

随着社会经济的迅速发展，客户对货运的经济性、时效性和服务性的要求逐步增加，单一的运输方式由于自身技术经济特征的约束和限制，越来越不能满足来自客户对敏捷制造、快速响应市场、物流供应链管理等诸多方面的需求。然而，随着综合运输基础设施网络的完善、转运技术的发展，多种运输方式的联合运输——多式联运为之提供了相应的解决方案。多式联运是运输组织的高级形式，也是货物运输的发展方向。在交通与能源环境关系逐渐紧张、物流运输需求日益增长的新形势下，多种运输方式之间的联合运输逐步受到政府、企业以及国内外研究学者的重视和广泛关注。早在2009年出台的《物流业调整和振兴规划》就把“多式联运、转运设施工程”列为9项重点工程之首。《“十二五”规划》中更是单列出“构建综合交通运输体系”一节：“十二五”时期，要统筹各种运输方式发展，加快综合运输体系建设，强化基础设施优化衔接、发挥综合运输的整体优势，促进现代物流发展、培育交通新兴战略产业，加强城市客运管理、支撑城镇化加快发展。提高综合运输服务水平、满足多样化运输需求是各种运输方式发展共同肩负的重要使命。

综合运输系统是多种运输方式优势互补、协调发展、紧密衔接、相互配套形成的一体化运输系统，涉及铁路、公路、水路、航空和管道等多种运输方式，涉及不同运输方式间的中转换装，是一个复杂的运输系统。运输通道组织方式优化就是考虑货物与运输方式相结合，为不同货物选择最佳运输方式和运输路径组合模式，以综合效益最优完成货物运输任务。运输通道组织方式优化是综合运输组织中的核心内容，是有效发挥货物综合运输系统功能的基础，直接影响综合运输网络的运输效率和效益。

丝绸之路经济带综合运输体系发展不够协调、结构失衡的问题比较突出。尤其是各种运输方式强调各自的重要性，为自身争取投资，运作过程强调部门利益等问题严重影响综合运输体系能力的发挥。需要从整体上统筹全局，合理协调各种运输方式，一体化考虑综合运输体系的规划设计。根据新形势下综合运输发展的要求，交通运输发展应逐步改变单一运输方式分别发展的模式，需更加注重发挥各种运输方式不同的技术经济特点和比较优势，注重几种运输方式的衔接，充分发挥综合运输优势，构建一个公路、铁路、航空、水运、管道有机衔接、协调发展、资源节约、环境友好的现代综合交通运输网络。

中国当前的综合货运服务的服务水平较低、时效性较差，无法为大规模货运需求提供充足的支撑。对于城市内部或城市间货物的流动，表面上是在现有的物理网络上承载，实质上是在综合货运服务网络上实现。如何利用现有的物理网络设计更合理高效的综合运输体系下货物运输服务，即如何构建更合理的货运服务网络，从而能充分利用不同运输方式的特点，通过彼此的协调组织实现共赢策略，是解决当前运输供需矛盾的关键。

第二节　多式联运

由两种及其以上的交通工具相互衔接、转运而共同完成的运输过程统称为多式联运，主要的运输行程是通过公路、铁路、航空及河运、海运来完成(欧洲运输部长会议，1997)。由于对环境的关注，多式联运也得到越来越多的关注。

一、相关理论

国外积极发展多式联运，多集中在多式联运运输优化技术、决策、战略

规划、政策及多式联运高新技术等。具体来讲，相关研究主要集中在以下四个大的方面：

1. 多式联运运输链

20世纪50年代，货物运输引入集装箱是一个带来巨大经济效益的技术进步(Levinson，2006)，对多式联运发展是一个重大的贡献，因为它使货物从一个运输方式转到另一个效率更高的运输方式。后来，各国政府也开始支持多式联运作为公路运输的一个替代。《2010欧洲运输政策》(欧洲委员会，2001年)提出提高替代公路运输的多式联运的效率和竞争力是建立可持续运输的关键。

完整的多式联运系统由配送/收集系统组成，利用灵活的公路运输、长途运输系统和连接各种运输方式的终端完成运输。

(1)前后短驳托运(PPH)

公路运输通常用于多式联运网络最初和最终阶段的收集和配送货物，以便多式联运提供精细配送服务和门到门服务。短驳拖运发生在托运人与转运点或转运点与接收者之间。前期短驳托运通常是托运人提供一个空的集装箱，随后一个满载的集装箱运输到终点，而后期短驳托运包括一个满载的集装箱交到终点接收者，并返回一个空的集装箱。短驳拖运的高成本严重影响了多式联运的盈利，也限制了与公路运输竞争的市场。因此，需要发展可替代的运输方式。Walker(1992)开发了研究短驳拖运的工具，这些研究表明集中计划可以更有效的安排路径，减少“空拖位”，从而节约成本。

多式联运服务的竞争力很大程度上取决于PPH的成本。PPH占了总成本的25%到40%。此外，由于PPH与运输链其他运输方式相比，每吨/公里占有的成本更大。当长途距离减少时，PPH变得越来越关键。因此，提高PPH的效率对多式联运的竞争力是至关重要的。

(2)多式联运终端

多式联运网络的核心是商品和物流交汇的转运终端，同时终端是多式联运网络竞争力的关键。无论运输距离是多少，集装箱在多式联运终端都会产生转运成本。此外,终端高的固定成本需要多次的转运来分担,这表明存在规模经济。

多式联运网络的效率取决于终端的位置。卡车每吨/公里比铁路贵 11 倍,表明联合运输终端应该靠近托运人/接收人(Hanssen and Mathisen,2011),从而减少公路运输距离。然而,联合终端需要一个合适的选址来更有效的运营。

通过引入信息管理系统、集装箱化和机械化的装载和卸载活动,终端的运营效率比过去几十年进步了很大。然而,联合终端仍无法提供运输方式之间的无缝连接。

在传统的铁路运输中,通过调车转移货物。然而,在多式联运中,载重单位可以从铁路货车中分离出来。其结果是铁路—铁路终端可以替代调车场。使用铁路—铁路终端是最新出现的。Meyer(1998)重点强调了最优终端布局的设计过程和铁路—铁路终端的最优运营策略。Bontekoning(2000)把几个铁路—铁路终端的设计与传统的终端作了比较,并比较了铁路—铁路终端和调车场的运营和绩效之间的差别。

(3)长距离运输

多式联运长距离运输最主要的运输方式是铁路运输、内河运输、近海运输或远洋海运,这里适用规模经济(Bergqvist,Behrends,2011)。在某些情况下航空运输也是一个选择,尤其是对于容易坏掉的货物,运输时间至关重要。这些运输方式的运货成本差别很大。据估计,与水运相比,铁路运输平均每吨的货运成本是其 3 倍,公路是其 35 倍,航空运输是其 83 倍。然而,低成本的水路运输是这些运输方式中最慢的,而高成本的航空运输是最快的。因此高价值、对时间敏感和易碎的货物比低价值、对时间不敏感和坚固的商品更多的采用空运。

十年前,有研究认为超过 500 千米的长距离运输利用多式联运更具有竞争力。然而,平衡点距离取决于合同的属性和运输服务。在过去的十年里,这一距离下降到 400 公里(Tsamboulas,2008)。因此,公路运输在短距离和中等距离的运输中仍占主导地位。为了进一步减少平衡点距离,已建议给予铁路运输更多的重视。

铁路运输负责门到门多式联运中，转运点到转运点的那部分运输。多式联运铁路运输与传统的铁路运输有以下四个方面的差别。首先，多式联运基本上没有区分起点和目的地，而在传统的铁路运输网络中，火车必须满载而且有明确的起始点和终点。第二，多式联运中的车辆管理问题更为复杂，因为运输单位（火车平板车）和装载单位（集装箱/拖车）相分离。平板车管理的一个问题是其种类太多，平板车需要随着各式各样的拖车和集装箱而变化。相反，在传统的铁路运输中，货车车厢（装载和卸载）是铸造好的。第三，由于运输单位可与装载单位分离，铁路—铁路转运点可根据分类更换缓冲轨道码。第四，多式联运铁路—公路转运点位置选择与铁路调车场不同，因为前者需要连接两种不同类型的设施。

研究多式铁路运输的主要目的是找到有效、盈利、且有竞争力的铁路运输方法。鉴于铁路运输的组织方式，区分出三种规划和决策水平：战略规划、战术规划和运营规划。

战略层次决定服务网络的配置。这包括决定使用哪一条线路，服务的起点和目的地区域，使用哪个转运点以及在哪里布局新的转运点。文献并没有显示几个大的转运点，或许多小型转运点哪个更有效，而对两种策略都各持己见。Slack(1990)提到，为了实现规模经济，已经关闭了大量的转运点的运输集中于少数几个交通枢纽，并提出引入卫星定位装置取代一些拥挤的转运点。Howard(1983)认为更大的转运点不会导致经济规模，他建议通过密集网络和较小转运点扩展多式联运的覆盖面。除了运输网络转运点的数量，还要看它们的布局。通过寻找最佳位置来选择优化的目标：转运点运输成本最小，利润最大化，最大限度地从道路枢纽转向多式联运，减少总运输成本，最小化短驳拖运距离和成本。

在战术层，通过财务分析寻找具体的位置，大量潜在客户的位置是决定性因素之一。在运营层，转运点离散事件仿真模型模拟了转运点的工作。这个模型可以用来决定起重机的数量、员工的数量等。Meinert 等(1998)调查了一个区域的新的转运点的位置（这里已经有 3 个铁路转运点），考虑了新的转运点的位置对于短驳拖运距离和时间的影响。Arnold 和 Thomas(1999)为了为比利时的铁路—公路多式联运找到最优转运点位置缩小了总运输成本。Groothedde 和 Tavasszy(1999)为了找到铁路—公路转运点最优位置缩小了广义的外部成本。在战术水平,火车运行系统的组成是既定的。这包括火车行程和路线的决策、哪些线路需要加强、服务的频率和火车长度。特别是在欧洲,需要一个有效、质优的运行系统,把各种计划引入火车运行系统。Kreutzberger(2000)为了评价和量化复杂既定网络的基本准则,如中心辐射型、集中—分布式和线型网络,研究了物流的合并。Janic 等(1998)对各种既定模型进行了数学公式表述,但没有给出相关的技术指令。然而,在美国,Newman 和 Yano(2000a,b)对点对点与中心辐射模型进行了计算。Newman 和 Yano 开发了一个决定火车直接还是间接运行(通过一个枢纽)以及分配集装箱的模型。

运营水平日常管理决策包括火车装载顺序、运输和装载单位的重新分配(车队管理)。

2.影响运输选择的因素

了解选择运输服务的关键因素是理解运输市场和设计具有竞争力的运输系统的关键,目前已经有许多关于运输服务选择的研究。成本因素对于运输购买者是十分重要的,几项研究都将其列为选择传输方式最重要的属性(Danielis,Marcucci,2007)。然而,在使用时,还经常需要权衡成本和其他测量指标。

运输时间、守时和频率都是运输购买者重要的考虑因素。平均交货时间和交货时间的可靠性通常被列为最重要的运输特征(Ballou,2004)。然而,运输时间的重要性取决于运输货物的时间成本。例如易腐货物对时间特别敏感,粗略的评估表明新鲜的鱼延迟运输了 48 小时将降价 20% 至 25%。

运输方式的选择也依赖于行业部门。例如,在具有高价值/公斤和短生命周期的工业生产产品中,速度是选择的一个重要标准。因此,这类货物通常选用空运,而公路运输是建筑产品行业最重要的交通方式。

(1)模式的选择和定价策略

多式联运归结起来的问题是与其他模式相比竞争力的问题。我们想

知道,多式联运相较其他方式在哪种市场最有吸引力,多式联运如何执行,市场份额如何提高,采用哪种定价策略,等等。

当前有许多文献是关于当价格和质量发生变化时,模式选择决定因素和模式选择敏感性研究的,有几项研究是关于模式选择和多式联运的。Kapros(2000)评价了托运人对铁路—公路多式联运和其他运输服务中各种成本—质量决定因素的感知。对所有模式的感知中大多数与及时性和有效性相关。总的来说,铁路—公路多式联运的市场份额小于公路运输,但是高于单一的铁路运输。此外,Kapros(2000)表明成本是唯一决定标准的用户更热衷于多式联运,而对于根据质量和成本标准作出决策的用户,多式联运只占了总运输的很少一部分。此外,还测量了用户感知对方式选择的影响,发现对汽车运输服务的认同感越强,使用多式联运的次数越少。此外,随着第三方多式联运提供商的增加,多式联运使用的频率也增大。Daley(1998)的研究表明,不使用多式联运的托运人比那些采用的托运人对于绩效的感知要低。对运输方式特点的感知与方式选择有关,表明人们不仅仅根据理论依据来决策。

Nieerat(1997)详述了转运点周围的区域,在这个区域多式联运比公路运输有竞争力。他认为这些区域的大小很大程度上取决于短驳拖运的效率(空车数、每天的运营量)、货物重量、折扣、铁路运输交通不平衡和距离。Van Schijndel 和 Dinwoodie(2000)评价了拥堵对于荷兰承运人作出是否从公路运输转向多式联运决策的影响。研究表明,大部分运输公司会转向多式联运,但是他们更喜欢其他方式比如夜间行车和使用卡车专用线。Plunkett 等(1998)为运输商开发了一种支持成本分析和方式选择的工具。

有关竞争力还有一个问题是确定多式联运运输服务的关税,这就叫做定价策略。这种定价策略在两个层面实施。首先,在这多式联运链个体因素这个层面,每一个个体必须估计其谈判能力。Yan 等(1995)评价了铁路运输的各种可供选择的定价策略,并调查了短驳拖运运营商的定价策略。第二,定价策略也可用于多式联运运输服务。Payman Julaa 等(2011)用几种方法检验了这个定价策略。

模式选择的研究揭示了在质量或成本改变时模式选择的敏感度的研

究思路。然而，研究结果没有一般适用的意义，除了具体到某个数据集、人口和地理区域。我们想知道如何解释和克服研究的差异，这个模式选择的决策过程在现实中比想象的要复杂得多。

关于成本的计算和定价策略，我们对多式联运成本和成本计算方法还知之甚少。需要准确的成本计算来支持多因素管理结构、标准化决策、个体因素和多式联运整体的定价策略。我们还没有找到多式联运对宏观经济影响的研究，除了Slack(1996年)和一些关于政策和规划的经济学研究，以及Slack探讨了内陆铁路枢纽的建立是否影响该地区与多式联运相关的业务数量等。

(2)标准化

目前转载单位、轨道车辆和卡车—拖车的标准之间仍然有很大的差异，因此需要更多的标准化来改善供应链的效率。然而，多式联运链的所有因素之间很难达成标准化协议，包括托运人。什么标准是正确的？决策过程是如何进行的？尽管标准化很重要，但是很少有学者对这个问题进行探讨。Betak等(1998)开展的一项研究，是关于欧洲和北美的库存标准化、协调及互通。他们发现了集装箱标准化和互通性在信息技术方面的一些没有解决的问题。装载单元标准化的问题之一仍然是存在太多的类型和尺寸。

我们认为进一步研究标准化对多式联运效率和标准化决策过程的影响是必要的。多式联运链中更多的标准化可以节约成本，只有当所有成员参与这个协议，成本优势才会显示出来。只要一方继续使用自己尺寸的设备、装载单元和信息，成本优势就不会很明显。在这个标准化过程中，所有的成员必须相信标准化对他们是有利的。但如果某个成员没有从中获益，他们怎么能被激发而参与改变呢？另一个问题是标准化的决策过程和协议的实施阶段。在这么多相关者的情况下，这如何能做到？

(3)多式联运的政策和规划

各国的政策背景不同。在欧洲，多式联运运输政策的制订已经多年，而它在美国仍然是一项新的政策。如何整合联邦、州和地方的政府运输项目的多式联运货物运输政策这一问题一直困扰着美国。多式联运货物运

输的增长由私营部门控制，但是公共部门如今想把多式联运作为控制成本、减少污染和刺激当地就业的手段。文献回顾探讨了公共机构如何介入、使用哪项政策。Nils等(2012)提出把多式联运货物运输整合到区域规划的一系列模型和程序中对多式联运转运点评估和排序的方法，以此作为政府拨款的备选依据。在欧洲国家，尤其是那些属于欧盟的国家，各级政府支持多式联运政策的计划和项目已经发展好多年了。

制订多式联运政策就是要形成有效的措施来支持政策目标，如减少拥挤和污染，提高安全性，实现空间和经济目标和基础设施规划。Lammgard(2007)研究显示美国从公路运输转向多式联运，其社会经济条件会得到改善。他们分析了公路运输转向铁路多式联运对高速公路安全的影响。据统计，多式联运已经减少了高速公路上死亡事故的1%。然而在欧洲，反对多式联运的研究学者并不这么认为。Jensen(2008)表明使用公路运输的社会经济更好。他们比较了德国铁路—公路多式联运、卡车运输和铁路运输的社会成本。然而，Floden(2010)的结果相反，他设计了一个铁路—公路多式联运系统，结果显示在瑞典该系统无论是对个体成本、质量和外部成本，都能和国内长途公路运输相媲美。

基础设施规划政策制定者在寻找有效的措施，他们想知道措施的效果，例如卡车的有限可得性对使用多式联运服务的影响。对于这类型问题，过去曾采用空间价格均衡模型和网络模型进行探讨。但是，大多数模型只针对一种运输方式而不能用于多式联运。Rafay Ishfaq和Charles R.(2010)已经建立了多式联运网络模型，意味着货物运输可以由一种模式通过转运点转向另一种模式。

多式联运的政策和规划的主要问题是缺乏有效的政策措施。总的来说，这些研究的结果表明，还需要更多的政策研究，例如对多式联运的财政支持对它的吸引力影响的研究、道路定价对多式联运竞争力或欧洲高速铁路及多式联运基础设施绩效的影响。

3. 多因素链的管理和控制

每个成员都负责组织和控制一部分运输链，他们必须一起努力才能确保同步和无缝运输。多式联运的多因素供应链管理和控制与短驳拖运、铁路运输、转运和标准化相关。问题概括起来就是协调一切供应链上的活动,彼此提供及时的信息。这与运输活动的日常管理相关,而且与战略选择如标准化或信息技术的使用相关。

信息与通讯技术(ICT)为支持复杂的供应链协调和任务的控制提供了可能性。Hengst-Bruggeling(1999)和 Durr(1994)开发了基于 ICT 供应链管理的决策支持系统。Hengst-Bruggeling 在战略水平进行协调,Durr 在运营水平进行协调。

Taylor 和 Jackson(2000)调查了多式联运系统中每个成员的角色和市场支配力。他们认为,供应链中的领导,在多式联运链中权利最大,往往能操控整个供应链。这项研究得出的结论是,在国际供应链中,海运承运人处于领导地位,但在国内供应链中,就缺乏这样的领导力。

欧洲委员会(1999)调查了责任分配的问题。现行的决定多式联运运输公司有关延迟、丢失和货物损坏责任的法律框架,是由国际惯例中一些容易混淆的条例拼接而成,这些惯例有的规范了单一方式的运输,有的使国际法律多样化,有的规范了合同用语。

根据文献回顾,我们知道没有单独的一个成员可以达到供应链领导者的角色。因此,链中成员的配合是必要的。然而,还需要知道 ICT 或运载单位标准是如何决定的、什么对供应链是有益的而对单个个体是不需要的。当成本和收益通过市场机制发生变化时,它们如何被重新分配?当个体组织为了供应链组织目标不得不放弃一些权利时,会有什么后果?

4.应用方法和技术

多式联运文献综述是以问题为导向的。运营研究无疑已被用来处理短驳拖运、铁路运输业务、转运点位置决策、转运、基础设施规划、多式联运路径选择和多式联运定价这些问题。大量的运营研究技术得以应用,包括线性规划、整数规划、非线性规划、系统分析和模拟(有时是基于 GIS 技术)。仿真尤其被用于转运点运营。

社会科学方法和技术已用于研究模式的选择、标准化、多因素供应链

协调、运输规划和政策研究。应用技术有案例研究、调查、访谈、文献研究、观察法、专家座谈分析。基础理论包括地理、市场营销、经济和政策科学。应用理论是:市场理论、营销渠道理论、区位理论、系统分析、福利经济学理论和成本效用理论。

与其他运输研究领域一样,多式联运也需要多学科方法的研究。多式联运问题的结构和复杂性需求进一步发展运营研究技术,特别是可以处理复杂问题的模型。我们看到对于定量和定性研究有严格的区分,这主要是由研究问题的本质决定的。然而,两种方法的混合也是必要的。多式联运研究将更大程度的取决于物流、经济、管理、政策的理论方法。

国内研究大体上分为发展战略和技术两个方面,发展战略主要探讨国际集装箱多式联运的发展规划及展望、国际集装箱多式联运市场发展,并介绍国外集装箱多式联运产业先进的法律政策、成功运营经验等,技术部分主要探讨如何将国际先进的国际集装箱多式联运管理经验和先进技术应用于中国国际集装箱多式联运发展。国内学者战略研究主要集中在多式联运形成机理及组织协调、多式联运通道问题、发展战略研究等问题。技术方面研究多式联运 EDI、GPS、RFID 等关键技术、信息技术,多式联运条件下智能运输管理和决策支持系统、多式联运条件下物流全程跟踪系统等。

在研究运输方式的选择问题时,许多文章介绍了具体的求解方法,结合研究的问题取得了很好的结果。贺竹磬、孙林岩、李晓宏(2007)对比各种运输方式的技术经济特点,以实现时效性物流整体费用最小化为目的,建立了在时间和容量约束下的多式联运方式选择的 0—1 整数规划模型。陈相东(2005)等人对可阶段化运输网络,提出了将路径选择与交通运输方式相结合的组合优化模型。通过虚拟一个运输网络,转化为一个与原问题等价的最短路径问题,并设计了相应的遗传算法对其求解,通过实例计算表明,该算法对该问题是可行和有效的。张得志、凌春雨(2002)在建模时城市的选择采用 0—1 整数规划法,模型的求解主要是采用 Dijkstra 最短路的启发式算法。

宏观方面进行的研究有,介绍集装箱公路、铁路、海运、空运和多式联运各承运人的主要货运流程，对应用 EDI、Web 等信息技术和通讯技术下的多式联运流程论述较少。多式联运通常是海运扩展的门到门的运输，通常海运流程研究较多，如与集装箱多式联运相关的航运流程优化、集装箱空箱调度等问题，研究设计集装箱运输系统的组织结构和不同组织之间的信息关联，分析 EDI 条件下集装箱运输系统组织结构，应用 Petri 网理论分析集装箱出口流程。研究多式联运中铁路货物运输业务流程重组分析、铁路货物运输流程存在的问题，进行基于货运集中化的铁路货物运输业务流程重组、集装箱铁路节点站的作业流程分析等。

微观方面，主要指多式联运相关的大型航运企业、物流企业应用信息技术后进行的流程优化重组。无纸贸易、电子商务对航运企业的组织管理提出了新要求，国内外一些大型集装箱班轮公司如中海、中远等组建了电子商务平台，在此基础上进行货物订舱、货物跟踪、单证处理等航运业，信息系统带动了流程集成和优化。

二、中国多式联运发展现状

多式联运是实现中国物流低碳化、货运标准化、服务网络化和管理信息化的有效途径。实现多式联运需要从转运设施的建设与运营、运输资源的衔接与集成、业务组织的再造与变革、信息资源的整合与共享、运输装备的标准与智能、结算单据的统一与简化、法律体系的完善与统一等方面进行系统的创新。发展多式联运已经不单纯是一种运输服务方式问题，而是运输发展的变革问题。

中国多式联运的关键问题，不再是运能运力的不足问题，而是各种运输方式分工不合理、衔接不畅的问题。由于中国在很长一段时期交通运输领域政府管理职能的条块分割，协调机制缺乏，公、铁、水等基础设施在规划建设时，未能实现统筹规划建设，造成公、铁、水基础设施配套性、兼容性差。公路和铁路的连接通常是通过公铁联合运输中转平台来实现的，中转平台是整个公铁联合运输链的增值中心，是实现高效接驳的重要保证。由集装箱、叉车、堆场构成的中转平台，构成了铁路与公路两种运输方式的接口。公铁联运的效率与运输中转平台的生产力紧密相关，而集装箱的推广

和统一，成为保证公铁联运通畅的统一接口。发展以集装箱为主的中转平台技术，是实现公铁联运高效转换的重要途径。此外，信息共享程度较低也是制约多式联运发展的重要因素。铁路、公路、水运等运输系统行业内部的信息系统建设、信息共享标准和共享机制尚不完善，无法为提高物流效率和运输组织效率提供足够的信息支撑，导致多式联运业务信息的不对称，业务单证不衔接，造成了运输组织衔接不畅。

随着建港工程技术的成熟，港口和港口城市之间的竞争已从港口条件的竞争转向物流服务的竞争，而多式联运则是保障物流服务的关键，多式联运的快速发展将全面提升现代物流的发展水平。各种运输条件的一体化发展不仅是技术上的无缝衔接，更需要在服务、管理和制度层面上实现一体化操作。目前，全国港口大宗散货 25％以上通过铁路集疏运，约 50％左右通过公路集疏运，港口集装箱 80％以上通过公路集疏运，水路约占 14％，不到 2％由铁路集疏运，铁路运输对港口集装箱集疏运的贡献很小。

由于铁路系统协调性差，集装箱办理站普遍经营规模小和硬件条件差，集装箱装车时间长、数量受限制，很大一部分集装箱需要经过多次解编组的非始发直达班列运输，导致运输时间长。由于长期的组织壁垒、信息壁垒和政策壁垒，使得中国目前采取公铁联运模式的企业较少，涉足公铁联运的主要是一些铁路货代，道路运输企业即使面临成本大幅上涨的重压，也不愿意与铁路运输合作。

近几年，铁路货运经过客货分离的改革，货运服务有了大的改善。2013 年 6 月，中国铁路总公司宣布全面推行货运组织改革，加快铁路货运向现代物流转变，全面参与现代物流业竞争。

三、国际多式联运的起源与特征

国际多式联运（international multimodal transport）简称多式联运，是指按照国际多式联运合同，以至少两种不同的运输方式，由多式联运经营人将货物从一国境内的接管地点运至另一国境内指定交付地点的货物运输。国际多式联运适用于水路、公路、铁路和航空多种运输方式。在国际贸易中，由于 85％～90％的货物是通过海运完成的，故海运在国际多式联运中占据主导地位。1980年《联合国国际货物多式联运公约》及中国交通部和铁道部1997年共同颁布的《国际集装箱多式联运管理规则》对国际多式联运的定义为："按照多式联运合同，以至少两种不同的运输方式，由多式联运经营人将货物由一国境内承运货物的地点，运送至另一国境内交付货物的地点"。

根据定义并结合国际惯例，可知国际多式联运具有如下几个方面的特征：

①必须有一个多式联运合同，明确多式联运经营人与托运人之间的合同关系。这是多式联运的主要特征，是区别多式联运与传统单一运输方式的重要依据。

②必须使用全程多式联运单据。

③必须是两种或两种以上不同运输方式的连贯运输。

④必须是国际间的货物运输。

⑤必须实行多式联运经营人全程单一负责制，多式联运经营人承担自接管货物起至交付货物止的全程运输责任，对货物在运输途中因灭失损坏或延迟交付所造成的损失负责。

⑥必须实行全程单一的运费费率，并由多式联运经营人以包干形式一次性向货主收取的损失负赔偿责任。

四、国际多式联运的运输组织形式

国际多式联运是采用两种或两种以上不同运输方式进行联运的运输组织形式。这里所指的至少两种运输方式可以是海陆、陆空、海空等，即至少要通过两种不同的运输工具的衔接。通常各种运输方式均有自身的技术经济特征。水路运输具有运量大、成本低的优点；公路运输则具有机动灵活，便于实现货物门到门运输的特点；铁路运输的主要优点是不受气候影响，可深入内陆和横贯内陆实现货物长距离的准时运输；而航空运输的主要优点是可实现货物的快速运输。

由于国际多式联运是采用两种及两种以上的运输方式进行联运，因此这种运输组织形式可综合利用各种运输方式的优点，充分体现社会化大生

产大交通的特点。目前，有代表性的国际多式联运主要有远东/欧洲、远东/北美等海陆空联运，其组织形式包括海陆联运、陆桥运输和海空联运等。

1. 海陆联运

海陆联运是国际多式联运的主要组织形式，也是远东/欧洲多式联运的主要组织形式之一。目前组织和经营远东/欧洲海陆联运业务的主要有班轮公会的三联集团、北荷、冠航和丹麦的马士基等国际航运公司，以及非班轮公会的中国远洋运输公司、中国台湾长荣航运公司和德国那亚航运公司等。这种组织形式以航运公司为主体，签发联运提单，与航线两端的内陆运输部门开展联运业务，与大陆桥运输展开竞争。

2. 陆桥运输

在国际多式联运中，陆桥运输(land bridge service)起着非常重要的作用。所谓陆桥运输是指采用集装箱专用列车或集卡(集装箱卡车)，把横贯大陆的铁路或公路作为中间"桥梁"，使大陆两端的集装箱海运航线与专用列车或卡车连接起来的一种连贯运输方式。严格地讲，陆桥运输也是一种海陆联运形式。只是因为其在国际多式联运中的独特地位，故在此将其单独作为一种运输组织形式。它包括大陆桥运输、小陆桥运输和微陆桥运输等。

3. 海空联运

海空联运又称为空桥运输(air bridge service)。在运输组织方式上，空桥运输与陆桥运输有所不同:陆桥运输在整个货运过程中使用的是同一个集装箱，不用换装，而空桥运输的货物通常要在航空港换入航空集装箱。不过两者的目标是一致的，即以低费率提供快捷、可靠的运输服务。

海空联运方式始于 20 世纪 60 年代，但到 20 世纪 80 年代才得以较大的发展。采用这种运输方式，运输时间比全程海运少，运输费用比全程空运便宜。20 世纪 60 年代，将远东船运至美国西海岸的货物，再通过航空运至美国内陆地区或美国东海岸，从而出现了海空联运。当然，这种联运组织形式是以海运为主，只是最终交货运输区段由空运承担。1960 年底，原苏联航空公司开辟了经由西伯利亚至欧洲航空线。1968 年，加拿大航空公司参加了国际多式联运。20 世纪 80 年代，出现了经由香港、新加坡、泰国等至欧洲航空线。

五、国际多式联运的优势

国际多式联运的产生和发展是国际货物运输组织的革命性变化。国际多式联运之所以能迅速发展，是由于它与传统运输相比较具有许多优点，主要体现在：

1. 统一化、简单化

在国际多式联运方式下，货物运程不管有多远，不论有几种运输方式从事货物的运输，且不论运输途中对货物经过多少转换，所有一切运输事项均由多式联运经营人负责办理，而货主只需要办理一次托运、订立一份运输合同、一次支付费用、一次保险。一旦在运输过程中发生货物灭失或损害时，由多式联运经营人对全程运输负责，而每一运输区段的承运人对自己运输区段的货物损害承担责任。这种做法丝毫不会影响多式联运经营人对每一运输区段实际承运人的任何追偿权利。

2. 减少中间环节、缩短货物运输时间，降低货损差事故、提高货运质量

多式联运是通过集装箱为运输单元进行直达运输。货物在发货人工厂或仓库装箱后，可直接运送至收货人的工厂或仓库。运输途中换装时由于使用专业化机械装卸，且又不涉及箱内的货物，因而货损货差事故、货物被窃大为减少，从而在一定程度上提高了货运质量。此外，由于各个运输环节的各种运输工具之间配合密切、衔接紧凑，货物所到之处中转迅速及时、大大减少货物停留时间，因此，从根本上保证了货物安全、迅速、准确、及时地运抵目的地。

3. 降低运输过程中成本，节省运杂费用

由于多式联运可实现门到门运输，对货主来说，在将货物交由第一承运人后即可取得货运单证，并据以结汇。结汇时间提前，不仅有利于加速货物资金的周转，而且减少了利息的支出。又由于货物装载集装箱运输，从某种意义上说可节省货物的包装费用和保险费用。此外，多式联运可采用一张货运单证，统一费率，因而就简化了制单和结算手续，节省了人力、物力。

4. 提高运输组织水平，实现合理化运输

在国际多式联运开展之前，各种运输方式的经营人各自为政自成体系。因而，其经营的业务范围受到限制，货运量相应也是有限的。但一旦由于不同运输业者共同参与多式联运，经营的业务范围可大大扩展，并且可以最大限度地发挥其现有设备的作用，选择最佳运输路线，组织合理运输。

六、丝绸之路经济带开展国际多式联运的必要性

丝绸之路是一个横贯欧亚大陆、由多种运输方式所组成的立体运输大通道，其运输的骨架由铁路、公路、航空、海运、管道等多种运输方式有机组合而成。它是一个按照市场经济规律进行分工与合作，以从事客货运输、信息传递服务为主的现代化陆上国际交通走廊。丝绸之路经济带开展国际多式联运是欧亚经济一体化发展和区域经济集团化发展的必然，是沿线各国社会经济发展的必然，是提高丝绸之路运输通道综合能力和合理化发展的必然，是沿线的国际物流发展的必然。

丝绸之路经济带开展国际多式联运是沿线国际物流服务中的重要环节，其核心作用是实现货物的国际间流动。这是因为丝绸之路沿线的国际物流跨越不同地区和国家，在两头还需跨越海洋，运输距离大，运输方式多样，因此需要选择合理的运输线路和运输方式，尽量缩短运输距离，缩短货物的在途时间，加速货物的周转并降低物流成本。国际多式联运作为国际

运输中一种先进的混合运输方式，有方便、灵活、安全的特点，具有常规分段独立运输方式不可比拟的优势。它是丝绸之路沿线国际物流运作的主体和纽带，是贯穿整个丝绸之路物流活动的主线。通过国际多式联运网络化地高效运作，客户公司的服务半径和货物集散空间可以低成本、低风险地扩大。国际多式联运运输网络和服务内容的扩张，将带动丝绸之路沿线国际物流业务的开展。

第三节　基于多式联运的丝绸之路运输通道网络组织优化

运输通道组织方式优化是以货物运输需求为导向，根据不同货物品类的运输特性，结合区域综合运输网络中各种现代运输方式的技术经济特征，考虑区域综合运输能力约束，确定合理的运输空间分布，选择最佳运输方式和运输路径，尽可能使货物运输广义费用最小化。运输通道组织方式优化涉及的几个关键问题是：物流成本与空间的关系、物流成本与物流结构、模式的选择和定价策略、标准化以及政策和规划。

一、运输总成本

学界普遍认同的企业物流成本计算的一个概念性公式为：企业物流总成本＝运输成本＋存货持有成本＋物流行政管理成本。现实中，中国企业物流总成本管理的概念比较淡薄，往往只关心直接的仓储和运输成本，而不考虑存货持有成本的其它部分和物流行政管理成本。

总物流成本的概念不仅反映运输成本，还包括物流成本中所有的相关成本：仓储、搬运和库存成本。当运输成本减少而其他成本仍然很高时，可以考虑全球化进程。如果生产成本的差异变小，而运输成本增加，则相反。国际贸易的发展受到不同区域不同的因素成本以及贸易障碍的影响，都是通过这些区域之间的距离产生的（见图6－1）。

在运输成本降低以及因素成本差异高的情况下，全球化是很好的选择。如果生产成本的差异消失了，同时运输成本还会增加，那全球化不是

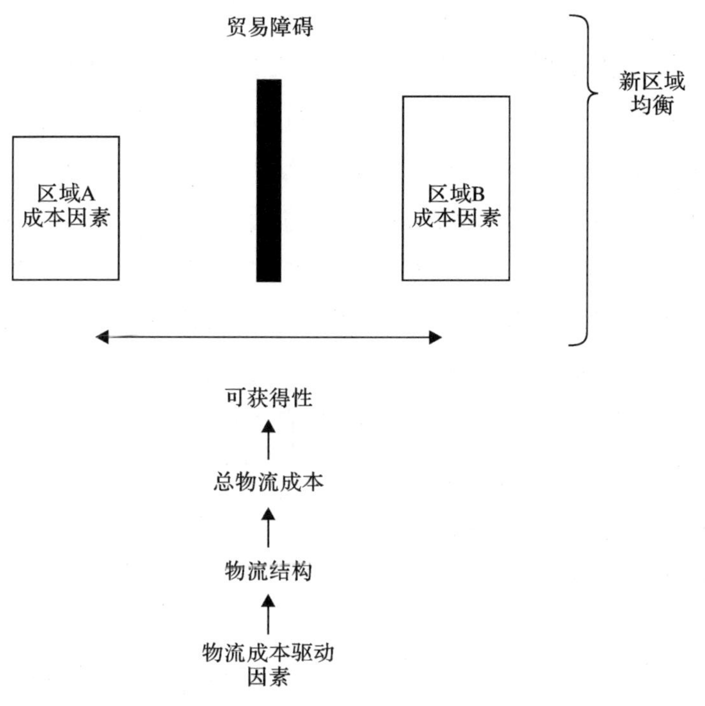

图 6-1　物流和空间经济的关系

资料来源:Lori Tavasszay(2010).

好的选择。

许多物流管理的文献中都强调效益和效用。效益就是降低物流成本并最大程度地满足客户满意度。物流成本主要是有关物品地点改变的总的费用(正确的数量、合适的时间、合适的条件)。然而,这些成本与其他生产成本有关,即实际产品成本。在某种意义上,我们可以说最优的全球物流网络是,供应链管理者可以减少生产成本、物流成本和管理成本的总和,并能满足所需的客户服务。

生产成本会在全球范围内变化,部分原因是气候的不同,更重要的是工资水平和汇率的不同。过去的几十年间,跨国公司的生产地已经发生了改变,特别是转向了劳动力密集以及低薪酬的国家。这些趋势几个世纪前就开始了,只是近些年比较集中。中国正因为有大量廉价的劳动力,所以市场被开发。然而,物流将是决定这些国家贸易是否有实质性发展的决定因素之一。

在某些情况下转向低收入国家并不是长久之宜，因为随着这些国家经济活动的日益多样化，它们很快就会达到西方的生活水平。即便不能达到完全的均衡，也会有一些其他因素使跨国公司失去对这些国家的兴趣。之前许多西欧的公司会把生产地转向曾经的社会主义国家，如匈牙利和波兰。近些年，这些国家的工人工资已经增加了，而且另一个重要原因是这里劳动力灵活性不够高。这就导致了生产地又搬离了这些国家，类似飞利浦和微软这些公司最近把成产地从东欧搬到了东亚。

总的来说，尽管贸易障碍和生产要素成本这类因素都很重要，可获得性仍旧是连接物流和空间经济的主要因素。我们提出用总物流成本作为可获得性的测量，以便描述物流趋势对空间结构的影响。

物流结构的一个关键机制是运输和库存成本的均衡，这决定了库存的分配。当公司以服务为导向，快速和小批次的运输就会出现。此外，他们测试了外部因素扰动均衡的稳定性。这里我们可以推断，随着运输成本的减少，同时伴随库存成本的增加，将导致生产和库存选址的全球化，当运输成本增加而库存成本减少，其结果相反。

A. Creazza 和 F. Dallari(2010)设计了 5 种物流网络配置：整箱直接运输、非整箱直接运输、上游合并的单层运输、下游合并的单层运输和双层物流网络。五种配置在成本结构、响应时间、延迟风险和运营复杂性方面各不相同。

作为一种商业竞争力，物流力求用最小的(物流)成本达到最大的顾客满意度。通过供应商提供的物品和服务，成功的满足了客户不断增加的需求，客户满意和客户服务质量得以提高，它会根据客户不断出现的要求而改变，不仅仅是依据货物本身的物理性质(比如冬天的草莓)，也会依据对物流组织可靠性和灵活性的需求。

二、物流成本和物流结构

物流结构改变的一个关键机制是运输和库存成本的权衡，这决定了存货的集中度。当公司有以服务为导向的、能存放体积小且方便快速运输的

仓库结构受到青睐，特别是运输费很高的情况下。另一方面，当运费降低，公司将会集中其仓库。同时，以服务为导向公司的增加导致了他们运营地点的分散。我们也应当注意不能因为库存数量的增加而导致库存成本的暴增。

除了关注由权衡引起的空间均衡，许多外部因素也改变了这种平衡的稳定性。见图 6－2。

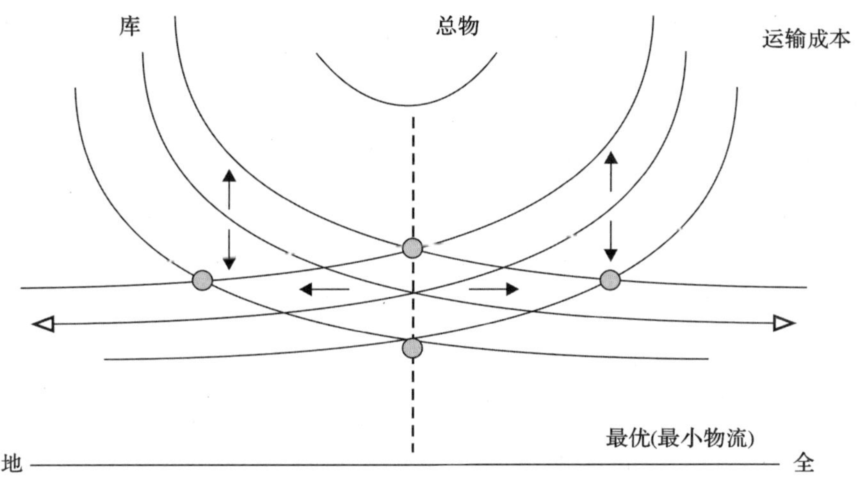

图 6－2　库存与运输成本的均衡

资料来源：Lori Tavasszay(2003).

平衡的分布以及动态的变化都会随产品和市场类型的不同而改变。实际中，我们看到的是两种极端情况之间的范围。当我们考虑这些均衡在不同的行业的变化时，我们需要区分是成本增加（①或③）还是减少（②或④）的不同的情况。这些分类如下：

(1)运输＋装卸费增加

①外部成本内部化；

②超负荷；

③运输系统和有关等待时间的不可靠；

④订货到交货时间的减少以及客户对响应的需求。

(2)运输+装卸费用减少

①货流的集中托运;

②集成网络的设计;

③物流服务质量的提高和专业化;

④IT 系统的使用提高了效率。

(3)库存成本的增加

①产品的价值密度;

②利率;

③产品增加(产品种类的增加);

④专业的工厂(专业生产某一类型产品的工厂)。

(4)库存成本的降低

①运输长度的减少;

②通过减少仓库控制点和安全存货水平来减少库存成本;

③供应链管理技术。

由上文可以推断运输成本的减少、库存成本的增加会带来生产和库存的全球化,而运输成本的增加以及库存成本的减少则带来相反的结果。

归结起来,物流总成本由以下几个方面组成,如图 6-3 所示。

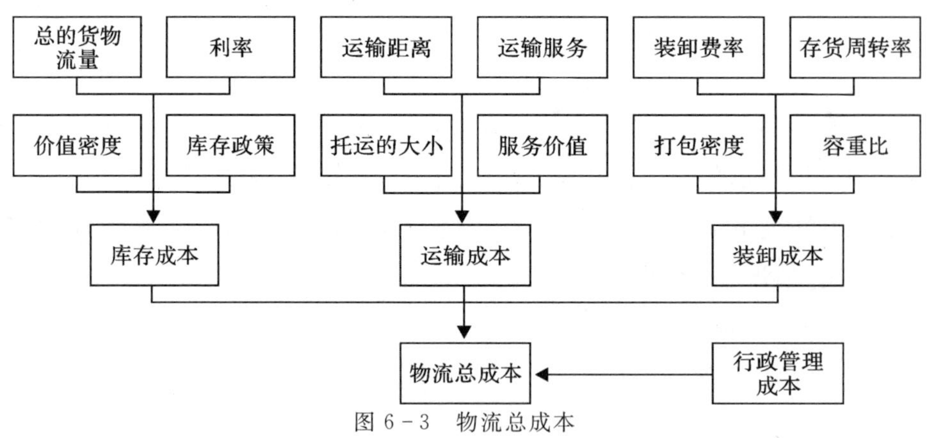

图 6-3 物流总成本

三、模式的选择和定价策略

多式联运归结起来的问题是与其他模式比较竞争力的问题。我们想

知道,多式联运较于其他方式在哪种市场最有吸引力、多式联运如何执行、市场份额如何提高、采用哪种定价策略。

当价格和质量发生变化时,模式选择决定因素和模式选择敏感性会发生变化。在一项托运人对铁路—公路多式联运和其他运输服务中各种成本—质量决定因素的感知调查中,发现对所有模式的感知中大多数与及时性和有效性相关。总的来说铁路—公路多式联运的市场份额小于公路运输,但是高于单一的铁路运输。此外,随着第三方多式联运提供商的增加,多式联运使用的频率也增大。

有关竞争力还有一个问题是确定多式联运运输服务的关税,这就叫做定价策略。这种定价策略在两个层面实施。首先,在这多式联运链个体因素层面,每一个个体必须估计其谈判能力。第二,定价策略也可用于多式联运运输服务。

欧洲基础设施收费政策的一个主要原则是每一种运输方式的运输税费都应该显示出不同污染水平的成本、运输时间、损坏成本及基础设施成本。"污染税"和财政刺激可以帮助达到减少拥堵与污染、平衡运输方式、弱化运输增长与经济增长的目标。恰当的收费和定价可以更有效地利用现有的设施能力。从 2003 年开始,根据共同原则,公路国际系统开始对重车收费。中国也应该采取外部成本内部化的原则,以达到运输的平衡。现阶段征收燃油税,作为限制使用汽车、减少车辆污染的工具是可行的。征得的税应该用于减少其他方面的税收(如工资),来促进就业的增长。燃油税容易管理,因为中国只有几家燃油厂家,从源头管理是可操作的(世界银行,2007)。

四、标准化

目前转载单位、轨道车辆和卡车—拖车的标准之间仍然有很大的差异,因此需要更多的标准化来改善供应链的效率。然而,多式联运链的所有因素之间很难达成标准化协议。

多式联运中更多的标准化可以节约成本。只有当所有成员参与该协议,成本优势才会显示出来。只要一方继续使用自己尺寸的设备、装载单元和信息，成本优势就不会很明显。在这个标准化过程中，所有的成员必须相信标准化对他们是有利的。

五、政策和规划

在欧洲，多式联运运输政策已制订了多年，而它在美国仍然是一项新的政策。如何整合联邦、州和地方的政府运输项目的多式联运货物运输政策这一问题一直困扰着美国。多式联运货物运输的增长是由私营部门控制，但是公共部门如今想把多式联运作为控制成本、减少污染和刺激当地就业的手段。有学者提出把多式联运货物运输整合到区域规划的一系列模型和程序中，对多式联运转运点评估和排序的方法，以此作为政府拨款的备选依据。在欧洲国家，尤其是那些属于欧盟的国家，各级政府支持多式联运政策的计划和项目已经发展多年了。

制订多式联运政策就是要形成有效的措施来支持政策目标，如减少拥挤和污染、提高安全性、实现空间和经济目标与基础设施规划。美国从公路运输转向多式联运，其社会经济条件会得到改善。建立多式联运网络可以通过一系列措施来实现，包括减少公路运输，转向环境友好的运输方式，特别是铁路和内河运输系统，提高车辆燃油效率。这些措施是欧洲提出的，对于中国建立可持续多式联运运输系统有借鉴意义。尽管一些措施，例如减少运输需求特别是公路运输在现价段不符合中国经济和外贸快速增长的实情，特别是一些偏远地区，运输基础设施落后，还不能满足当前现代运输的需求，但是运输方式的重新分配可能会对运输方式选择产生影响。为了实现多式联运的转变，在现阶段，投资货运铁路和内河运输建设是可行的办法。

第四节　基于多式联运的丝绸之路运输通道网络优化设计

如今，越来越多的企业开始认识到供应链网络的重要性，尤其对于生产或销售有形产品的企业。物流网络是支持其供应链运作和管理的前提

和基础设施，物流网络设计中所制定的决策不仅对于企业长期赢利能力和竞争地位会产生重要而深远的影响，而且也对供应链绩效形成直接且重大的影响。而且，通常物流网络优化项目的周期远比IT系统项目短，投资也远比IT系统低，经过合理优化设计的物流网络还有助于提高实施IT系统的投资回报。从这个意义上来讲，物流网络设计是企业供应链战略和实际运作的衔接桥梁，既要考虑到企业供应链战略的实现，又要考虑到设计决策对于未来物流运作的约束作用；物流网络的效率很大程度上取决于物流网络设计的合理性，只有设计合理才能使物流系统获得整体最优。

丝绸之路经济带运输通道网络系统的分层结构是一个跨时域、跨地域的动态网络，尤其在实践中对那些涉及多品类、多渠道的物流网络进行优化设计时，其固有的复杂性要求有一个清晰而有效的总体框架作为指导。从系统论的角度来看，运输通道网络系统可分为战略层、战术层和运作层。战略层主要涉及丝绸之路经济带运输系统的总体结构设计、各级节点设施的选址等；战术层，指整个系统以及每个节点的设施规划、库存管理；运作层，指具体的运作管理，如车辆调度、路线优化等。可以看出，运输通道网络结构的分层视角提供了一个从总体上把握其系统结构的框架，每一层的规划任务和内容各不相同，但又相互衔接、逐层深化。

一、战略层

战略层首先明确规划的层级结构，从企业的成品库到零售店之间到底应该设立两级、三级还是四级仓库，对于每一级仓库，其数量应该设置多少？其次，每一个仓库的位置应该设立在哪里？第三，如何划分每一个仓库的配送区域？

二、战术层

战术层处于战略层次的选址问题及其所形成的总体运输通道网络结构确定之后，或者在运输通道网络结构确定的同时，运输战术层解决的问题是：在已有的运输通道网络体系中，每个层级的设施中应该维持多少库存？订货周期应该为多长？订货批量如何设置？最终形成多层级的库存体系，并通过财务分析寻找大量潜在客户的位置。

三、运作层

运作层次的运输通道网络设计主要涉及对某一区域的配送路线优化。根据销售终端的销售能力、库存水平和资金运转情况，公司的配送策略设定在相对较短的一个时期内，一般以“天”为单位。根据需要，一个配送中心所负责的配送区域可以再细分为几个更小的区域，在此基础之上通过各种模型解决车辆配送路径问题。具体来说，主要包括：

(1)支持日常管理决策的决策支持应用程序的发展

①集装箱回空计划；

②集装箱路径问题和可载二层集装箱的火车最优配送；

③把拖车和集装箱合理安排到无盖货车上。

(2)发展解决复杂规划问题的有效启发算法

(3)通过决策铁路—铁路转运点的最优装载次序而减少转运次数

运输通道网络优化设计的目标就是在维持或优化客户服务水平的前提下，尽可能地降低运营成本。通常情况下，运输通道网络结构和库存策略对于客户服务水平及物流成本的影响起着决定性的作用，虽然已有关于此类问题的大量理论研究，然而由于实际中这两类问题都是数据密集型的，需要专业工具进行建模和分析。在欧美发达国家的成熟市场，已形成针对物流网络战略层和战术层的网络结构及设施规划和库存优化的广泛应用。随着技术进步、工具软件的进一步完善以及中国市场的日益成熟，在中国越来越多的企业开始从物流网络优化项目中受益，其中最为典型的就是物流网络战略规划项目和库存优化项目。

第五节　丝绸之路运输通道多式联运网络优化模型

伴随着市场经济的快速发展，丝绸之路经济带贸易往来不断增加，人们在注重货物运输质量、运送时间、运输手续的简便程度的同时，更迫切需

要一种便捷的、通用的运输形式和手段，而多式联运正好满足了这种需求。由于不同货类的运输特性不同，不同运输方式的技术经济特性不同，表现为不同货类在不同运输方式上的运输费用、运输时间等方面均不相同。同时，实际中的运量分配，往往并不是由单一因素（运输费用、运输时间等）起决定性的支配作用，而是在诸多因素间综合权衡的结果。因此，在对丝绸之路经济带多式联运网络进行规划时，需要考虑各方面因素。

一、系统角度的多式联运模型

按照传统观念，多式联运是货物由几种运输方式按顺序运输。建立多式联运系统模型的一个方法，是建立一个典型的货运网络单一模型，然后考虑更多的模型，综合这些模型建立一种能够表达多式联运系统的功能与特点的模型。从系统的角度来看，不同运输模式的网络组成一个多式联运系统。根据有关运输活动的范围确定系统边界和地理边界。在丝绸之路经济带中，把周边地区的经济系统或区域经济系统作为其环境（见图6－4）。

图 6－4　多式联运系统和环境

二、货运系统分层模型

分层模型是一种常用的介绍货运系统的形式。一个简单的层模型说明了运输网络的基本功能(见图6-5)。物理网络是由基础设施如运输链、终端、各种运输方式的转运点组成。本书探讨的运输方式包括公路运输、铁路运输和水运。物理网络提供运输活动的物质基础。一个合理的网络布局,例如土地利用,不同运输方式的比例、多式联运模式,对物理网络很重要。服务网络是运输组织网络和运输行业的运营方式。服务网络的基本功能是整合物流过程和实现所需的货物运输网络。要想实现好的服务网络性能,就要合理、有效地利用物理网络。监管网络与服务网络和物理网络相交互。它协调这两个网络、不同地区的运输网络以及有外部因素的运输系统,以提高运输系统的运营性能。除了以上三个网络,模型中也有信息网络。它的显著特征是运输系统的信息传达。

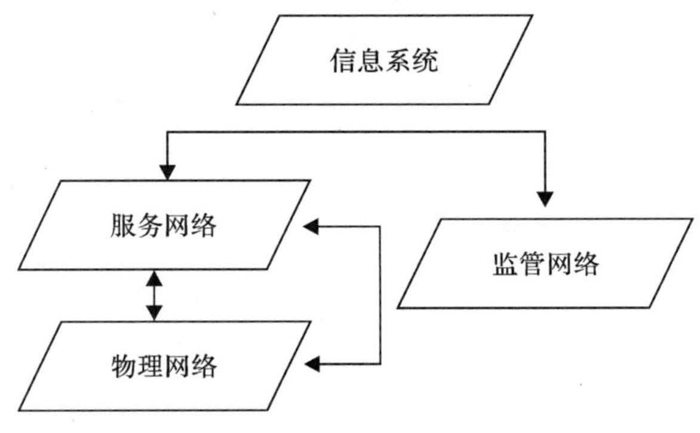

图6-5 货物运输网络分层模型

三、多式联运网络的分层决策框架

传统的运输模型框架由四步组成:出行生产模型,出行配送模型,方式选择和路径选择模型(见图6-6)。这一结构已经在旅客和货物运输中运用了多年。本书提出了一种基于运输需求的决策概念框架。这个框架基于lori(2006)的4步模型法以及上述文献,同时允许考虑与货运相关的公司决策问题和扩展到运营层面,比如存储(见图6-7)。

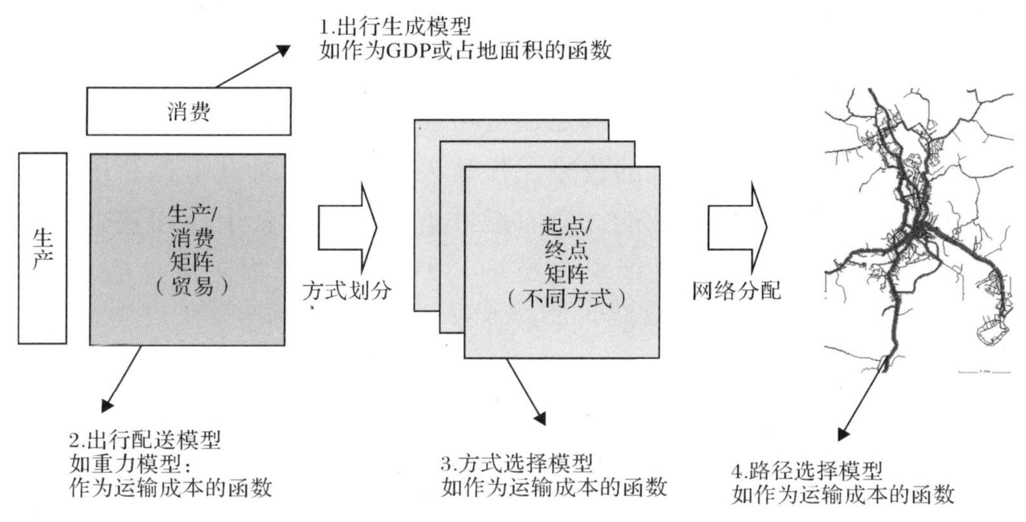

图 6－6　传统的 4 步模型

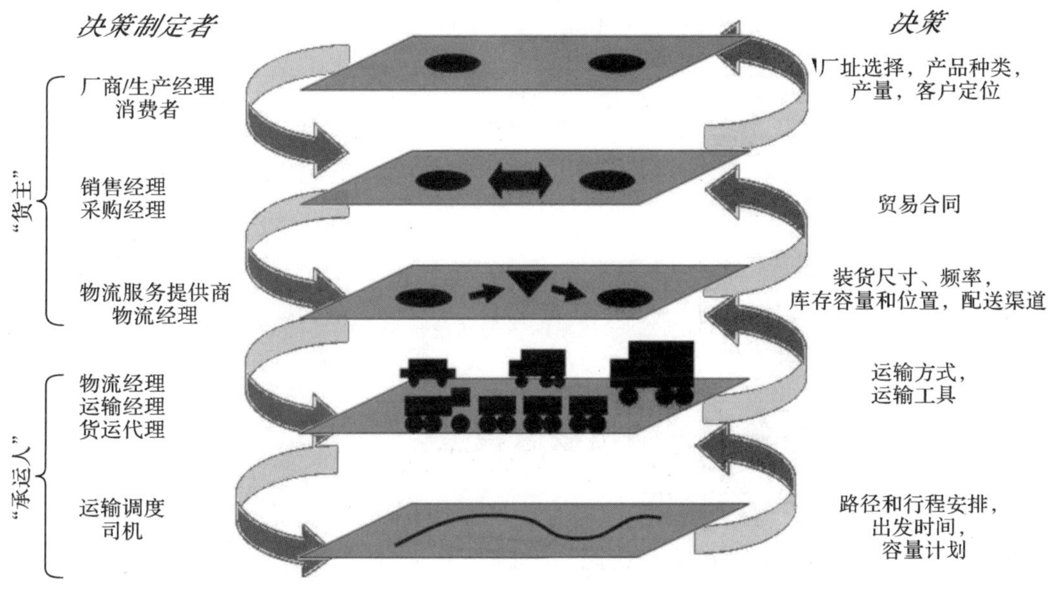

图 6－7　多式联运网络的分层决策框架

四、运输网络的利益关系

根据个体行为“利润最大化”的基本假设，参与者之间的关系是利益的关系。网络效益并不属于任何参与者,但体现了网络性能。政府机构和社会一般可以被理解为网络性能的代表。图 6－8 说明了参与者如何互相影响。托运人对运营商利益的影响是通过路径选择和模式选择,这些运营商决定提供给托运人运输方式的价格。托运人和运营商通过土地利用、基础设施和网络容量影响网络性能。政府提供给其他参与者土地和基础设施,通过监管、税收和补贴计划来规范市场。外部性也影响网络性能和参与者,但是影响了哪些方面,需要进一步研究。

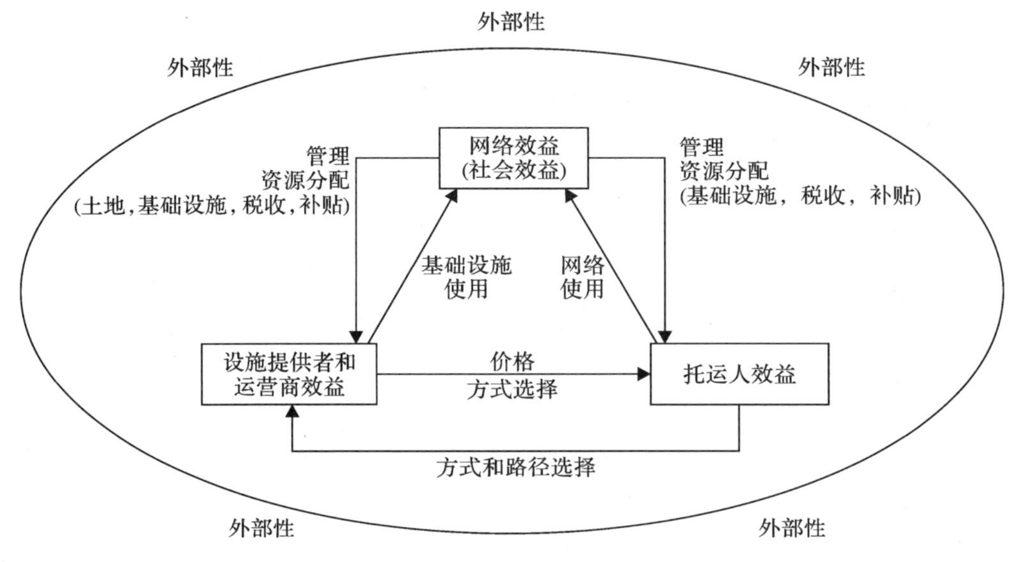

图 6－8　运输网络的利益相关者

五、运输网络输入—输出概念模型

通过一个带有"输入—处理—输出"程序的网络设计概念模型描述丝绸之路经济带运输网络优化模型,如图 6－9 所示。

六、方法模型

丝绸之路经济带运输网络优化的方法模型见图 6－10。该模型采用输入—处理—输出的格式。用一个简单的方法来解释,即模型函数从输入中选择最优(满意)政策组合。

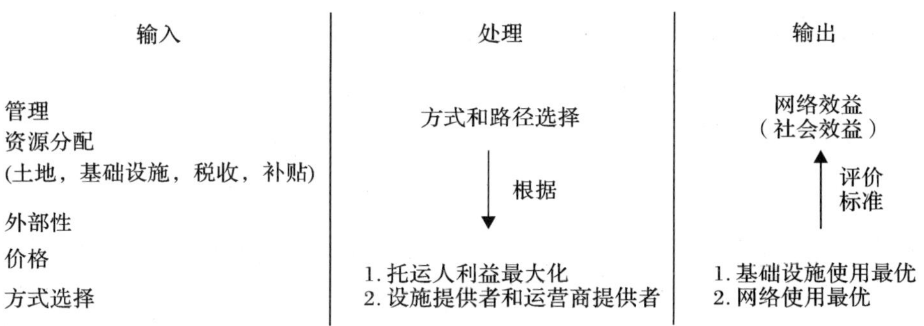

图 6－9　运输网络输入—输出概念模型

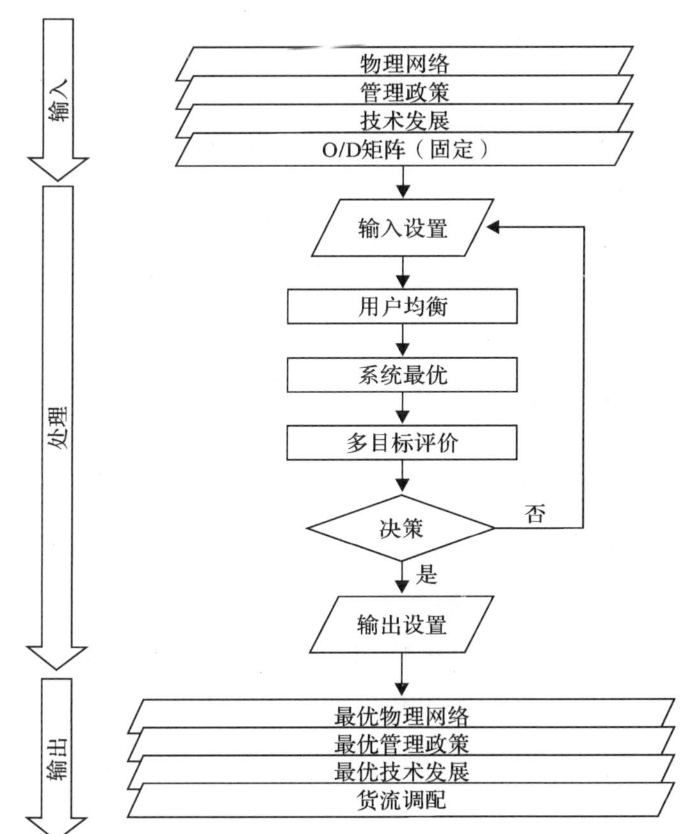

图 6－10　方法模型

对于流量分配功能，主要输入有物理网络、与运输网络相关的监管政策、运输方式特点、O/D矩阵，所有的这些输入是已知和确定的，它们将以货币成本或直接约束的形式输入到优化过程中。根据用户均衡(UE)和系统最优(SO)的规则通过优化模块来处理，预计输出是总物理网络的成本、排放的总量、噪音和相关参数以及外部特性内部化处理的总成本。区别于流量分配的优化职能是所有输入在一定范围内是灵活的，例如物理网络的配置灵活、某种类型的税收在一定范围内变化等。预计输出的是一些政策组合和网络配置以达到既定目标，如低的总成本、低排放等。此外，输出与第一个功能一样也可以被输出，与"最优(满意)政策组合和网络配置结合起来"。成本效益分析将作为网络性能良好的标准。

模型的建立需要以下几种类型的数据。第一组是物理网络的参数，包括各个连接的距离、运输方式、可得性和转运的可能性等。此外，成本是非常重要的数据，运营费用如装卸成本、处理成本、库存成本、劳动力成本及燃料成本等；外部成本费用如排放、噪声费用、安全成本等。另一组数据是货运O/D矩阵。此外，监管信息也是必要的，它包括成本数据或物理网络数据(例如可得性、转运的可能性)。

第六节　本章小结

本章首先从中国多式联运发展现状、国际多式联运的起源与特征、国际多式联运的运输组织形式、国际多式联运的优势几个方面分析了多式联运的相关理论及丝绸之路经济带开展国际多式联运的必要性。接下来从物流成本分析、模式选择、定价策略、标准化和政策与规划几个方面分析了丝绸之路运输通道网络的组织优化，并在此基础上，从战略层、战术层和运作层3个层面提出了运输通道网络优化的框架。最后，提出了丝绸之路多式联运网络优化模型。

多种运输方式之间的联合运输已经成为丝绸之路经济带交通运输发展的一种必然趋势。在这种情况下，研究多式联运导向的丝绸之路运输通

道组织优化，对于提高交通运输的服务水平、竞争能力以及社会综合效益或效率，具有重要的现实意义；同时为科学、合理的丝绸之路经济带运输通道网络规划、设计和运输组织方式优化提供决策参考；可以为货主或承运人优化多式联运方案提供科学的决策依据。

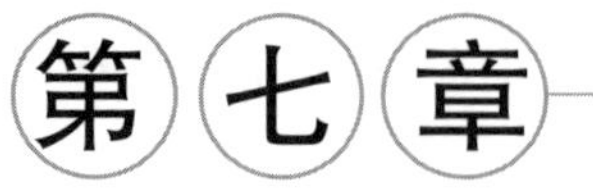

第七章 全球化导向的丝绸之路经济带运输通道政策协调

第一节　运输通道发展中的政策协调

一、政策协调的现状

自20世纪90年代新欧亚大陆桥全线通运以及中国与中亚五国建交以来，中国与中亚各国在政治沟通互动交流方面不断深化，已在国家层面、区域层面和城市层面初步建立起了政治互信与政策沟通的情感基础、法律框架和组织协调机制，为丝绸之路经济带在政策沟通上奠定了基础、积累了经验，具体表现为：

(1)国际层面

中国与中亚国家已建立起了多种政策沟通协调机制，主要有："丝绸之路复兴计划"项目参与国(包括中、哈、吉、塔等国家)区域合作国际协调机构(委员会)；上海合作组织成员国政府首脑定期会晤机制；上海合作组织峰会会议领导人、安全会议秘书、外交、执法、经济、救灾、文化、教育、卫生、边防部门领导人、总检察长、最高法院院长及国家协调员定期会晤机制；上海合作组织负责组织和协调区域经济合作的成员国经贸部长会议机制；中国—欧亚博览会丝绸之路经济带交通运输峰会等。目前，中亚五国与中国已基本建立起了政治信任和安全互信，高层接触已常态化，了解与合作不断深入。

(2)国家层面

中国政府于2001年成立了由外经贸部、外交部、国家计委、国家经贸委、科技部、财政部等16个部委组成的新欧亚大陆桥国际协调机制，旨在整合国内资源，参与区域经济合作，带动境内沿线地区的经济发展。另外，中国还先后建立了新欧亚大陆桥国际信息中心与国际信息网；成立了新欧亚大陆桥发展研究中心；创办了《大陆桥视野》杂志；建成连接中亚主要成员国家的欧亚光缆和中俄光缆。上述举措在新欧亚大陆桥沿线国家及城市间政策信息沟通方面曾发挥了积极作用，并为日后丝绸之路经济带政策与信息沟通奠定了硬件与软件基础。

(3)区域城市层面

一些丝绸之路沿线城市间建立起了友好合作关系，积极开展互动交流。截至2013年年底，西安已与中亚国家的6个城市建立了友好交流城市，分别是阿拉木图、杜尚别、胡占德、奥什、撒马尔罕、马雷；西安与乌鲁木齐、兰州等丝绸之路经济带沿线城市在产业、经贸、科技等领域进行了大量卓有成效的合作与交流。丝绸之路沿线城市间友好合作关系的建立，将为丝绸之路经济带的政策沟通创建便利条件。

二、政策协调面临的问题

1.运输通道建设缺乏顶层设计和整体长远的发展规划

在丝绸之路经济带发展战略提出后，国家层面的顶层设计和发展规划迟迟没有出台，致使沿线省市的发展定位不太明晰，存在着目标定位雷同、缺乏特色、各自为政、单打独斗、铺摊子、上项目等无序现象，存在着不顾中亚国家政治环境与市场实际盲目发展的趋向。尤其是在运输通道建设方面，没有系统的、完整的和全局性的发展规划，重复建设和资源浪费现象此起彼伏。

2.运输通道建设缺乏中国与中亚国家共同组建的多层次参与的、多领域的国际政策沟通协调机制

虽说“欧亚大陆桥”经济发展时期联合国开发署、上海经济合作组织与国务院多部委建立了陆桥/丝绸之路沿线国家、地区、城市发展协调机制，但研究发现这些协调机制的参与层次多限于国家首脑、国家领导人层面和国务院政府各部委的范围内，沟通协调领域主要集中在政治关系沟通与能源合作方面，明显存在着丝绸之路沿线省市参与不足甚至缺位和国家间、城市间、领域内深层合作协调机制建设滞后等现象。以中国西安市为例，在已建立的国际、国内各类政策沟通协调机制中参与度不高，与中亚国家及城市间发展合作机制建设尚无明显进展。

3.运输通道建设各类沟通交流平台的影响力和实际效果不显著

目前，丝绸之路经济带沿线国家和城市都在争相举办各种论坛，然而，目前存在的问题是：有些论坛在内容和形式上存在雷同性；有些论坛缺乏明确定位，讨论的议题与实际脱节，很难转化为具体的行动方案；有些论坛参会人员范围有严格限定，仅限于高层领导或市长、专家等层面，企业人员、实际工作者被排除在外，会议不接地气，会议形成的决议较难落实。在西安举办的面向欧亚地区政商学界对话交流的“欧亚经济论坛”已举办了五届，2015 年即将举办第六届。从历届论坛的实际效果看，论坛内容与区域发展、地方主导产业以及国家战略的对接上还不是很紧密，论坛的社会影响力不够。

第二节　沿线国家运输通道发展的政策壁垒

由于丝绸之路沿线国家在经济、文化、管理水平及建设标准等方面的差异，造成通道交通运输发展中还存在不少困难和问题，存在很多政策性壁垒。主要表现在技术标准、基础设施、干支协调、通行标准和合作机制等方面，阻碍了丝绸之路通道交通运输的健康发展，制约了沿线国家之间的

贸易往来。

一、技术标准壁垒

交通基础设施和运输车辆的技术标准不统一，合作的技术性障碍突出。以中国与中亚为例。①铁路方面，中国使用的标准铁路轨距为 1435 毫米，而中亚、俄罗斯铁路轨距均为 1520 毫米，因此，双方铁路运输在阿拉山口和德鲁日巴站必须进行车皮换装或换轮作业，既耗时又增加成本。这是目前中国与中亚国家铁路运输合作的主要技术性障碍。②公路方面，中国与中亚国家的公路标志和标线差异较大。目前，中国和中亚各国实施两套过境车辆监管标准，都是参照欧盟标准 EC96/53 制定的，同时各自也作了适当的改动，但彼此都不执行对方的监管标准。虽然这两套过境车辆监管标准差别不是很明显，可是产生的影响却很大。③车辆方面，丝绸之路经济带各成员国对厢式货车长度及车辆最大轴负载的限制标准也不一致，中国规定大型汽车长度为 16.5 米，车辆最大轴负载是 11.5 吨，而哈、吉、塔、乌四国规定汽车长度是 20 米，轴负载不超过 10 吨。由于通关费用是以车次计取，中国汽车车型小，运输成本相对就高，从事过境运输业务的企业收益就会受到影响。此外，中国不准许过境车辆超过规定的载重量，不征收超载费用，但大多数中亚国家在缴纳超载罚款后，准许车辆继续前行。由此可见，技术标准的不统一，构成了丝绸之路经济带上沿线国家在铁路、公路运输合作和车辆通行方面的技术性障碍。

二、基础设施壁垒

基础设施是为社会生产和居民生活提供公共服务的物质工程设施，是用于保证国家或地区社会经济活动正常进行的公共服务系统，是社会赖以生存发展的一般物质条件。目前，丝绸之路经济带沿线国家的交通基础设施建设普遍不足，已成为经济带发展的重要瓶颈，主要体现在：

首先，公路基础设施落后。例如，与中国相邻的中亚国家，目前道路建设资金不足，道路等级低、维修保养不足、管理体制不完善、运输组织和管理水平低下，影响整个丝绸之路通道的通行能力。俄罗斯境内符合运营标准的公路不到40%,路况恶劣每年给俄造成的经济损失超过1.8万亿卢布,占其国内生产总值的3%,甚至每年用于公路方面的开支已经超过国防。此外,全国有4万个居民点与外界的道路交通联系无法得到保障。虽然自《关于亚洲公路网的政府间协议》于2004年生效以来,各方所取得的一项重要进展就是建设和更新了很多条亚洲公路。如2005—2013年,大约有2万公里的亚洲公路已升级达到《协议》所规定的最低标准,其他部分也都较之前提升了一个等级。但是,根据联合国亚太经社理事会的统计,估计大约还有1.2万公里没有更新,占整个亚洲公路网的9%的线路仍处于《协议》规定的最低等级之下(见图7-1)。

其次,铁路方面也存在着诸多问题。以中亚为例,"十月革命"后至前苏联解体中亚国家获得独立前的70余年前苏联社会主义建设时期,中亚的铁路网络已经建成和基本完善,且与全苏铁路运输网络联结起来,成为其运输网络的组成部分。中亚国家现有的铁路干线是作为原苏联的"遗产"被接收下来的。到1990年年底,中亚五国拥有的铁路里程为20890公里,虽然铁路干线密度不算很高,但在乌兹别克斯坦和哈萨克斯坦其密度指标分别达到了每1000平方公里7.8公里和5.3公里,高于同期俄罗斯每1000公里5.1公里的指标。

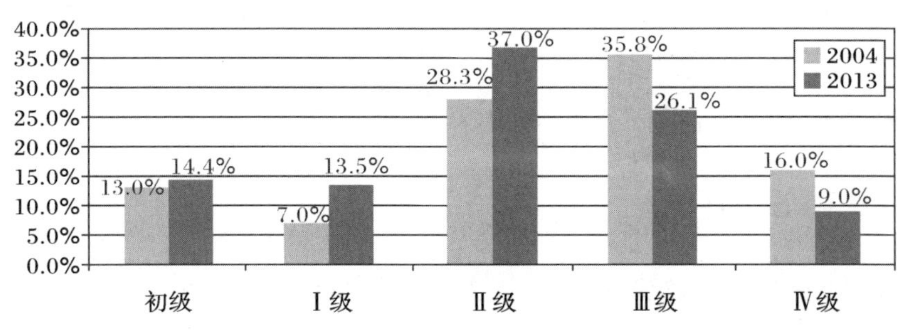

图7-1 亚洲公路各等级分布

三、干支协调壁垒

中亚国家路网是在前苏联体制下构建的,主要围绕莫斯科和前苏联的

其他重要城市布局，中亚国家之间的联系线路不合理，和区外的中国、伊朗、阿富汗等国家运输通道联系不足。新欧亚大陆桥铁路南疆支线只通达喀什，尚未向西联通中亚国家，许多物资联系需要绕道。

建立全亚洲范围内的物理连通，使一国的产品能够更便捷、更快速地到达目标市场，对此亚洲各国早有考虑。但是，这项工程之所以迄今难以取得进展，是因为有许多来自社会、政治、经济和技术方面的阻碍因素。影响亚洲运输一体化进程的技术因素主要包括：①缺少统一的、相互协调的铁路网（例如，缅甸—印度，中国—越南）；②缺少充足的、活跃的陆路官方贸易口岸和相关设施（例如，印度—孟加拉，中国—老挝）；③缺少贸易便利化政策措施（软性基础设施，尤其是在整个亚洲层面上）；④缺少中转贸易（仅有个别例外）。

亚洲国家发展地区运输网络的努力最早始于20世纪60年代，然而直到20世纪80年代也没有取得实质性进展。在整个20世纪80年代和90年代初期，亚洲地区经历了显著的政治和经济变化，不仅扩大了亚洲的对外贸易，而且也加强了区内生产要素的流动。20世纪90年代，各国实行的出口导向型经济增长战略和逐步建立的分散型生产网络，使得该地区物理连通的重要性日益凸显。随着大湄公河以及亚洲其他地区一些运输走廊的陆续建立，对物理连通的需求进一步上升了。但亚洲仍未建立起完整的地区连通，这正说明了加强地区合作的重要性。

四、通行标准壁垒

丝绸之路通道交通运输发展的另一个突出问题是不同国家公路建设的技术标准不统一，公路运输法律、法规和规范不一致，公路运输组织能力存在较大差距，制约了通道交通运输潜力的发挥，阻碍了国际运输的发展。

各国公路建设水平不同，客货运输组织水平不同。目前丝绸之路通道上各个国家公路通行标准不统一，协调性不足。最为突出的问题是车辆的载重规范要求不同、车辆载货的外形尺寸要求不同、车辆的营运速度要求不同、不同国域车辆通行相关证件的要求不同，不同国家运输的衔接工作差。因为通行标准协调性不足，严重阻碍了国际性道路运输的快速发展，也阻碍了丝绸之路通道的通行效率的发挥。

铁路方面,虽然在过去的几年里,丝绸之路经济带的铁路交通建设和互联互通取得了巨大的成绩,但是仍然面临诸多问题,以至于在运输份额上还远远落后于海上路线,欧亚两个经济圈并没有按预期顺利对接,从而影响着丝绸之路经济带的快速发展。主要问题在于:

1. 铁路标准不统一,导致交通对接困难

由于地缘政治和军事战略的考虑,前苏联一直修建的是1520mm轨距的宽轨铁路,继承苏联铁路遗产的中亚各国,自然形成了和欧洲、中国1435mm轨距不同的铁路轨道交通网络,铁路运输的货物不能直接过境,需要吊运换装,这样不仅需要建设更多口岸硬件设施、成本加大,还严重阻碍运输通畅程度,导致货物管理上的混乱,安全性也大打折扣。而为了保持地区的主导性,俄罗斯有意保持中亚地区"1520"型宽轨铁路的统一空间,多次组织中亚各国签署如《1520mm铁路合作统一原则声明》《关于在1520空间发展物流潜力和多功能运输工艺的宣言》等多边条约,巩固1520mm铁路的主导地位,排斥其他国家借由铁路联通对中亚地区施加经济影响力,甚至希望向东欧延伸扩张。即便有些中亚国家希望联通欧亚市场,修建1435mm轨距铁路,也会犹豫于回报率。因为1435mm轨距不能和国内的1520mm轨距并网,不能提供国内运输服务,一旦货源不足,运力闲置,将带来巨大的投资风险。

2. 公路技术标准不同

目前双方公路标志和标线差异较大,实施两套过境车辆监管标准。它们都是参照欧盟标准EC96/53制定的,同时各自也作了适当的改动,但彼此都不执行对方的监管标准。虽然两套过境车辆监管标准差别不是很明显,可是产生的影响却很大。各成员国对厢式货车长度及车辆最大轴负载的限制标准也不一致。由于通关费用是以车次计取,中方汽车车型小,运输成本相对就高,从事过境运输业务的企业收益就会受到影响。此外,中方不准许过境车辆超过规定的载重量,不征收超载费用,但大多数中亚国

家在缴纳超载罚款后，车辆准许继续前行。技术标准的不统一，构成了各个国家进行区域运输合作的主要技术性障碍。

五、合作机制壁垒

虽然丝绸之路通道上各个国家之间有大量的贸易往来，签订了多个合作协议，但是由于经济、社会、文化、管理水平的差异，地缘政治的影响，经济利益的驱动等，在一定程度上影响了沿线国家交通运输协调机制的发展完善，目前长途跨境运输协调困难。

例如，在中国同中亚国家的跨境运输中，在线路开通长度、运输车辆标准和运输承担者选择等方面依然存在不少的争议和不对等现象，签订的运输协议难以真正落实。在汽车运输合作中对方国家单方违反运输协定，为丝绸之路沿线国家的正当运输制造了种种障碍。对于丝绸之路通道的建设和发展问题，沿途各国之间的合作机制仍然不健全，到目前为止仅有上海经济合作组织下设的交通部长会议有了一定的工作进展，但远不能满足整个通道上的合作与发展。

另外，通关手续繁琐，运输成本过高。欧亚陆路物流通道的运输价格和运输时间深受沿途各国通关制度的影响。由于俄罗斯的国内贸易保护主义政策，对连云港驶出的第二欧亚大陆桥采取与其国内第一欧亚大陆桥不同的待遇，导致过境手续复杂，收费标准过高，大大增加了运输成本和运输时间。有数据表明，经由第二欧亚大陆桥的货物在口岸的平均滞留时间占全程时间的30%，其中因单证、海关查验的原因而滞留的占60%。最为典型的例子是，在霍尔果斯口岸，对过境货物的检查需要9个多小时，是前苏联国家之间同类检查花费时间的数十倍。也就是说，丝绸之路经济带内部的运输时间大量耗费在通关程序上，而且路程越远，途经的国家相应更多，所耗的时间也越长，加上沿线各国腐败现象严重，海关人员勒索卡要屡见不鲜，灰色成本大量存在。正因为如此，作为丝绸之路主体的第二欧亚大陆桥尽管比其他路线在距离上要短，但实际运输时间和成本往往会受到不确定因素的制约，影响其竞争力。

此外，还带有政企合一和高度垄断的计划体制色彩的中国铁路与中亚、俄罗斯铁路不彻底的市场化改革，使得很多通道无法满足实际需求，例如新欧亚大陆桥无法按照客户的需求来运营。在政治上，通道沿线各国政府对开发该通道尚未达成共识，政府间跨国协调机制和法律机制严重欠缺，甚至缺少像西伯利亚陆桥运输协调委员会这样由一国牵头的国际协调机制，俄铁对新欧亚大陆桥长期采取消极态度。这些都严重制约了通道的发展。在商务和法律方面缺乏互联互通性，如中亚铁路和海关规定铁路运单的收货人只能为实际清关的真正收货人而不能为多式联运经营人，使得联运经营人无法控货和签发不加限制条件的联运提单，阻碍了国际贸易的正常开展。以下问题也是制约新欧亚大陆桥的老大难问题：多年来中国铁路运能的紧张与中国对中亚、俄罗斯贸易和投资的高速增长的矛盾；边境站换装能力和效率；空车皮供应；境外铁路和海关的配合与腐败问题；运输安全与边境站的偷盗；信息跟踪和客户服务；中国铁路对特种集装箱的不合理运价和对危险品的过分限制等。

六、多式联运壁垒

从目前的实际情况来看，影响丝绸之路经济带开展国际多式联运的障碍可以从“物理”和“非物理”两个方面进行分析。“物理”上的障碍主要指的是开展国际多式联运的通道建设的滞后和丝绸之路沿线自然环境的影响。

1.通道建设上的障碍

以丝绸之路中国段为例，通道建设的障碍主要表现在：

①交通、通讯干网的密度低，技术水平不高。丝绸之路中国段11个省区目前铁路网密度和人均拥有量只相当于全国平均水平的77%～79%，公路网平均密度和人均拥有量只相当于全国平均水平的81%～83%，电话普及率也只相当于全国平均水平的60%。而且，基础设施装备水平低，铁路复线率、电气化率占铁路营业里程的比重与世界先进水平相比有较大差距，沿线公路仍然以二级路和三级路为主。另外，沿线地区综合通讯能力仍然严重不足，供需矛盾突出。

②丝绸之路沿线运输网络布局不够合理，运输能力不平衡。沿桥地区铁路公路东部地区较密，西部地区较稀。港口装卸设施比较落后，集疏运不畅，为集装箱配套的枢纽港尚未形成，民航机场尚未形成干支合理分工、衔接配套的合理布局。陇海、兰新线的总体通道水平比较低，骨架十分薄弱。兰州至乌鲁木齐长达1810公里，只有一条兰新铁路通道，未形成网络，各条干线都处于超负荷状态。

③配套基础设施建设和管理协调机制滞后。目前新欧亚大陆桥路轨已经接通，但基础配套设施建设还没有跟上，如车站、仓储、通讯，供水及后勤保障系统都不健全。

2.自然环境的障碍

①丝绸之路经济带沿线，特别是中国西部和中亚地区的自然环境较为恶劣，山脉和沙漠较多。在宝鸡—天水之间的155公里路段，就有隧道126座，桥涵707座，经常发生山洪、塌方、泥石流等事故，通车40年来一直没有得到解决。

②地震的预防与治理。中亚各国是地震活动频繁的地区。其中德鲁日巴至阿克斗卡为6～7级地震带，阿拉木图及其周围处在9级地震带，塔什干、江布尔及其附近为7～8级地震带。

③水灾的预防和治理。新欧亚大陆桥的西部桥头堡鹿特丹港位于荷兰的低地部分，港区低于海平面1米左右，荷兰全国低于海平面的地区占总面积的38%。由于愈加严重的温室效应会导致海水上升，河流倒灌，荷兰绝大部分国土有可能被水淹没，而鹿特丹首当其冲。

物理上的障碍固然是影响丝绸之路开展国际多式联运的重要因素，然而，一些非物理的障碍却成了影响丝绸之路开展国际多式联运的主要因素。具体表现在：

①缺乏一个相互信任、密切配合，运转高效的协调机制和政策软环境。大陆桥沿线各国的政治制度、经济制度、经济基础、历史文化等方面都存在着较大差异，这就使得开展国际多式联运存在着技术和质量标准不一致、信息沟通不畅、运输安全保障不完善、组织协调困难等问题。

②沿线国家的法律法规不统一，尤其是中亚国家管理规章透明度不高，管理效率低下，这就无法为丝绸之路开展国际多式联运提供一个高效、公平的法律保障。

③运输信息不畅，通关程序繁杂。尽管沿线各国在各自范围内已经建立了较为畅通的信息交流平台，但是在整个陆桥运输过程中却不能及时地进行信息沟通，对外信息发布工作比较滞后，不能及时向货主提供必要的货运信息。也不能提供集装箱的跟踪管理信息，使得通关程序变得复杂，造成平均运输速度慢，运费高，货物在口岸长时间滞压和缺损。

④国际货运代理制度不完善，货运代理人的法律地位不清晰。丝绸之路开展国际多式联运的货运代理人制度还不完善，货代与国际多式联运承运人、托运人之间的法律关系，货代的职责和权利没有明确规定，使开展国际多式联运的风险增大，这也是影响丝绸之路开展国际多式联运的重要因素。

七、财政能力壁垒

由于丝绸之路经济带上的沿线国家多为发展中国家和欠发达国家及地区，不同国家和地区基础设施建设方面的投资能力有限，这也是丝绸之路经济带交通基础设施建设过程中的重要瓶颈问题。以中吉乌铁路的修建为例:2008 年 6 月底，中国、乌兹别克斯坦和吉尔吉斯斯坦三方同意了建设连接东亚和欧洲以及中东国家的铁路建设项目。在条件合适的情况之下，该铁路的建设能给予中亚国家一条通向太平洋的通道。一旦铁路得以修成，中欧距离将会缩短 900 公里，新疆又多了一条向外的通道，新疆的国际通道由原来的一条变为两条。从喀什经新欧亚大陆桥南通道到德黑兰的距离为 2850 公里，比喀什到兰州的距离还短 340 公里；到安卡拉的距离为 5050 公里，比喀什到上海的距离还短 330 公里；到以色列和埃及的距离约为 5350 公里，比喀什到广州的距离还短 630 公里。乌鲁木齐经由大陆桥到莫斯科、汉堡、伦敦的距离比北京、上海、广州分别近 3340 公里、4100 公里、4680 公里；乌鲁木齐经由大陆桥到纽约的距离比北京、上海、广州现经太平洋航线分别近 7800 公里、6380 公里、8300 公里。这种变化必将对

未来新疆经济和社会发展带来巨大影响。新疆日益成为西部乃至全国与中亚、西亚和欧洲联系的桥梁与枢纽，成为中国向西开放的最前沿。

中吉乌铁路可行性研究报告已经完成。根据初步的技术经济论证，仅对吉尔吉斯坦境内的铁路建设就需要投资13.5亿美元，但是吉尔吉斯坦专家认为，考虑到材料成本价格上涨，建设预算最终将上升到20亿美元，最终造价只有作出完整的技术经济论证后才能知道。而吉尔吉斯斯坦是一个高山上的国家，全境海拔在500米以上，其中1/3的地区在海拔3000～4000米之间，分布在该国西南部和北部边缘一带的低地只占总面积的15%。吉尔吉斯斯坦国土面积20万平方公里，人口558万，GDP只有59亿美元，经济落后，属于世界最不发达的国家之一。因此，中吉乌铁路的修建对于吉方的经济负荷十分明显，这也成为中吉乌铁路修建过程中的重要瓶颈。

八、利益博弈壁垒

以中国和中亚五国为例，在利益博弈的驱使下，使双方交通运输通而不畅。2001年，联合国国际开发署为重振丝绸之路，针对中国和中亚五国专设研究项目：丝绸之路地区的发展规划——丝绸之路地区发展过境运输走廊的制度潜力增长研究。该研究表明，影响丝绸之路运输体系的最大障碍是各国名目繁多的收费以及官员的腐败。中亚国家间汽车货运的运费占货物抵达目的地总费用的60%，其他40%的费用是过境费9%、装卸及仓储费9%、潜在费用8%、海关规费6%、保险费5%、道路使用费3%。铁路运输费用占总货物运输费用的50%～80%。如乌兹别克斯坦对不同的国家征收不同的入境费，对吉尔吉斯斯坦和哈萨克斯坦车辆征收300美元，对塔吉克斯坦车辆征收130美元，对非独联体国家车辆征收400美元。另外，乌兹别克斯坦向其他国家过境车辆还征收海关护送费。相邻各国对乌兹别克斯坦的收费规定表示不满，为此塔吉克斯坦也专门针对乌兹别克斯坦的车辆征收海关护送费用。中国对有过境许可证的车辆不征收入境费，无许可证的车辆不准入境。总之，虽然各国政府及相关部门都表示出振兴丝绸之路、建立欧亚大陆运输走廊的强烈愿望，但在涉及利益冲突时，又将本国的利益摆在第一位。这也是欧亚第二大陆桥通而不畅的最主要因素。

另一方面,关于中吉乌铁路的修建。考虑到经济和政治利益关系,吉尔吉斯斯坦曾经拒绝参与中吉乌铁路的修建,导致该项目陷入僵局。建设横跨中国与中亚的大铁路构想提出已有十多年,而至今未能实现,除吉尔吉斯斯坦国内政治干扰之外,深层原因在于俄罗斯对中亚地区的地缘政治影响。在中吉乌铁路项目上,俄罗斯很失落,不乐见该项目的实施。对美国主导的中亚石油和天然气管线的分布和走向,俄罗斯也向来持警惕态度,视为对其地缘政治利益的严峻挑战。正如有人所说,尽管中亚已不属于俄罗斯,但俄罗斯还是惯性地对外来的陌生人满怀戒心。中吉乌铁路项目的实施能够为相关国家都带来繁荣,也倚赖所有国家的政治稳定。但是,俄罗斯在中亚仍是一个巨大的地缘政治存在。只要俄罗斯是一个消极的旁观者、甚至是计划的掣肘者和破坏者,该项目的成功实施和顺利推进恐怕就会遥遥无期。俄罗斯在中亚的建设性能量有限,但其"破坏性能量"却不容低估——这已被中亚发生的许多重大政治事件一再证明。当然,即使没有俄罗斯掣肘,美国等西方国家也同样会挑动各种"中国威胁论"来阻挠这一项目。美国更希望中亚陷入动荡,以便从中渔利,满足其在中亚地区的战略利益。之前美国曾经提出以丝绸之路命名的计划,却将中国等相关国家排除在外。实际上,俄罗斯无力而美国无意在中亚推进类似的宏大发展项目,只有中国有能力也有善意,希望在中亚地区发挥建设性作用。中国无意于利用铁路损害俄罗斯的利益,中吉乌铁路项目将是上海经济合作组织框架内深化合作的具体体现,对该组织会带来更多向心力。

第三节　丝绸之路经济带通道运输政策协调的必要性

习近平总书记提出的"政策沟通、道路联通、贸易畅通、货币流通、民心相通"是丝绸之路经济带建设的 5 个重要途径。政策沟通是运输通道建设和发展的重要前提,是"五通"中的关键环节,地位突出,举足轻重。政策沟

通主要涉及国家、地区、城市间政治友好交往关系的建立,合作意愿达成,战略政策与发展规划制定,经济、贸易、旅游文化市场信息互通,法律法规衔接以及互通便利机制创建等多方面内容。只有搭建起政策沟通的平台与机制,促进丝绸之路经济带诸国、地区、城市间政治、法律、政策、信息的及时沟通协调,才能有效地保障和促进道路联通,实现丝绸之路经济带运输通道建设和发展的远景目标。丝绸之路经济带通道运输政策协调是指丝绸之路沿线各国在制定和执行国内政策的过程中,通过各国间的磋商等方式对通道运输政策进行共同调整。从广义上讲,凡是在国际范围内能够从通道运输角度对各国国内宏观经济政策产生一定程度制约的行为,均可视为通道运输政策协调。

一、促进政治互信与合作

丝绸之路经济带沿线国家和地区之间必须加强政治互信,必须摒弃历史遗留下来的不利影响,在此基础上才能顺利开展合作。以中亚地区为例,中亚诸国在古代有的曾经长期处于中国的统治下,所以对中国怀有戒心,在近现代有的长期处于沙俄与前苏联的统治下,和中国也长期处于对峙状态,民间的交往也比较少,双方缺少政治信任。通过丝绸之路经济带的政策协调,将能进一步促进中国和中亚国家的政治互信。

中亚地区处于地缘战略要冲,又是东西文明的交汇点,更是近年来宗教极端势力的发源地。新丝绸之路构想以经济合作为先导与基石,以政治合作为前提与推进手段,以促进文化交流、化解安全风险为重要目标,是具有前瞻性的综合战略规划。经济发展为基础设施建设准备了物质条件,提高了各国参与合作的意愿。政治合作消除了开展经济合作的各种人为障碍。经济发展与政治合作有助于化解安全冲突,消弭宗教极端势力滋生的温床。伴随着政治、经济活动而展开的文化交流,最终将促进东西方文明的融合。政治、经济、安全、文化目标并行不悖,使得新丝绸之路构想具有突出的稳定性,不至于被安全冲突打断,反而能抑制安全冲突。

二、有利于建立丝绸之路经济带的“大市场”

市场经济的发展，需要有畅通的人流、物流和资金流，实现生产要素的充分竞争。通过加强丝绸之路经济带通道运输政策协调，可以加强丝绸之路经济带沿线国家的经济一体化的发展。同时，和吉尔吉斯斯坦、塔吉克斯坦等加强政策协调，建立立体化的交通建设，加强经贸、旅游、能源和金融的合作，实现生产要素跨地区、跨国家的流动，逐步形成统一的市场，增加市场容量。

1. 经贸方面

中国已成为中亚国家最主要的贸易伙伴，分别成为哈萨克斯坦、乌兹别克斯坦、吉尔吉斯斯坦和塔吉克斯坦的第二大贸易伙伴。中国对中亚国家的直接投资快速增长，已成为乌兹别克斯坦、吉尔吉斯斯坦第一，塔吉克斯坦第二大投资来源国。未来中国与中亚国家在经贸、金融、投资等领域合作将不断扩大，经济合作的内容将更加丰富，规模将进一步扩大。

2. 旅游资源方面

丝绸之路沿线旅游资源丰富，发展旅游产业具有广阔的前景。丝绸之路旅游资源集文物古迹、自然风光和民俗风情三位于一体，文化古迹更具特色，有重点文物保护单位 1322 个，历史文化名城 31 个，国家重点风景名胜区 26 个，世界自然文化遗产 5 个。中国六大塔林——灵岩寺塔林（山东）、神通寺塔林（山东）、风穴寺塔林（河南）、少林寺塔林（河南）、栖岩寺塔林（山西）、青铜峡塔林（宁夏），均在丝绸之路带上。古丝绸之路集中了东西方多民族文化交融的光彩，尤以佛教建筑中的石窟寺类型最为突出，中国境内沿线有国家级石窟寺 11 座，占全国的 1/3，是中国古代建筑、雕塑、绘画艺术的瑰宝。丝绸之路旅游业具有巨大的市场潜力，两端连接着世界国际旅游市场。目前欧洲年接待国际旅游人数占世界的 64％、亚太地区的 11％，二者共占世界旅游总人数的 75％。

3. 能源方面

丝绸之路交通通道对于沿线各国的另一重大现实意义是实现能源流通安全。以中国为例，随着中国经济的进一步增长，中国对能源的需求越来越大，但是中国能源进口路线太过于依赖马六甲海峡，中国原油进口的80%经过该海峡，如此高度的依赖使中国的能源进口存在着不确定的风险。马六甲海峡是一条高风险的海道，不仅海盗问题没有得到真正解决，而且大国在此的博弈也相当微妙。如果中国仅仅依赖于这条海峡通道，那么中国能源进口的脆弱性将会愈来愈高。丝绸之路交通通道的重建对于中国能源进口通道的多元化、提升中国的能源安全具有重要现实意义。而且，丝绸之路经济带基本通过油气资源丰富的地区，如俄罗斯、中亚和西亚。中国除了在丝绸之路沿线修建铁路和公路之外，还可以修建油气管线。目前已经建成的有从哈萨克斯坦的阿塔苏到新疆的阿拉山口的中哈石油管道，并于2006年开始正式输油。中土天然气管道也于2009年12月开始送气。可以预见，以这两条管道为基础，运送西亚、俄罗斯的油气资源将可能实现。

三、有利于加强区域一体化

区域一体化和全球一体化是不可逆转的时代潮流。中国也一直致力于推动东亚一体化，其战略目标是在中国周边建立起融为一体的战略依托，但东亚一体化遇到了交通瓶颈。目前的现状是，中国国内和东南亚内部都有比较发达的交通网络，但两个区域之间却缺少高效的交通方式连接。中国与东南亚之间除了昆曼公路之外，没有更多的高等级公路，更没有正式的铁路相连。同样，中国与南亚和中亚的区域内互动与区域间互动也存在着巨大的反差。相比东欧、西欧、南欧和北欧的区域连接来说，亚洲次区域的条块分割状态还十分严重，区域间的互动比起欧洲来说要弱很多。而丝绸之路经济带交通网络的建成将大大增加中国与东南亚国家的互动强度，从而催生出更强烈的东亚认同意识，东亚一体化的瓶颈就可以获得新的突破。不仅如此，中国与西亚国家和中亚国家，甚至包括南亚国家在内的亚洲一体化进程也将逐步呈现。

四、有利于通道运输的畅通化

中国与中亚国家铁路运输合作的咽喉段，即第二欧亚大陆桥桥头堡的阿拉山口站与德鲁日巴站，近年时常发生堵塞和延误换装现象，已严重影响了中国与中亚国家之间的经贸合作。这里既有原有基础设施建设滞后、车站换装设施不足、跟不上货运量急剧增长需要的原因，更有双方政策不协调、标准不统一的问题，造成运输资源的浪费。铁路有效运力不足矛盾的日益突出，已成为中国与中亚国家经贸合作正常发展的重要掣肘因素。因此，从政策层面加强丝绸之路通道交通运输的政策协调，有利于通道运输的畅通化，提高丝绸之路通道运输效率。例如，中国有两条铁路与哈萨克斯坦连接，一条是在阿拉山口，一条在霍尔果斯口岸。在这一口岸依托铁路，中哈两国已建立起跨国国际合作中心与国际合作区，预计到2018年货运量可达到2500万吨。中哈两国铁路、公路的相通，意味着中国与中亚各国都相连接了起来。之后，再建中吉、中乌铁路，就可以形成较为完整的中亚立体交通网。

五、有利于通道交通运输成本的减量化

中国与中亚国家交通运输合作还存在效率低下、成本居高不下的障碍，这也严重影响了双方交通运输合作的进一步发展。目前中国与中亚国家交通合作中的公路，特别是铁路运输成本高，尤其是在一些低价值商品的交易中，运输成本甚至高于商品本身的价值。如何提高运输效率，降低运输成本，已是双方亟待解决的重要课题。目前，由于双方公路、铁路部门国有化成分高和改革的滞后性、复杂性，加之垄断运营所易产生的腐败因素，运输成本仍呈上升趋势。因此，制定通道交通的发展规划、基础设施建设以及双边、多边运输协议、协定、纪要的签署和管理，进一步深化各成员国的交通运输合作与交流，建立健全稳固高效的双边和多边对话协调机制，是解决丝绸之路经济带通道运输成本居高不下问题的重要措施。

第四节 政策协调的途径

一、构建交流平台，促进政策协调

从目前的地域整合看，丝绸之路经济带包括了“中国西北—中亚段”“中亚—俄罗斯—欧洲段”“中亚—西亚—北非段”“中国中东部—东亚段”等地区。每一段经济带的建设，都需要相互通汇的黏合剂。强化丝绸之路经济带的沟通平台，可以有助于防止各段断裂、加速资源整合、加强文化认同、扩大辐射区域的黏合作用，这个沟通平台也将是防止重复建设、防范低水平恶性竞争的重要支撑。通过联合国亚太经社会、中国—东盟交通部长会议、上合组织交通部长会议、大湄公河次区域的经济合作、中亚区域经济合作平台，倡导制定区域互联互通的发展规划，并取得了积极效果。同时，国内各地搭建起形式多样、面向国内外的政策沟通交流的各种“论坛”“洽谈会”和“博览会”平台。未来需要继续完善和坚持新欧亚大陆桥的“丝绸之路市长论坛”“大陆桥论坛”“欧亚经济论坛”“中国内地丝绸之路城市市长圆桌会议”以及由陕西省城市文化研究会主办的“大关中论坛”等。还有丝绸之路沿线各省市举办的各种“洽谈会”和“博览会”，如新疆举办的“中国欧亚博览会”、兰州举办的“兰州贸易洽谈会”(丝绸之路兰州国际贸易洽谈会)、青海举办的青洽会等，以及拟举办的“向西开放论坛”和“中国(循化)—土库曼斯坦经贸论坛”、宁夏举办的“中国—阿拉伯国家博览会”、西安举办的“欧亚各国投资贸易博览会”、“西部商贸洽谈会”(中国丝绸之路经济带国际博览会)和“中国西部国际博览会”等。通过区域性的交流平台，积极推动丝绸之路经济带沿线国家和城市间的互动交流，着眼交通基础设施建设，促进沿线运输通道的建设和发展。

二、加强投资协作，推动基础设施建设

众所周知，国际交通基础设施的建设周期长、技术含量高、投资巨大，对于中亚、东欧等经济相对落后的国家来说，单靠一国之力难以承担，这就

需要通过丝绸之路经济带内各国运用国际金融、投资、技术合作等多种方式，加快该地区的运输基础设施的更新换代，提高交通设施的工艺水平，增加铁路机车和标准货柜的保有量。重点协调解决中亚等国与其他国家铁路轨道并轨问题，尽可能采取统一的轨距标准。这里要说明的是，虽然最终要实现铁路交通标准的国际统一化，但在现阶段，各国可以采取多种轨距并存方式，即中亚国家可以修建1435mm轨距的铁路，而中国和其他国家也可以在自己国内修建1520mm轨距铁路，然后与现有的邻国铁路实现同轨距“道路连通”，最大限度地避免轨距标准之争干扰丝绸之路经济带的实际推进。同时，也应该配备购买同类标准的物流装卸、搬运等工具，尽量减少由于标准不一造成的物流时间的无谓增加。在此基础上，逐步规范、制定统一的物流作业流程，精简作业环节，提高作业效率。目前，一些丝绸之路沿线国家已经在这方面进行了尝试。哈萨克斯坦在世界银行的支持下，制定了“2020年前国家交通基础设施一体化及发展规划”，计划对3万公里的干线公路进行翻修，2020年前将4500公里的国道建成为一级公路。铁路建设现代化是哈萨克斯坦发展交通运输中的一个重点，要建设若干新的铁路线，还有翻修650个火车头、2万个货运车厢和1138个客运车厢。另外，哈萨克斯坦、俄罗斯、白俄罗斯三国的铁路部门还要在运营联合运输物流公司的框架内，解决基于同一窗口、统一规程、相同定价标准等原则基础上的一体化服务。

三、加强信息交流，建立信息共享平台

信息的及时公开与共享，是丝绸之路经济带内交通物流能否通畅以及通畅程度如何的前提条件，也是经济带发展成型的必要保障。欧亚大陆桥建设和国际交通物流对接所面临的国际法问题的特点是法律主体多元，法律关系极广，法律规则复杂，仅国际货物运输的条约就有《关于统一提单的若干法律规定的国际公约》《关于铁路货物运输的国际公约》《关于修订统一提单若干法律规定的国际公约议定书》《统一国际航空运输某些规则的公约》《修改华沙公约的议定书》《国际铁路货物联合运输协定》《联合国国际货物多式联运公约》等。此外，国际经贸往来还涉及国际投资、知识产

权、国际货物买卖、国际支付、对外贸易管理等领域，每个领域下面的国际条约也数量可观，比如共建铁路大通道可能涉及的国际投资公约就有《华盛顿公约》和《汉城公约》，这样一来，需要考虑和适用的国际条约数量将成倍增加，涵盖了国际法的方方面面，倘若沿线各国加入的是不同的公约，协调的难度更大。最佳的办法当然是签署丝绸之路经济带全面合作协定，统一规则，但短期内难以做到。所以信息的交换和公开就显得尤为重要，要积极建设经济带内高效便捷的公共信息平台，增加各国政策法规的透明度，保持物流的高效有序，利于彼此深度合作。在此基础上，研究、推动某些规则渐进式统一，比如通关流程以及禁运物品清单的统一，为最终的多边统一条约的协商制定奠定基础。

四、完善和健全纠纷解决机制

丝绸之路经济带沿线各国的制度不一，利益各异，通道建设与货物运输过程中的纠纷难以避免，因此，构建争端解决制度是保障整个经济带交通物流乃至经济交往所必不可少的制度性安排。加上经济带内经济主体众多，又涉及跨国跨境，诉讼程序繁琐，又有相当程度的地方保护主义作祟，司法公正备受质疑。如果没有一个公平的司法环境，没有统一、便捷、高效的纠纷解决机制，就无法消除各国企业的疑虑，阻碍经济带内贸易项目的合作，也就无法推动丝绸之路经济带的一体化进程。所以，要建立和完善以国际铁路运输以及延伸的物流、外贸等方面的争端解决机制，以公平、公正的司法环境消除贸易壁垒、减少相互猜忌，畅通整个经济带内经济发展的法治环境。

五、加强货币流通与金融合作

丝绸之路经济带沿线各国要实现真正意义上的一体化发展，必须加强货币流通和金融合作。作为丝绸之路经济带的发起者和重要国家的中国，尤其要带头推动金融领域的工作。

首先，进一步扩大人民币在丝绸之路经济带跨境贸易和双向投资中的使用。积极推进人民币作为中亚地区性国际账户结算标准货币；要统筹考虑为有需要的国家建立人民币清算行安排，同时加快建设人民币跨境支付系统(CIPS)等金融基础设施；鼓励境内外机构和个人使用人民币进行跨境直接投融资，鼓励境内外银行为跨境项目提供人民币贷款。

其次，促使更多的沿线国家加入“亚洲基础设施投资银行”(亚投行)。亚投行是一个政府间性质的亚洲区域多边开发机构，旨在促进亚洲区域的建设互联互通化和经济一体化的进程，并且加强中国及其他国家和地区的合作。丝绸之路经济带的基础设施建设也是其重点支持的对象之一。亚投行作为丝绸之路经济带国家投资建设的一个重要融资渠道，可有效促进中国与周边国家的基础设施建设，加强中国与周边国家战略合作，促进和深化同周边国家经济合作，拓展经贸关系，带动国内企业“走出去”，消化国内富余产能。

第三，进一步开放银行间债券市场。截至2013年年底，在26家获批投资银行间债券市场的境外央行中，有10余家来自丝绸之路经济带地区，在促进中国债券市场对外开放的同时，有力推动人民币国际化。

第四，培育丝绸之路经济带内的次区域性金融中心。新疆是连接中亚、南亚和西亚必经之地，理应成为丝绸之路经济带货币兑换、结算、投资、融资的货币流通集散地和次区域金融中心，成为连接中国东部金融城市和欧洲金融中心的枢纽，承担起推动人民币区域化与国际化的战略重任。时机成熟时，可考虑在乌鲁木齐(位于东六时区)设立区域性证券交易所，面向中亚，主推国际板，与国内香港、上海、深圳三个证券交易所的交易时间前后衔接，增加交易时间。

第五节　政策协调的思路和对策

一、加强政策协调的顶层设计

丝绸之路经济带沿线国家应联合制定运输通道发展规划，确立国家合作发展目标和地区合作发展目标。尤其是中国应组建由国家各部委、丝绸之路经济带沿线省、市相关部门、行业等多元参与的政策沟通协调机构，负

责统筹协调中国与中亚国家运输通道建设及合作发展的重大事项，以杜绝当前各地的盲目、盲动、无序发展、分散行动现象。另外，促进完善"新欧亚大陆桥"时期国际组织建立起的协调沟通机制，扩大协调领域、加深协调层次，继续为丝绸之路经济带的政策沟通服务。

二、提高政策协调平台的质量和社会效益

评估历届"论坛""博览会""洽谈会"的影响力和社会效果。精简整合内容相近的"论坛"，拓展办坛思路和视野，创新内容和机制，促进论坛对话内容与区域重大项目相结合、主题议题与地方主导产业相结合、国家级平台与城市亮点相结合，实现论坛框架下的经济活动与地方发展战略形成互动，尤其是加大丝绸之路运输通道建设论坛的比重，提升运输及物流博览会、洽谈会的外向度，打造品牌效应，提高影响力和社会效益，吸引中亚国家更多的城市和企业加入丝绸之路运输通道的建设和合作。

三、推进中国与中亚国家的运输通道合作进程

中国与中亚国家运输通道建设合作深度不仅取决于运输及物流往来的经济收益，更决定于政治关系。中国在整个中亚的政治社会影响力不及美、俄，贸易额不及欧盟。所以，中国应清醒地认识到这些劣势，运输通道的发展目标不宜定得过高，在合作时要充分考虑到中亚特殊的地缘政治状况，以及各国的不同政治环境，逐步推进。以中国西安市为例，应重点做好与中亚国家运输通道政策沟通的基础性工作：①加强西安与中亚国家的基础设施平台建设，制定具体项目实施方案。②加快在中亚国家设立运输通道建设办事处，以办事处为平台，广泛搜集中亚国家的运输通道及物流的相关信息，为进一步加强中国与中亚国家的运输通道建设及物流发展服务。

第六节　本章小结

政策协调是破解丝绸之路经济带运输通道发展障碍的重要手段。首

先，本章对丝绸之路经济带上沿线国家在运输通道建设和合作层面的发展现状和存在问题进行了分析，沿线国家已在国家层面、区域层面和城市层面初步建立起了政治互信与政策沟通的情感基础、法律框架和组织协调机制，为丝绸之路经济带运输通道建设在政策沟通上奠定了基础、积累了经验。但是，还存在缺乏顶层设计和协调平台效率不高等问题。其次，从技术、基础设施、干支协调、通行标准、合作机制、多式联运、财政能力和利益博弈等方面探讨了丝绸之路经济带沿线运输通道发展存在的政策壁垒，给出了政策协调的必要性分析。第三，从交流平台、投资合作、信息共享、纠纷机制和金融合作的角度提出了丝绸之路经济带运输通道政策协调的途径。最后，提出了加强顶层设计、提高平台质量和效益、推进与中亚国家运输通道合作进程的政策协调思路和对策。

第八章 互信互补导向的合作平台与合作机制创新

第一节 丝绸之路经济带运输通道建设与合作平台

中国与丝绸之路经济带沿线的国家和地区积极开展国际运输及通道建设合作,利用现有的合作平台,开拓深化通道建设交流和合作,目前已经取得了明显进展。

一、高层部长级互通平台

丝绸之路通道建设与合作需要建立高层部长尤其是交通部长级互通交流机制。实际上,目前丝绸之路沿线的许多国家和地区已经建立了良好的高层部长级对话机制,如中国—哈萨克斯坦、中国—俄罗斯等双边高层部长互通交流机制已经建立起来,欧亚交通部长级会议也已经建立相关制度并落实。

在 2005 年 9 月 27 日召开的欧亚交通部长级会议上,来自阿塞拜疆、白俄罗斯、捷克等 16 个国家的交通部长和部长代表就加快新丝绸之路和欧亚大陆桥的建设、促进欧亚交通运输合作进行了深入探讨和广泛交流,并于会后发表了《部长联合声明》(北京联合声明),一致认为欧亚各国加强在公路建设、运输领域的相互合作,在国际组织和国际金融机构的支持下,进一步发展欧亚运输通道的道路基础设施建设,建立完善的跨境、过境便利运输法律框架,消除道路运输中的人为因素及官方程序所造成的非物理障碍,实现欧亚间道路运输便利化,将有利于推动亚洲和欧洲经济、贸易的发展。

与会部长们注意到，近年来欧亚大陆在道路基础设施建设方面取得的实质性进展以及各国致力于推动道路运输发展的决心，为进一步扩大欧亚交通运输合作提供了良好基础；意识到非物理障碍仍是道路运输进一步发展中的主要障碍；牢记道路运输安全对保障欧亚大陆经济发展和社会稳定的重要性；认识到加强欧亚各国间的道路运输合作、协调发展道路基础设施、形成欧亚运输通道和网络对实现过境运输的重要性；还认识到相关国际组织和国际金融机构在推动欧亚国际道路建设和运输发展所发挥的积极作用；充分认识到为内陆国经贸发展提供道路运输便利的必要性。

部长们决心致力于加强在国际道路建设和运输领域里的友好互利合作，促进欧亚大陆经济的繁荣和社会进步；加快交通基础设施建设，建立欧亚道路运输通道，为道路运输提供基础保障；鼓励各国采用联合国有关国际道路便利运输公约，创造有利的跨境和过境运输条件，进一步消除欧亚道路运输通道上人为因素和官方程序所造成的非物理障碍，以实现欧亚道路运输的便利化；建立一个开放的和可持续发展的一体化交通运输系统，为道路客货运输提供安全、高效和可靠并有利于环保的服务；采取有效措施，消除国际道路运输中的潜在危害，提高对道路自然灾害损害的应急反应能力，保障车辆和人员的安全；探讨建立一种合作机制的可能性，以便欧亚各国经常就道路运输发展的最新信息和先进技术开展交流；吁请相关国际组织和国际金融机构协助发展欧亚道路运输通道；敦请国际道路运输联合会（IRU）继续在促进国际道路运输方面发挥积极作用。

但专门针对整个丝绸之路通道建设与合作的多边高层部长互通机制仍不完善，需要丝绸之路沿线国家和地区进一步推动高层部长级协调机制，共同构建丝绸之路通道建设与合作的新平台。

二、国际合作组织平台

目前，关于丝绸之路通道建设与合作的有关国际合作组织较多，如欧亚经济论坛、上海合作组织、博鳌亚洲论坛、国际道路运输联合会等，这些国际合作组织为丝绸之路通道的建设与合作起到了重要作用。

1. 欧亚经济论坛

欧亚经济论坛发起于2005年，是一个以上海合作组织成员国和观察员国为主体，面向上海合作组织所覆盖的广大欧亚地区的、开放性的高层次国际会议。欧亚经济论坛总部设在西安，每两年举办一次。

欧亚经济论坛旨在促进欧亚地区各国相互了解、扩大合作。欧亚经济论坛致力于探求和发展新型区域对话与合作模式，促进中国中西部与中亚及俄罗斯建立全方位、多层次的沟通渠道和合作平台，是一个立足高端、务实合作、品牌化运作的论坛。该论坛包括旅游合作会议、市长圆桌会议、能源合作会议、金融合作会议等，为论坛的高端定位打下了一定的基础。

首届欧亚经济论坛，是经国务院批准，由上海合作组织、国家开发银行和联合国经社理事会主办，博鳌亚洲论坛协办，西安市人民政府和北京当代世界发展研究院共同承办的一次重要会议。它既是一次加强中国与中亚国家、欧洲国家友好往来，共同推进国家、地区之间经贸合作与经济发展的盛会，也是一次重现丝绸之路辉煌，促进欧亚大陆共同繁荣与复兴的盛会。成功举办欧亚论坛，无论是服务国家对外经济合作与交往，还是促进西部大开发战略深入实施和加快西安国际化进程，都具有十分重要而深远的意义。

前四届欧亚经济论坛均从社会经济发展的核心入手，关注经济的交流和贸易的促进，但对于丝绸之路通道的研究还未涉及。然而，从第五届欧亚经济论坛开始，交通通道建设与发展成为一项重要议题。

2. 上海合作组织

上海合作组织是中国、俄罗斯、哈萨克斯坦、吉尔吉斯斯坦、塔吉克斯坦和乌兹别克斯坦六国组成的一个国际组织。上海合作组织的基本组成见表8-1。成员国总面积为3018.9万平方公里，即欧亚大陆总面积的3/5，人口约16亿，为世界总人口的1/4。上海合作组织进程中形成的以“互信、互利、平等、协商、尊重多样文明、谋求联合发展”为基本内容的“上海精神”，是本地区国家几年来合作中积累的宝贵财富，应继续发扬光大，使之成为新世纪上海合作组织成员国国家关系的基本准则。

上海合作组织是上述六国于 2001 年 6 月 15 日在中国上海宣布成立的永久性政府间国际组织。其宗旨是:加强各成员国之间的相互信任与睦邻友好;鼓励成员国在政治、经贸、科技、文化、教育、能源、交通、旅游、环保及其他领域的有效合作;共同致力于维护和保障地区的和平、安全与稳定;推动建立民主、公正、合理的国际政治经济新秩序。上海合作组织对内遵循“互信、互利、平等、协商、尊重多样文明、谋求共同发展”的“上海精神”,对外奉行不结盟、不针对其他国家和地区及开放原则。上海合作组织成员国政府首脑理事会每年举行一次例会,重点研究组织框架内多边合作的战略与优先方向,解决经济合作等领域的原则和迫切问题,并批准组织年度预算。

表 8-1 上海合作组织的基本组成表

成员国	中华人民共和国、俄罗斯、哈萨克斯坦、吉尔吉斯斯坦、塔吉克斯坦、乌兹别克斯坦
观察员国	伊朗、巴基斯坦、阿富汗、蒙古、印度
轮值主席国	土库曼斯坦、独联体、东盟
对话伙伴国	斯里兰卡、白俄罗斯、土耳其

资料来源:上海合作组织资料整理.

自其成立以来,上海合作组织为各成员国的经济合作与促进发展提供了有力支撑,特别是在 2002 年建立了交通部长会议机制。上海合作组织交通部长会议成立于 2002 年,是该组织框架下成立较早的部长会议机制,历年的交通部长会议均得到各成员国的充分重视,并取得较好的成绩。

2009 年,上海合作组织成员国交通部长会议达成 8 项共识,分别是:

①责成本组织各成员国专家根据本组织的共同利益和经贸合作发展的需求,制订本组织成员国公路协调发展规划(主要方面),并在此基础上确定新的公路基础设施示范项目。

②借鉴相关国际组织(亚太经社会、亚行、国际道路运输联盟等)研究消除障碍的方法和经验,责成本组织成员国专家通过在本组织成员国之间组织试运行等方式在 2010 年内对国际道路运输的主要障碍进行分析,尤

其是过境运输跨越边境口岸问题，以及由于法律法规不同造成的相关问题，并根据分析结果制定出消除所发现的相关障碍的行动计划。

③为尽快完成《上海合作组织成员国政府间国际道路运输便利化协定》的签订工作，责成各成员国专家尽快制定出该协定的附件草案供讨论。建议亚太经社会和亚行继续协助制定《上海合作组织成员国政府间国际道路运输便利化协定》的工作。

④加强本组织铁路、航空运输领域合作。有效落实《上海合作组织成员国多边经贸合作纲要》，落实措施计划中有关铁路领域的合作项目。责成上合组织各国专家确定铁路、航空运输今后互利合作的可能方向。

⑤在开展交通领域人员培训和经验交流活动工作框架下，认为应举办交通领域研讨会和培训班，目的是增进各国专家相互了解，提高本组织各成员国交通管理水平，提高交通人才技能。

⑥借鉴本组织与亚太经社会和亚行合作的模式，欢迎相关国际金融机构、国际组织、本组织实业家委员会和银联体参与本组织的交通合作项目。

⑦协调交通部长会议和经贸部长会议的关系，其中也包括协调与发展过境潜力工作组的关系，整合资源，以实现区域贸易发展便利化。

⑧积极开展与本组织观察员国在交通领域的合作。观察员国是本组织成员国的重要经贸合作伙伴，考虑到观察员国所处的地理位置，加强本组织成员国与观察员国在交通领域的合作是十分必要的。鉴于此，决定更积极的邀请观察员国参与本组织的交通合作发展进程，特别是在交通基础设施的规划制订与建设方面，充分听取观察员国的意见，促进本组织成员国与观察员国在交通领域的共同发展。

通过以上合作使得丝绸之路通道上各个国家、地区的交通运输基础设施建设和发展有了科学的指导和规划，有助于交通通道上各种资源的聚集及合理配置。

3. 博鳌亚洲论坛

博鳌亚洲论坛是立足亚洲的非官方、非营利的国际组织。自2001年2月宣布成立以来，已成为亚洲政界、商界、学界领袖表达对亚洲与世界观点的最高层次的对话平台，并赢得了世界的广泛关注。博鳌亚洲论坛以平等交流、彼此融合为基础，一方面致力于推进区域内合作，共创更繁荣、成熟、多元的亚洲社会；另一方面注重于探讨全球化时代的亚洲新角色，全方位促进亚洲与世界其他地区的交流与融合。

2014 年 4 月 10 日，博鳌亚洲论坛在 2014 年年会期间举办“丝绸之路的复兴：对话亚洲领导人”分论坛，会上中国、老挝、巴基斯坦、东帝汶、泰国、俄罗斯等国政要对“一带一路”的计划展开畅想、讨论。

中国国务委员杨洁篪说，丝绸之路是亚洲各国共同历史与辉煌文明的见证，是亚洲人民历史文化自豪感的源泉，也是亚洲各国团结合作的旗帜。建设丝绸之路经济带和 21 世纪海上丝绸之路的倡议将使丝绸之路的复兴与亚洲的整体振兴交融并进，贯穿“亲、诚、惠、容”的周边外交理念，促进欧亚大陆国家间的互信和互利。希望亚洲国家弘扬和平友好、开放包容、互利共赢的丝绸之路精神，携手共建“一带一路”。巴基斯坦总理谢里夫在会上表示，中国领导人提出的“一带一路”倡议富有远见，复兴丝绸之路将给人民带来巨大福祉。老挝总理通邢表示，丝绸之路的复兴将会使亚洲地区成为推动全球经济增长更重要的推动力，并且给本地区的人民带来幸福和繁荣。东帝汶总理沙纳纳说，丝绸之路的伟大价值在于，将通过一个具体的倡议加强新兴经济体之间的贸易经济关系，同时促进国际合作、和平与友谊。英国前首席大臣曼德尔森说，作为一条纽带，海上丝绸之路对于区域国家的发展极为重要。虽然对海洋利益的追求或引发争端，但(海洋)也是合作互惠的宝贵资源和载体。俄罗斯远东发展部部长加卢什卡表示，丝绸之路把欧亚两个大陆连在一起，促进了两个大陆的共同发展，也促进了世界多样化的发展。泰国前副总理素拉杰认为，新丝绸之路也会成为一个新的增长发动机，为 21 世纪该地区带来新的经济和政治带。中国国际问题研究所所长曲星表示，“一带一路”是中国周边外交的新畅想，目标是经略周边，把沿线各国的基础设施联通起来，形成命运共同体，一起应对各种风险，解决现有的问题和矛盾。丝绸之路经济带不仅将带动沿线国家的经贸合作，还将促进各国的安全合作，促进区域的和平稳定与共同发展。博鳌亚洲论坛丝绸之路分论坛的建立进一步加强了博鳌亚洲论坛在发展丝

绸之路经济带中的作用。

4. 国际道路运输联合会

国际道路运输联合会(International Road Transport Union,IRU)成立于1948年,是目前国际道路运输行业最重要的非政府国际组织,总部设在日内瓦,在莫斯科和布鲁塞尔分别设有办事机构。IRU目前拥有167家会员,分布在67个国家。

IRU不但是全球道路运输行业的代言人,而且还是联合国、欧洲运输部长会议、石油输出国组织、世界银行、国际商会等国际组织的重要合作伙伴,在国际道路运输舞台上发挥着越来越重要的作用。作为道路运输行业的代言人和道路运输经营者利益的代表,IRU下辖货物运输理事会、旅客运输理事会、国际间便利运输公约(TIR系统)管理部、IRU学院、欧盟联系委员会、独联体联系委员会等主要机构及经济、法律、技术、信息、咨询工作委员会和其他众多专项工作团体。IRU不仅通过获得联合国、欧盟、WTO、世界银行等国际组织授权与其建立战略合作伙伴关系开展工作,而且重点依靠其分布在各国的国家级道路运输协会会员及相关机构为道路运输行业服务,在国际社会享有非常高的威望和影响力。

IRU不仅是国际道路运输单证(TIR Carnet)的管理者和发行者,并且还是国际道路货物运输合同公约(CMR)、国际道路旅客和行李运输合同公约(CVR)、国际道路危险品运输合同公约(ADR)的制定者,在道路运输的各个领域都有深入的研究;IRU为本行业企业提供一个与国际先进企业交流对话的机会;TIR Carnet是IRU的一项重要工作,旨在简化汽车货物运输在海关的手续,方便货物过境运输,从而促进国际贸易的发展。加入IRU,对中国加入WTO后参与国际运输业竞争与合作将起到十分积极的作用。

IRU通过它的各国家级道路运输协会会员,代表着全世界范围内道路运输行业利益。以旅客道路运输、货物道路运输和出租汽车为基础,IRU代表着从国际跨国企业到个体经营业户的利益。在所有能够影响道路运输行业发展的国际组织中,IRU扮演着主导者的角色。IRU通过制定最高水平的行业标准,提高运输安全,保护环境,保障人员和货物的正常流动,推动国际道路运输持续、健康的发展。丝绸之路沿线各国通过国际道路运输联合会的合作，无疑会加快丝绸之路经济带运输通道的发展。

三、运输与物流项目洽谈机制

运输与物流项目合作是丝绸之路通道建设与合作的一个重要方面。丝绸之路经济带物流系统，由重要的物流枢纽节点和连接节点的大能力铁路为主的运输通道构成，较之传统的运输通道所提供的相对较为单一的运输服务组织，具有全经济带生产和贸易全过程的物流服务组织和服务运作功能，是契合现代产业链组织与产业集群发展需要的具有效率、成本竞争力的现代服务体系。加快丝绸之路经济带物流服务系统的建设，尤其是依托丝绸之路经济带地理区位、产业基础较好的中心城市培育重要的物流枢纽节点城市，其战略意义体现在与现代物流与相关产业联动发展形成的产业布局发展模式创新上，是现代物流服务系统支撑下具有效率、成本竞争优势和辐射能力的国际产业布局、发展和经济合作的方式创新。

丝绸之路通道建设与合作需要运输与物流项目的推动。自 2013 年习近平主席提出建设丝绸之路经济带的宏伟设想后，丝绸之路经济带双边和多边加快建立丝绸之路经济带区域内的物流通道建设和跨境运输工具、人员和物质的运输便利化的政府间磋商机制，消除丝绸之路经济带区域内物流壁垒，减少跨境、跨地区物流成本，服务丝绸之路经济带区域间贸易、旅游的合作，对丝绸之路经济带双边和多边在交通运输便利化等方面给予政策倾斜和支持，尽快完善中国西部与中亚、南亚等地区的陆路、航空绿色通道，开辟中国至中亚、南亚等地中心城市和主要口岸城市的航线，开通乌鲁木齐至阿拉木图、阿斯塔纳、伊斯兰堡、比什凯克、霍尔果斯口岸、红旗拉甫口岸等物流枢纽的公路或铁路或航空线，深挖塔城与东哈萨克斯坦州的农产品的绿色通道。

目前，区域性的运输与物流项目洽谈平台已经实施，如中国（深圳）国际物流与交通运输博览会（物博会）。深圳物博会是一个集展览展示、高端论坛、采购交易、招商洽谈于一体的全球顶级博览会，UPS、TNT、DHL、FEDEX 等全球物流与快递巨头和汉堡港、鹿特丹港、安特卫普港、奥克兰

港、泽布鲁日港等知名港口都已经成为忠实的参展客户。除此以外，还有业内大名鼎鼎的普洛斯、马士基、地中海航运、达飞轮船、日本邮船、斯堪尼亚卡车、霍曼门业、三菱、SK集团等企业。国内的招商局集团、中粮集团、EMS、顺丰速运、深国际、飞马国际、怡亚通、华南城、中海、中远、盐田港、太仓港、天津港、舟山港、中集、中国重汽、中国一汽、比亚迪、中国南车、南方航空、深圳航空、东方航空、海南航空等企业每年都会出现在深圳物博会展馆内。每年还有来自全球各地的地方政府展团、物流园区展团参展。

2013物博会再上新台阶，秉承“专业化、国际化、品牌化、实效化”的办展宗旨，以“智物流、兴产业、畅交通、优生活”为主题，共按功能板块设物流与供应链管理、港航、航空、智能交通、新能源、轨道交通、交通建设规划、物流设备与技术、物流金融、公共交通、交通物流人才、海铁联运等12大展区、1500个展位，门类齐全，专业突出，覆盖物流与交通运输各个领域，专业化水平进一步提升。展览面积达5.4万平方米，开展9大专题活动及10余场高端论坛，吸引了全球39个国家和地区的1200多家企业及机构、67个国家和地区的8.7万专业观众和采购商参展参观，为国内外知名物流企业展示形象、做大品牌、拓展市场搭建了专业诚信的合作平台，对推动、引领深圳乃至中国物流业转型发展发挥了重要作用；进一步巩固了同类展会中“亚洲第一、世界第二”的地位。参展商上下游互为采购，形成完整供应链。该展会为丝绸之路通道建设与合作提供了一定的参考。

第二节　合作机制创新

一、合作基础分析

1.中国和中亚各国经济快速增长，贸易规模扩大

中亚地区是丝绸之路经济带的境外起点，也是中国扩大向西开放的第一站。近年来，中国与中亚各国建立了紧密合作关系，高层接触频繁，中国已成为哈萨克斯坦和乌兹别克斯坦的第一大贸易伙伴。更重要的是，中国

与中亚各国都有进一步提升双边和区域合作的共同愿望，客观上使得丝绸之路经济带设想具备了在中亚先行的现实基础。与上海自贸试验区相比，丝绸之路经济带契合中国西部地区特点和发展水平，对于中国扩大向西开放与合作、打造内陆开放型经济、实现东西部平衡发展具有重大影响。

前苏联解体后，中国与中亚国家建交第一年(1992 年)，中国与中亚五国的贸易总额仅为 4.6 亿美元，1992 年至 2002 年近 10 年间，中国与中亚地区的贸易规模最高也只有 20 多亿美元，增长只有几倍。2012 年，中国与中亚各国贸易额达 459.48 亿美元，与 1992 年建交之初相比增长了近 100 倍。但在 2002 年到 2012 年 10 年间呈现出加速发展的态势，到 2012 年达到 459.48 亿美元，中国和中亚五国的贸易额详细数据如表 8－2 所示，总体贸易规模趋势如图 8－1 所示。2006 年 7 月经中哈边界阿拉山口口岸至新疆独山子的中哈—阿独石油管道全线贯通投产，使得中哈原油贸易以每年 20%的速度递增。阿独线起于阿拉山口原油首站，止于独山子原油站，长 246 公里，截至 2013 年 11 月，阿独线分两期建设完成，已累计输油 6456 万吨，贸易额高达 321.54 亿美元。2009 年 12 月，西起土库曼斯坦—乌兹别克斯坦边界，东至新疆霍尔果斯口岸，穿越中、土、哈、乌四国，长达 10000 公里的中国—中亚天然气管道投产，保障了中国长三角、珠三角沿线 4 亿人口的生活燃料供应，并令沿线中亚各国的经济、就业受益。

表 8－2　中国和中亚五国的贸易规模

年份	中国(单位:亿美元)					
	中亚五国	哈萨克斯坦	吉尔吉斯斯坦	塔吉克斯坦	土库曼斯坦	乌兹别克斯坦
2002 年	23.88	19.55	2.02	0.12	0.88	1.32
2003 年	40.75	32.92	3.14	0.39	0.83	3.47
2004 年	58.43	44.98	6.02	0.69	0.98	5.76
2005 年	87.27	68.06	9.72	1.58	1.10	6.81
2006 年	120.58	83.58	22.26	3.24	1.79	9.72
2007 年	196.62	138.78	37.79	5.24	3.53	11.28
2008 年	308.23	175.52	93.33	15.00	8.30	16.07

续表 8-2

年 份	中国(单位:亿美元)					
	中亚五国	哈萨克斯坦	吉尔吉斯斯坦	塔吉克斯坦	土库曼斯坦	乌兹别克斯坦
2009 年	237.44	141.29	53.30	14.07	9.57	19.21
2010 年	301.34	204.49	42.00	14.33	15.70	24.83
2011 年	396.51	249.61	49.76	20.69	54.77	21.67
2012 年	459.48	256.82	51.62	18.57	103.72	28.75

资料来源:中国统计年鉴(2003—2013).

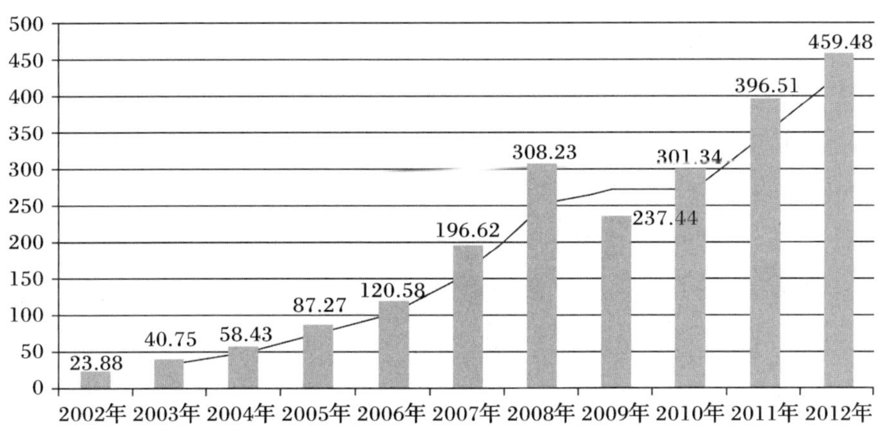

图 8-1　中国和中亚五国的总体贸易规模走势

目前,中国和中亚各国的经济增长基本稳定,见表 8-3,未来仍有望保持高速增长,这将为新丝绸之路经济带的建设提供宽松的宏观经济环境。

表 8-3　中国和中亚五国经济增速一览表

国家	2000	2001	2002	2003	2004	2005	2006	2007	2008	2009	2010	2011	2012
中国	8.4	8.3	9.1	10.0	10.1	11.3	12.7	14.2	9.6	9.2	10.4	9.2	7.8
哈萨克斯坦	9.8	13.5	9.8	9.3	9.6	9.7	10.7	8.9	3.3	1.2	7.4	7.5	5.1
吉尔吉斯斯坦	5.4	5.3	−0.2	7.0	7.0	−0.2	3.1	8.5	8.4	2.9	−0.5	6.0	−0.9
塔吉克斯坦	8.3	10.2	10.8	11.0	10.3	6.7	7.0	8.0	8.0	3.9	6.5	7.4	8.0
土库曼斯坦	5.5	4.3	0.3	3.3	5.0	13.0	11.0	11.1	14.7	6.1	9.2	14.7	11.1
乌兹别克斯坦	3.8	4.2	4.0	4.2	7.7	7.0	7.3	9.5	9.0	8.1	8.5	8.3	8.2

数据来源:世界银行官网 http://www.worldbank.org.cn/.

2.交通走廊初步形成

目前,以公路、航空、管道、通讯和口岸设施在内、连接中国—中亚的交通走廊硬件设施已经初步建成。中国与中亚国家连接的主要干线公路均加入了亚洲公路网,中国与中亚地区公路相互连接,由中国连云港经西安至霍尔果斯的国家高速公路与穿越中亚的欧洲 E40 号公路相连;中国与中亚地区铁路网已基本形成,由中国沿陇海铁路、兰新铁路深入中亚地区的铁路干线已成为新欧亚大陆桥的重要组成部分;中国同哈萨克斯坦阿拉木图、乌兹别克斯坦塔什干、塔吉克斯坦杜尚别的直达航线也已经开通;中哈石油管线一期工程于 2005 年 12 月竣工,二期(哈南线)工程于 2013 年 11 月顺利通过哈萨克斯坦验收;连接主要成员国的欧亚光缆和中俄光缆已经建成;中国与哈萨克斯坦、吉尔吉斯斯坦和塔吉克斯坦 3 国交界的新疆共有 29 个口岸,国家批准开放的一类口岸 17 个,自治区批准的二类口岸 12 个。在运输便利化方面,中国与中亚国家已经签署了 19 项运输协定,包括中国与哈萨克斯坦、吉尔吉斯斯坦、塔吉克斯坦和乌兹别克斯坦签署的双边汽车运输协定、实施细则和国际汽车运输许可证制度协议。这些运输协定的签署,为新丝绸之路交通走廊的畅通奠定了基础。

3.丝绸之路经济带运输通道发展的支撑条件

①经济带资源和产业发展为运输通道提出了较大的运输需求。资源方面,中国丝绸之路沿线 5 省(区)资源储量丰富,同时,哈萨克斯坦、乌兹别克斯坦、土库曼斯坦等国也拥有丰富的石油、天然气资源,吉尔吉斯斯坦、塔吉克斯坦两国稀有金属和有色金属储量也相当可观。产业方面,中国丝绸之路沿线形成了以能源、冶金、化工为主导的工业格局,有色金属、航空、石油化工、医药、建材等工业发展迅速,培育了一大批特色企业,而中亚五国中,哈萨克斯坦的钢铁工业、有色金属工业、石油天然气化工等工业基础较好;吉尔吉斯斯坦的农业和有色金属资源开发为主的工业结构也已形成;乌兹别克斯坦和土库曼斯坦的支柱产业为棉花种植、石油、天然气的开采加工;塔吉克斯坦已经建立起了石油、天然气、电力、化工、建材、机械、

食品、纺织等工业部门，以能源资源为基础的发展格局。资源生产和流通、产业发展都需要发达的运输通道进行物资集散和流通。

②经济带沿线国家的城市发展为运输通道连接提供现实条件。丝绸之路沿线上，国内已经形成了具有相当规模和完善结构的城市体系，为丝绸之路经济带奠定了较好的城市体系基础。国外许多国家的城市体系也较为完善，这都为丝绸之路运输通道连通的实现提供了条件，为运输通道建设和发展提供源源不断的动力。

③经济带沿线双边或多边交流为运输通道的建设和发展提供政策条件。2013 年 5 月，塔吉克斯坦总统拉赫蒙就访问中国时，双方签署了《中塔关于建立战略伙伴关系的联合宣言》。习近平主席出访中亚国家时，先后与四国签署了《中土关于建立战略伙伴关系的联合宣言》《中哈关于进一步深化全面战略伙伴关系的联合宣言》《中乌关于进一步发展和深化战略伙伴关系的联合宣言》《中乌友好合作条约》《中吉关于建立战略伙伴关系的联合宣言》等合作宣言和条约。这些新的宣言和条约把中国与中亚各国的关系都带入“战略伙伴”时代，中亚国家也表达了实施开放发展战略的意愿，愿意加强与中国的区域经济、贸易等多领域的合作。同时，在党的十八大报告中，中央又再次强调要发展开放型经济，将“向西开放”放在了十分重要的位置，这些政策的实施有利于中国与周边及有关国家优势互补，共同促进丝绸之路经济带运输通道的发展。

二、通道交通基础设施协调机制

从 1992 年到 2012 年，丝绸之路经济带的交通基础设施建设和中国与中亚国家的贸易存在着长期稳定的均衡关系，交通基础设施投资促进了丝绸之路经济带的贸易增长。交通基础设施投资对中国与中亚贸易所起的作用呈现逐渐显著的特点，其作用时间持久，贡献度逐年增加。但在建设丝绸之路经济带的要求下，丝绸之路沿线各国应建立通道交通基础设施协调机制，让交通基础设施发挥更大的作用。

1.投融资机制

国际铁路等交通设施建设周期长,技术含量高,投资巨大,对于中亚、东欧等经济相对落后的国家来说,单靠一国之力难以承担,这就需要通过经济带内各国运用国际金融、投资、技术合作等多种方式,加快该地区的运输基础设施的更新换代,提高交通设施的工艺水平,增加铁路机车和标准货柜的保有量。重点协调解决中亚等国与其他国家铁路轨道并轨问题,尽可能采取统一的轨距标准,最大限度地避免轨距标准之争干扰丝绸之路经济带的实际推进。

由于特殊的历史原因,丝绸之路沿线国家和地区的交通业没有形成完全竞争,仍具有非完全竞争性。所以为了实现丝绸之路交通通道建设与合作向市场化、国际化转变,各国政府应该允许转变传统的投资形式,改变现有垄断局面。

下面列举一些国内外有代表性的大型交通基础设施项目建设的相关内容,见表8-4,作为丝绸之路通道交通基础设施建设投融资的参考。

表8-4 一些国内外大型交通基础设施项目建设比较

	初始投资主体	偿债机制	融资渠道和方式	收益分配、风险分担	政府特别立法	政府其他支持政策
英法海底隧道	本国的法人机构专案名称	项目收益为偿债来源,项目财产为偿债担保的抵押物	从209家跨国银行联贷85亿美元	谁受益,谁承担风险	《海峡隧道法案》	①英法政府承诺33年内不再兴建类似隧道;②政府签约买断50%之运量;③费率自由调整
日本(东海道)新干线	中央政府、地方政府及下属的国有控股公司	偿债基金与项目收益为偿债来源	铁路自己发型的铁路债券占50%;从世行贷款288亿日元;由政府担保发行债券和从大藏省资金运用部获得贷款,占10%	公司和政府共同承担风险,政府通过税收获得收入	《新干线整备法》、《新干线控股公司法》	①名古屋与东京间的航班取消;②若经营困难,不但不承担债务,还得到政府设立的"经营稳定基金"以弥补亏损;③国家还提供补助金弥补亏损;④费率制度由运输大臣认可;⑤政府提供资金19%之优惠贷款,15年免税,10年年利率8%

续表 8-4

	初始投资主体	偿债机制	融资渠道和方式	收益分配、风险分担	政府特别立法	政府其他支持政策
美国铁路	法人机构和海外投资者	项目收益为偿债来源	Ⅰ级铁路均为上市公司,通过发行和出售股票、长期发行债券、租赁获得资金,以运输设备作抵押,从银行获得80%的设备购置贷款	谁受益,谁承担相应风险	《TEA－21法》、《斯塔格斯法》	①政府直接赠予土地、设备、其他基本设施;②提供一定额度的银行贷款担保;③若分配收入达不到可变成本的110%,则允许收取附加费;④放松价格管制,允许铁路和托运人签订价格协议
中国香港东区海底隧道	政府与法人机构	项目收益与部分政府补贴为偿债来源	72%资金用计划性融资方式取得,铁路部分以长期租赁方式向香港捷运局取得9亿港币担保	谁受益谁承担风险	《东区过港隧道条例》	①政府给予特许经营者免税;②可采用利率上限选择权力规避利率风险;③由政府与道路公司协商订定;④香港政府投资5%
宁沪高速公路	政府下属的基建投资股份公司和法人机构	项目收益为偿债来源	自有资金占75%,贷款占25%	谁受益谁承担风险	《高速公路基本法》	①获得应课税所得的18%之财政返还②获得一定的贷款担保③土地由政府取得④提供专项建设资金、部分财政拨款
广深铁路	中央政府和地方政府	境外发行股票募集资金归还借款及补充营运资金	设备向瑞典ABB公司租赁;发行股票和美国预托债券募集资金42.12亿	统收统支,政府既是得益者也是风险承担者	《铁路基本法》	①享受深圳特区15%企业所得税政策优惠②三年经营所得减半收取所得税③政府给予很多的分流优惠④土地由政府取得⑤在不高于全国铁路票价平均水平50%的范围内自主制定票价

丝绸之路通道建设可以采用BOT方式，即由项目所在国政府或所属机构为项目的建设和经营方，提供一种特许权协议作为项目融资的基础，由本国公司或外国公司作为项目的投资者和经营者安排融资、承担风险、开发建设项目并在有限的时间内经营项目获取商业利润，最后根据协议将该项目转让给相应的政府机构，这样可以更有效利用市场进行交通通道建设资源的配置。例如，腾密公路是中方按BOT方式修筑的，由专门设立的腾密公路工程建设指挥部负责，总投资约8亿元，主要是保山市政府筹集的地方资金，营运30年后无偿交付缅甸。

最近几年，金融市场发展较快，项目融资也可以通过证券市场实现，对丝绸之路地区某些交通通道建设可通过ABS方式进行融资。ABS即以资产为支持的证券化，是指以项目所属的资产为基础，以该项目资产所能带来的预期收益为保证，通过在资本市场发行证券来募集资金的一种项目融资方式。这些投资形式的转变都可以吸引更多的非政府投资（如本国和外国的投资者），扩大融资途径。

在融资渠道方面，其一，中国—欧亚国家和地区进行通道建设除了利用现有的银行贷款、发行国债、财政拨款等融资渠道外，应该积极探索新的融资渠道，例如发行一些特种债券、信托基金、投资基金，转让经营权等；对于设备，可以采用融资租赁或国外政府提供的优惠贷款的方式获得；也可以组建或收购一个股份有限公司，通过股份有限公司上市发行股票或增发股票来融资。其二，给予投资主体特许权力，拓展投融资渠道。通道建设投资主体是将政府投资进行市场化运作的载体，是连接政府和市场主体之间的通道。为了中国—欧亚地区的交通通道建设能够得到快速、健康的发展，有必要授予各国政府投资主体承担政府投融资职能的权力，积极拓展投融资渠道。

2. 通行条件协调机制

丝绸之路沿线成员国需要建立从政府到交通行业管理部门乃至企业之间的磋商制度，建立起多层次交通通道通行条件协调机制。丝绸之路沿线各国应尽快协商、启动并授权一些成员国交通部门，针对通道的通行条

件问题组织口岸交通协调机构，协调通道通行条件的协调问题（如不同国家的铁道轨距问题）。

目前丝绸之路成员国通行条件协调取得了一定的进展。2014 年 9 月，上海合作组织成员国元首理事会第十四次会议在塔吉克斯坦首都杜尚别举行。会议期间，中国、哈萨克斯坦、俄罗斯、塔吉克斯坦、乌兹别克斯坦、吉尔吉斯斯坦六国代表共同签署了《上海合作组织成员国政府间国际道路运输便利化协定》（简称《协定》）。《协定》由主体部分和三个附件组成，核心内容是赋予各当事方道路运输承运人和车辆在许可证制度下按商定的线路从事跨境和过境运输的权利，倡导各方协调和简化国际道路运输文件、程序和要求，并成立国际道路运输便利化联合委员会，协调处理合作中出现的问题。《协定》规定非该组织成员国也可申请加入，这将惠及其他周边国家，其开放性为整个中亚及周边地区国家，为开展国际道路运输合作提供了有效的法律基础和保障。《协定》签署后，上海合作组织六国将逐步形成国际道路运输网络，对丝绸之路经济带建设具有重要的推动作用。

三、丝绸之路多式联运公约机制

《联合国国际货物多式联运公约》是 1980 年 5 月 24 日在日内瓦举行的联合国国际联运会议第二次会议上，经与会的 84 个贸发会议成员国一致通过的。该公约的主要内容包括多式联运合同双方当事人的法律地位、多式联运合同和多式联运单据、联运人的赔偿责任、发货人的赔偿责任、索赔与诉讼等。

丝绸之路沿线地区是国际货物多式联运公约的重要实践区域。丝绸之路开展国际多式联运是欧亚经济一体化发展和区域经济集团化发展的必然，是沿线各国社会经济发展的必然，是提高丝绸之路运输通道综合能力和合理化发展的必然，是沿线的国际物流发展的必然。

1. 丝绸之路开展国际多式联运的必要性

①基于国际多式联运自身特点的必要性分析。丝绸之路经济带沿线跨度大、国家多，并且其运输包括海运、公路和铁路等多种运输方式。如果

仍以传统的运输组织方式来组织其通道货物运输，势必会造成运输环节多、效率不高、运输能力低下、运输成本较高等弊病。而国际多式联运却只需要一份合同，只需要使用一份全程的多式联运单据，只需要办理一次保险，而且全程使用单一费率。因此，国际多式联运较之传统运输就具有统一化、简单化、运输成本低等优点。它的开展，必能吸引更多的货源，增强丝绸之路的运输能力，促进丝绸之路通道运输的合理化，从而提高其竞争能力。

②基于交通运输通道理论的必要性分析。丝绸之路作为一个运输通道，是沿线各国经济联系的广义流通体系的支撑和依托，是承担沿线各国之间交通运输任务的各种运输方式的综合体，是沿线各国区域对外联系的桥梁。国际多式联运作为一种高级的运输组织方式，它的开展有助于提高丝绸之路通道综合运输能力，以较少的社会消耗增加社会运力的总供给。另外，在丝绸之路开展国际多式联运也有利于扩大对外贸易，促进国际交流，加强欧亚各国之间资源开发和利用，推动和平、稳定的大局。

③基于欧亚大陆桥经贸合作的必要性分析。当今世界的经济格局呈现欧盟、北美、东亚三足鼎立的局面，其中欧盟的经济实力最强，而东亚则是经济发展最为迅猛的地区。并且由于欧亚两洲处于不同的经济位势，相互间生产要素的优势互补性很强。特别是丝绸之路沿线呈现“两端高、中间低”的局面，即两头经济发达，但空间小、资源缺；中间经济欠发达，但空间大、资源足。开展国际多式联运，能为沿线各国输送较之海运和空运费用低廉的能源和生产原材料，也为各国和地区的工业企业、进出口商的产品开通了国际市场，加强了欧亚地区之间的联系，拓宽了国际贸易流通的范围，从而改变本经济带的资源配置；并以其简单、统一的特点提高欧亚两大洲之间的物流效率，能够保证丝绸之路畅通运营，高速度、高效率、大运量地在欧亚间运送货物，使其成为一条万商云集的国际经济走廊，带动两大洲经贸合作的进一步加深。

④基于丝绸之路沿线国际物流运作的必要性分析。丝绸之路开展国际多式联运是沿线国际物流服务中的重要环节，其核心作用是实现货物的国际间流动。这是因为丝绸之路沿线的国际物流跨越不同地区和国家，在

两头还需跨越海洋，运输距离大，运输方式多样，因此需要选择合理的运输线路和运输方式，尽量缩短运输距离，缩短货物的在途时间，加速货物的周转并降低物流成本。国际多式联运作为国际运输中一种先进的混合运输方式，有方便、灵活、安全的特点，具有常规分段独立运输方式不可比拟的优势。它是丝绸之路沿线国际物流运作的主体和纽带，是贯穿整个丝绸之路物流活动的主线。通过国际多式联运网络化地高效运作，客户公司的服务半径和货物集散空间可以低成本、低风险地扩大。国际多式联运运输网络和服务内容的扩张，将带动丝绸之路沿线国际物流业务的开展。

2. 丝绸之路经济带开展国际多式联运的政策保障措施

①进一步加强丝绸之路沿线各国之间的协调与合作，尽快成立开展国际多式联运的国际运输专门协调机构，为沿线各国、国际组织和部门之间就开展国际多式联运进行沟通和协商提供交流平台，协助解决运输过程中的问题和矛盾。

②加强丝绸之路多式联运的信息化建设。沿线各国应建立信息交换平台，包括集装箱跟踪系统和口岸信息系统，使客户能随时了解自己的货物运输状况，也可以缩短通关延误时间，提高运输效率。

③建立统一的运价协调机制，积极使用电子单证。丝绸之路开展国际多式联运的距离长、运输环节多、不确定因素多，其运输总的价格由各国的铁路、口岸等多个运输环节的价格决定，由于运输的环节多，成本的构成就比较复杂。因此，应建立统一的运价协调机制，根据国际运输市场的份额变化，协调各国，各环节的运输费率。同时，应积极推广电子单证的使用，避免数据的重复使用，提高信息处理的准确性，提高“一关三检”（即海关、检验、检疫、检查）部门的工作效率，加速货物的验放速度。

④加强丝绸之路国际多式联运通道基础设施的建设，排除物理障碍。通道基础设施建设是丝绸之路开展国际多式联运的最基本要素，自新欧亚大陆桥贯通以来，沿线各国都对沿桥的铁路、公路、港口、航空、管道以及通讯等方面进行了大量的投入，但是这些距离丝绸之路开展国际多式联运的要求还有一定的差距。因此，应当加大通道基础设施的建设。比如铁路方

面应当首先统一沿线各国的轨距，要根据运输需要建设复线和电气化铁路，开通铁路集装箱运输专列；公路方面则应努力建设高等级公路，实现铁路沿线的公路高等级化，尚未建设高等级公路的区段可按二级公路标准进行改建。

四、通道交通安全与环境保护协同机制

交通通道在建设之外，还应该在运营过程中进行有力的安全维护和管理。随着经济合作的不断深入，丝绸之路沿线地区的国际公路、铁路、水路的管理及维护问题必然会不断涌现，各成员国应该通过双边或多边协议保护和管理国际交通基础设施，以便这些国际交通基础设施能发挥其最大的功效。各成员国可以借鉴国际上通行或有益的做法，合理高效使用这些国际交通基础设施，实现经贸合作的根本目的。丝绸之路地区各国政府都应该通过立法手段，将丝绸之路国际大通道的维护、保护和管理问题法制化，从根本上保护宝贵的国际通道资源。例如，新疆通往哈萨克斯坦的公路，应该由中国和哈萨克斯坦政府共同立法，保护各自范围内的通道区域，使丝绸之路各段通道资源发挥最大的效用。

环保问题同样也是摆在丝绸之路通道建设与合作面前的重要问题。沿线环境保护应与通道安全维护进行协同管理。一方面，应该鼓励沿线各国政府重视丝绸之路通道沿线的环境保护问题；另一方面，由于政府的能力所限，应该充分发挥丝绸之路地区的民间力量，鼓励、动员民间力量参与丝绸之路通道沿线的环境保护。各国政府与民间力量联手，确保丝绸之路通道交通安全，进行沿线的环境保护。

五、互信合作与争端解决机制

丝绸之路经济带通道互信合作与争端解决机制的构建，需要注意以下两个问题：

第一，在已有的沟通、交流平台上，开辟出针对丝绸之路通道建设与合作的专门主题，如在欧亚论坛中独立开辟出通道建设分研究等，并在其中设立专门的争端解决机构（如东盟高级委员会的建立）。东盟高级委员会

是通过《东南亚友好合作条约》确定成立的，它由缔约国的部长级代表组成，是解决缔约国间的争端和分歧的专门争端解决机构，缔约国协商解决不了的、有可能影响到缔约国间和谐关系的争端和分歧则交给高级委员会处理。高级委员会解决争端的途径是向当事国建议合适的争端解决办法，诸如斡旋、调停、调查与和解等方式。东盟高级委员会可直接在当事国间斡旋，或者在当事国同意的情况下，东盟高级委员会建立调停、调查或调解委员会，在各当事国均同意相关条款用于争端的情况下，决议才得以执行。这些程序性的规定在《东南亚友好合作条约》均作出了明确规定。

第二，争端解决需要“先礼后兵”，也就是说，沿线各国之间通道建设与合作出现的摩擦，首先通过和谈进行解决，其次考虑通过相关的国际仲裁机构，将解决丝绸之路通道建设与合作争端问题的处理成本降到最低。

六、多双边政策协调沟通机制

推进丝绸之路经济带沿线国家的贸易便利化合作，完善多双边政策协调沟通机制对于丝绸之路经济带通道交通建设非常重要。应利用上海合作组织平台，尽快签署沿线国家公路、铁路、航空运输便捷通关合作协定，统一海关、检验检疫等通关要求，简化沿途手续；探讨各利益相关国合资成立新欧亚大陆桥联合建设和运营公司的可能性，支持沿线各国物流企业合资合作，实现统一运营管理，降低运输成本。中长期在欧亚国家之间建立更广泛参与的对话和协调机制特别重要，以适应欧亚国际通道交通大走廊建设的需要，进一步推进跨境运输的便利化，共同协商解决跨境运输中的货源、价格、安全、通关等实际问题，推动海关、检验检疫、交通等信息系统与丝绸之路沿线国家的港口接点、物流企业信息系统的数据共享，加快解决通关便利化的软件的制约，切实提升便利化运输的效率和水平。

七、开放共赢机制

丝绸之路经济带运输通道在建设过程中应该坚持开放的态度。不仅沿线国家和地区可共同参与，而且应该欢迎和动员世界其他国家和地区的积极参与。这是丝绸之路经济带运输通道成功的关键所在。同时，由于丝绸之路经济带沿线各国有不同的政治经济制度，也有各自的治理方式，在丝绸之路经济带运输通道建设的过程中，共赢至关重要。丝绸之路经济带运输通道建设的主要目的是促进中国与中亚、欧洲的合作，共赢精神是丝绸之路经济带成功的基本保证。在运输通道路网建设的过程中，必须考虑相关国家国内布局的需要，如果不考虑过境国长期受益的问题，仅将其作为货物的通路，丝绸之路经济带就无法顺利运行。

第三节　本章小结

丝绸之路经济带运输通道建设与发展需要沿线国家和地区之间的良好合作平台与合作机制支撑。本章首先对运输通道建设相关的合作平台进行了阐述，包括高层部长级互通平台、国际合作组织平台、运输与物流项目洽谈机制等。接着在对丝绸之路运输通道合作进行分析的基础上，提出了基础设施协调机制、信息共享机制、多式联运公约机制、安全与环保协同机制、争端解决机制、多边协调沟通机制和互利共赢机制等合作创新机制，并对合作平台与机制创新的效果进行了分析。

第九章 中国在丝绸之路经济带运输通道建设中的战略选择

第一节 中国在丝绸之路运输通道建设中的地位、作用和战略意义

一、地位和作用

中国处于丝绸之路经济带建设的最前沿，共建丝绸之路经济带是中国的重大历史机遇，也使中国成为丝绸之路经济带最重要的受益区之一。目前，中国与丝绸之路沿线各国正在加强交通基础设施建设。丝绸之路运输通道将中国和中亚、西亚、南亚以及非洲和欧洲连接起来，使中国成为深化丝绸之路沿线国家战略合作的重要枢纽。中国在丝绸之路运输通道建设和发展中的作用也日益显现：

1. 中国是古丝绸之路运输通道的起点

古丝绸之路东起长安，跨越陇山山脉，穿过河西走廊，通过玉门关和阳关，抵达新疆，沿绿洲和帕米尔高原通过中亚、西亚和北非，最终抵达非洲和欧洲。如今在古丝绸之路上发展起来的丝绸之路经济带，被认为是世界上最长、最具有发展潜力的经济大走廊。而中国处于亚太经济圈和欧洲经济圈重要通道的中心位置，具有行进地区稳定、能源资源、经济贸易合作的天然需求和开发潜力。2001 年上海合作组织成立以来，中国已成为中亚国家最主要的贸易伙伴和投资伙伴。共建丝绸之路经济带有助于中国西部大开发和丝绸之路沿线国家的经济发展，深化运输通道建设与合作，促进各国和平稳定和繁荣发展。

2. 中国是依托丝绸之路经济带运输通道促进民族融合发展的重要推动力

丝绸之路经济带沿线有30亿人口，民族文化、宗教文化作用强。以伊斯兰文化为例，这一区域中有13亿穆斯林人口，与众多穆斯林国家和地区文化相通、血缘相亲，因此，当前着力打造的丝绸之路经济带运输通道必然是伊斯兰世界最重要的经贸通道、文化通道。中国通过全力建设运输通道，大力发展通道经济，有助于中国与中亚、西亚等穆斯林国家和地区的友好交流和商贸往来，有助于促进穆斯林地区对伊斯兰文化的共同认知，弘扬伊斯兰教追求和平、崇尚和谐的理念，为全世界树立民族和睦相处、宗教和谐并存、经济蓬勃发展的成功典范，有利于促进丝绸之路经济带沿线国家的民族团结，促进丝绸之路经济带运输通道的建设和发展。

3. 中国是促进丝绸之路经济带运输通道协调发展的核心支撑

丝绸之路经济带所辖地区大多为中国欠发达地区，近年各地区加快开放步伐，加快区域运输通道建设，积极参与区域经济分工协作，提升综合实力，促进民族团结，实现经济社会转型跨越发展，有助于加快民族优势产业发展，形成地区相对比较优势，打造区域主体功能定位和区域自我发展能力匹配的地区经济增长极。丝绸之路经济带运输通道的建设将对周边地区产生积极的辐射带动作用，增强民族地区经济实力。

4. 中国是进行丝绸之路经济带运输通道建设的重要技术力量

在铁路通道技术方面，中国目前是丝绸之路经济带沿线高铁技术最为成熟的国家。中国的高速铁路大约从20世纪80年代开始论证，引进了法国阿尔斯通公司、德国西门子公司、加拿大庞巴迪公司和日本川崎重工的高铁技术，自2005年以后自主开发高铁技术，自主研制出时速在350公里左右的高速列车，居全球领先地位。中国目前在工务工程技术、列车制造技术、列车控制系统、系统集成系统等方面都已经走在国际前列，是丝绸之

路经济带运输通道尤其是铁路通道建设的重要力量。

二、战略意义

丝绸之路经济带运输通道并不是简单地重现古丝绸之路，而是在古丝绸之路基础上，为国家向西开放与西部开发战略的成功实施而打造的交通基础设施。中国与欧亚国家共建丝绸之路经济带运输通道，事关国防安全、经贸安全、能源安全、边疆安全等重要领域的全局性国家安全问题，具有极大的战略意义。国家层面，共建丝绸之路经济带运输通道会提供更多的发展机遇，促进丝绸之路经济带发展，缩小地区差距，推动经济均衡发展；外交层面，共建丝绸之路经济带运输通道可以打造连通欧亚国家的陆路大通道，以经贸发展促进全面合作，着力深化互利共赢格局，积极推进区域安全合作，维护周边和平稳定大局。具体来讲，丝绸之路经济带运输通道建设的战略意义体现在以下几个方面：

1. 经济安全

2010 年，中国 GDP 规模首度超过日本，成为世界第二大经济体。自 2009 年成为世界第一出口大国后，2012 年，中国对外贸易达到 3.87 万亿美元，超过美国的 3.83 万亿美元，成为世界第一大货物贸易体。与此同时，经济贸易也主要集聚于东部、南部沿海地区，尤其是东南沿海一带。经济集聚于东部、南部沿海一带的直接后果就是对外通道过于单一，过于依赖海路通道。目前在货物贸易中，进出口总额 87.4%、出口额 86.8%、进口额 88%集中于东部沿海地区（从辽宁到广东沿海一线）。随着经济快速发展和国力与日俱增，有关中国的贸易纠纷与地区纷争也随之增多，中国崛起的地缘政治和战略格局也不断变化。一方面，国家利益不可避免地需要向海外拓展，对全球资源与贸易的依赖不断加强；另一方面，全球影响力日益增强，引起东亚及全球力量格局发生变化，与中国有关的地区纷争将快速增加。以美国为代表的西方强国、以印度、菲律宾为代表的陆海邻国，都在合作与竞争中对中国崛起高度警惕，甚至进行战略围堵，形成沿海战略包围圈。目前，中国的能源安全局势非常突出。原油进口线路主要依靠海上运输，有五分之四通过印度洋—马六甲海峡线路，形成所谓“马六甲困局”，严重影响国家能源安全。因此，亟需打通“南下”东南亚和“西进”中亚地区的陆路通道。建设丝绸之路经济带运输通道，有助于通过中亚国家陆路连接中东获取石油，减少对马六甲海峡的依赖，确保国家的经济和能源安全。

2. 地区稳定

在整个丝绸之路经济带的版图上，中亚地区是关键纽带，中亚地区的地缘政治格局，深刻地影响中国的国家利益。中国与中亚地区具有地理上的紧密联系，共享3000多公里的国境线，仅与哈萨克斯坦就有长达1700公里的国境线，尤其是中国新疆地区与中亚毗邻，在安全、经贸、宗教等方面，受到中亚地区以及周边国家的极大影响。便捷畅通的交通运输条件是决定地区稳定的一个重要因素。因此，中国与中亚其他国家和地区的交通运输基础设施建设对促进丝绸之路经济带沿线地区的经济和政治稳定具有重要作用。

3. 区域发展

区域发展与对外通道互为表里、相互支撑。经济重心在一定程度上决定了对外通道的路线选择，对外通道的便利也会进一步促进经贸发展与产业集聚。经济重心位于东南沿海地区，必然产生对海洋通道的依赖。自鸦片战争以来，随着西方列强的武力干涉和资本侵入，中国逐步被迫融入现代工业文明，使得两宋以来的经济重心南移，集聚到沿海地区一带。改革开放以来，沿海地区已经成为支撑全国国民经济全局的生产力布局战略重心区。2012年，东部地区作为支撑国民经济全局的战略重心区，占全国经济总量的60%。从人口分布和人口迁移来看，东部地区人口密集，而西部地区地广人稀，西部人口约占全国的23%，国土面积约占全国的57%。可见，经济集聚于沿海地区，强化了对海陆通道的过度依赖。要避免对海洋通道的过度依赖，就必须实现区域经济的平衡发展；要实现区域经济的平衡发展，就必须实现陆路通道的便利快捷。要避免对海洋通道的过度依

赖，就必须实现区域经济的平衡发展：向西开放和向西发展。在区域经济方面，推进区域平衡发展，大力发展中西部，尤其是具有战略地位的地区。在对外通道方面，推进中国西进战略，建设丝绸之路经济带运输通道，大力拓展南到东亚、西到大中亚的陆路通道，尤其是向西开放、途经中亚的欧亚大陆桥陆路大通道，对于平衡区域发展具有重要意义。

第二节　中国在丝绸之路运输通道建设中的SWOT分析

2013年9月，习近平主席访问哈萨克斯坦时首次提出，用创新的合作模式共同建设丝绸之路经济带的战略构想。9月初，李克强总理提出铺就"海上丝绸之路"的设想。丝绸之路经济带是跨国交通经济发展带，依托以沿线交通基础设施和中心城市，对区域内贸易和生产要素进行优化配置，促进区域经济一体化，推进贸易投资便利化、深化经济技术合作、建立自由贸易区，最终实现区域经济和社会同步发展。2013年11月，中央将"推进丝绸之路经济带"写进《中共中央关于全面深化改革若干重大问题的决定》，丝绸之路经济带建设已从理论阶段上升到实际设计阶段，从区域概念上升至国家战略。中国是丝绸之路经济带的桥头堡，在丝绸之路经济带运输通道建设中具有无可比拟的优势和机会，但同时也存在一定的劣势和风险。下面对中国在丝绸之路经济带运输通道建设中的战略问题进行SWOT（即自身优势、自身劣势、外部机遇、外部挑战）分析。

一、自身优势(S)

1.中国经济呈现快速发展的趋势

改革开放以来，中国经济建设得以快速发展，经济长期保持高速增长，年均增长率接近10%。2011年中国GDP总额超越日本成为世界第二大经济体。在外汇储备方面，2014年3月底，根据中国人民银行的统计数据显示：当前中国拥有外汇储备3.95万亿美元，位居世界第一，占全世界外储总量的1/3，如表9－1和9－2所示。无论是从经济总量上来看，还是从外汇储备的总额上看，中国在都有着巨大的优势。因此，完全可以将这一优势转化到丝绸之路经济带运输通道建设中。

表9－1　中国2005—2013年经济总量(万亿元)和经济增长增长率一览(%)

	2005	2006	2007	2008	2009	2010	2011	2012	2013
总量	18.23	20.94	24.66	30	33.5	39.8	47.2	51.89	56.88
增长率	9.9	10.7	11.4	9.0	8.7	10.3	9.2	7.7	7.7

数据来源：中国人民银行 http://www.pbc.gov.cn/.

表9－2　中国2005—2013年外汇储备总量(万亿美元)和储备增长率一览(%)

	2005	2006	2007	2008	2009	2010	2011	2012	2013
总量	8.19	10.66	15.28	19.46	23.99	28.47	31.81	33.12	38.2
增长率	34.28	30.16	43.34	27.36	23.28	18.67	17.31	4.11	15.3

数据来源：中国人民银行 http://www.pbc.gov.cn/.

2. 中国政府的大力推进

两千多年前汉代张骞两次出使西域，开启了汉代与西域各国友好交往的大门，开辟出一条横贯东西、连接欧亚的丝绸之路。千百年来，在这条古老的丝绸之路上，各国人民共同谱写出千古传诵的友好篇章。中国政府一直致力于丝绸之路的繁荣和发展。到2013年，习近平总书记在出访哈萨克斯坦共和国时提出了共建丝绸之路经济带的战略构想：为使欧亚各国经济联系更加紧密、相互合作更加深入、发展空间更加广阔，可以用创新的合作模式，共建丝绸之路经济带，以点带面，从线到片，逐步形成区域大合作。

2013年10月2日，习近平主席提出筹建亚洲基础设施投资银行(简称“亚投行”)的倡议。2014年10月24日，包括中国、印度、新加坡等在内21个首批意向创始成员国的财长和授权代表在北京签约，共同决定成立亚洲基础设施投资银行。“亚投行”是一个政府间性质的亚洲区域多边开发机构，重点支持基础设施建设，“亚投行”的成立对于解决丝绸之路经济带交通基础设施建设的融资问题具有非常重要的作用。

3.改革开放和西部大开发两大战略政策优势

中国坚持改革开放和西部大开发的两大国家层面的政策支持。改革开放从1978年中共十一届三中全会提出至今,已经成为深刻影响当前中国发展最为重要的国家政策。在改革开放的政策引导下,中国经济社会建设取得了巨大的成就,人民生活水平得到了大幅度的提高。改革开放30多年来,中国年均经济连续保持近10%的高水平增长,人均国内生产总值由1978年的226美元增加到2013年的5414美元,人民生活水平由温饱达到了总体小康的历史性跨越。改革开放同样也拉近了中国与世界的距离,打开了中国向世界开放的窗口,在2013年召开的中共十八大上,中国共产党明确继续坚持改革开放的伟大国策。中共十八大关于《中国共产党章程(修正案)》的决议认为,改革开放是强国之路,是新时期最鲜明的特点。中国过去30多年的快速发展靠的是改革开放,未来发展也必须坚定不移依靠改革开放。《中国共产党章程(修正案)》提出将进一步扩大改革开放的范围,加大改革开放的力度。这对于丝绸之路经济带运输通道的建设来说是一个巨大的利好消息,进一步扩大改革开放意味着在丝绸之路经济带运输通道的建设过程中将享受到改革开放释放出的更多的改革红利,丝绸之路经济带交通基础设施建设也将得到更多的国家政策支持。

西部大开发从2000年提出以来,在这一政策的推动下,中国西部地区经济社会发展取得巨大成就。生态环境和基础设施建设取得了突破性进展,产业结构得到了进一步优化升级,科学研究和人才培养等社会事业得到全面发展,全面建设小康社会和构建社会主义和谐社会取得新进展。2013年,十八大同样提出,将优先推进西部大开发,西部大开发政策的实行推动了中国西部地区经济社会的发展步伐,极大地改变了这一地区落后的现实状况。丝绸之路经济带中国段就位于西部这一区域,因此西部大开发战略对于推动丝绸之路经济带运输通道建设有着非常重要的意义。

改革开放和西部大开发这两大政策在推动丝绸之路经济带交通基础设施建设过程中将发挥越来越重要的作用。与丝绸之路经济带沿线的其他国家相比,改革开放和西部大开发释放出来的政策红利具有明显的优势。

二、自身劣势(W)

1.地区发展的不平衡性

中国的东西部地区在经济发展上体现出很大的不平衡性。东部地区的财政收入高于西部地区近4倍。在居民收入方面,无论是城镇居民人均收入,还是农村居民人均收入,东部地区均高于西部地区,见表9-3。而丝绸之路经济带很大一部分就位于西部地区。这些地区由于经济发展水平相对滞后,基础设施建设大都处于较低水平,能够为丝绸之路经济带运输通道建设提供的各种资源与便利条件相对较少。此外,从西北到中亚这一狭长的地理空间,城市密度和人口密度都比较低,自然环境状况差,基本现状短期内无法得以改变,这一地区相对落后的现实状况给丝绸之路经济带运输通道的建设带来一定的挑战。要推动丝绸之路经济带运输通道的建设,必须从整个国家层面来全盘考虑,充分调动东部发达地区的积极性,引导东部地区对中西部地区交通基础设施的大力投资,但是这个过程会涉及多个省份、多个地区之间的利益统筹问题,在政策推行上必定会遇到相当大的内在阻力。

表9-3 2012年中国东西部地区财政收入及居民人均收入表

区域	财政收入(亿元)	所占比例(%)	城镇居民收入(元)	农村居民收入(元)
东部地区	48318	79.10	32713	10065
西部地区	12760	20.89	22475	6007

数据来源:中国统计年鉴(2013).

2.交通运输网络的不均衡分布

目前中国的交通运输网络主要集中于东部省份,无论在是铁路运输还是航空、公路、内河运输上,中西部地区都处于绝对的落后状态。丝绸之路经济带所经过的大部分地区都位于中西部这些交通基础设施较为落后的

地区。

在公路运输网络方面，以高速公路为例，虽然近年来中国高速公路总里程增长迅速，目前已跃居世界第二位，但是总量和密度上仍显不足，地区发展仍然不均衡。从通车总里程来看，东部高速公路总里程要远高于西部地区。西部地区在高速公路的建设方面与东部地区相差还较远。同样，中国也缺少直接通往中亚国家的公路，仅有部分跨境公路与中亚国家相连，如霍尔果斯通向哈萨克斯坦的公路以及中吉乌公路等。

在内河和航空运输方面，由于自然条件的限制，通向丝绸之路沿线其他国家和地区（如中亚）的内河运输根本不具备基本的通行条件，在航空运输上，丝绸之路经济带沿线省份，仅乌鲁木齐和西安的航空港具备较大的吞吐量，其他航空港吞吐量很小，无法肩负起建设丝绸之路经济带的运输保障任务。

三、外部机遇（O）

1. 经济结构的互补性明显

在经济结构方面，中国作为世界上最大的新兴经济体，与丝绸之路经济带其他国家和地区相比，在轻工业、高效农业、副食品产业方面具有十分明显的优势，中国对中亚五国出口的商品涉及种类很多，既包括日常生活用品，也不乏一些具有高技术含量的产品。中亚地区国家的经济结构大都以农业和重工业为主。在前苏联统治时期，由于受其经济发展布局的影响，这一地区的经济发展大都以单一农业和重型工业为主，轻工业和综合农业及副食品产业发展较为落后。直至今天，这一地区的经济发展仍依赖于原材料和能源出口。由于受产业结构的限制，中亚五国出口中国的商品主要还是以能源、矿产资源和棉花等为主。根据哈萨克斯坦统计，2009 年，哈萨克斯坦主要出口能源类商品，占出口总额的 69.2%，其中原油与凝析油占出口总额的 60.6%。《BP 世界能源统计》2005 年报告曾保守地评估，里海地区原油（包括凝析油在内）可采储量范围在 170 亿～330 亿桶（23 亿～45 亿吨）之间，占世界总储量的 18%。里海含油气盆地是世界第三大油气资源富集区，被誉为“第二个中东”。在丝绸之路沿线的中亚地区，尤其是哈萨克斯坦、乌兹别克斯坦和土库曼斯坦等国，能源资源非常丰富，哈萨克斯坦在全球是非常重要的能源生产国和出口国，石油和天然气是其主要的出口商品，有资料表明，2008 年，哈萨克斯坦已探明的石油可开采储量为 53 亿吨，占世界总量的 3.2%，已探明可开采天然气储量为 1.82 万亿立方米，占世界总量的 1%。假如按人口计算，哈萨克斯坦是世界上资源最丰富的地区之一。按照哈萨克斯坦现在的生产能力，已探明的石油储量可继续开采约 70 年，天然气可继续开采约 60 年。此外，乌兹别克斯坦的天然气资源也比较丰富，天然气具有相当的出口潜力，土库曼斯坦同样也蕴藏着丰富的油气资源。与此形成对比的是，随着现代化进程地不断加快，中国的经济发展对能源的依存度越来越高，能源安全问题逐渐凸显。国家发改委 2013 年 2 月初公布的数据显示，2012 年中国生产原油 20748 万吨，进口原油却惊人的达到 2.04 亿吨。自 1993 年中国成为石油净进口国以来，此后石油进口量每年递增 1000 万吨左右，对外依存度一路攀升，如今进口石油已经超过全年消费量的一半。从 2005 到 2013 年，中国原油进口量每年均保持 5%以上的速度增长。如表 9－4 所示，这些数据充分显示，中国原油对外依存上升的趋势已是不争的事实，能源安全问题已经越来越凸显于经济发展的过程之中。在能源进口通道方面，中国能源进口高度依赖于波斯湾产油区，运输方式高度依赖于海上运输。数据显示，中国油气进口量的 70%以上都来源于局势动荡的中东和非洲地区，并且 90%的石油运输要依靠海运，但是中国海洋运输能力有限，目前 85%的进口原油运输工作要靠国外的船队来完成。

表 9－4　2005 年至 2012 年中国原油进口情况　　单位：亿吨

进口情况年份	2005	2006	2007	2008	2009	2010	2011	2012
总量	1.30	1.45	1.63	1.79	2.04	2.39	2.54	2.71
增长率(%)	5.7	11.5	12.4	9.8	14.0	17.2	6.27	6.7

数据来源：中国海关总署 http://www.customs.gov.cn/publish/portal0/.

中国与丝绸之路经济带沿线国家在经济结构上的互补性将有利于丝

绸之路经济带运输通道建设。借助于这一有利条件，以经贸互通为纽带，来推动丝绸之路经济带运输通道的建设，基于此，中国既可以解决自己的能源进口问题，又可以通过发达的运输通道向沿线国家出口优势产品。同时，沿线国家也可以充分利用在能源方面的有利条件，通过高效的通道交通运输网络，增加能源出口，换取更多的外汇，也可以向中国出口自己的特色产品，推动经济发展。

2. 与丝绸之路经济带沿线国家有友好的历史关系

中国与丝绸之路经济带沿线国家在历史上有着良好的交往记录，西汉时期，汉武帝派张骞出使西域，张骞率领三百多人的使团，携带大量丝绸、金帛等物品前往西域各国，受到了沿线国家友好而又热情的接待，开启了中国与沿线国家频繁的交流合作的历史，丝绸之路得以开辟。进入唐朝以后，丝绸之路沿线人民的交往步入进一步的繁盛时期，据《唐六典》记载，唐王朝曾与三百多个国家和地区相互通使交往，每年取道丝绸之路前来长安这个世界最大都市的各国客人，数目皆以万计。

新中国成立后，中国坚持独立自主的和平外交政策，支持这一地区的民族解放和经济发展。特别是在改革开放以来，中国更是加强了与这一地区的联系和交流，双方进行了一系列人文、经贸往来，签订了包括《关于区域经济合作的基本目标和方向及启动贸易和投资便利化进程的备忘录》《上海合作组织成员国多边经贸合作纲要》以及《多边经贸合作纲要实施措施计划》等一系列经贸协议。2013 年，中国国家主席习近平对这一地区的访问更是受到了中亚国家的热烈欢迎。丝绸之路经济带的构想得到了中亚国家主流媒体的积极评价，中亚国家普遍期待着丝绸之路的繁荣。此外，中国西北地区与中亚国家地域相连，有俄罗斯、哈萨克、塔吉克、乌兹别克和维吾尔等同源民族跨国而居。丝绸之路经济带沿线国家人民的交往源远流长。彼此之间的关系中蕴含着深刻的地缘文化因素。诸多民族间语言相通、宗教信仰相同、风俗习惯相近，长久的和平邻居为丝绸之路经济带的建设奠定了文化上的基础。

3. 后金融危机时代的有利影响

2008 年爆发于美国的全球性金融危机使世界经济遭受重创，世界范围内一大批企业被迫关门倒闭，世界各主要国家均面临着失业增加、经济增长放缓甚至经济负增长的窘境，甚至有些国家出现了国家破产的情况。从国别和地区来看，全球几乎所有的经济体增长速度都出现了大幅下滑的情况。作为金融危机的始作俑者，美国的虚拟经济不仅遭受重创，而且其实体经济也遭受严重拖累，美国经济经历了二战以来最为困难的局面。欧盟和日本由于同美国长期的同盟关系，其经济和金融都与美国绑在一起，因而也深受美国金融危机拖累。美、日、欧等国 GDP 在金融危机后都出现了不同程度的负增长，见表 9－5。

表 9－5　金融危机前后(2005—2013)中、美、法和中亚国家经济增长率(%)

国别＼年份	2005	2006	2007	2008	2009	2010	2011	2012	2013
中国	9.9	10.7	11.4	9.0	8.7	10.3	9.2	7.8	7.7
哈萨克斯坦	9.7	10.6	8.7	3.3	1.2	7.3	7.5	5.4	5.7
乌兹别克斯坦	7.1	7.4	9.6	9.0	7.0	8.5	8.3	8.2	8.0
土库曼斯坦	13.0	11.4	11.6	10.5	4.1	9.2	14.7	11.1	12.2
塔吉克斯坦	6.7	6.7	7.6	7.9	3.4	6.5	7.4	7.5	7
吉尔吉斯斯坦	—0.2	3.1	8.5	8.4	2.3	—0.5	5.7	—0.9	10.5
美国	3.5	3.1	2.2	—1.8	—2.5	2.9	1.7	2.5	1.9
法国	1.6	2.0	1.9	0.7	—2.5	1.5	1.7	0	0.3

数据来源：中国国家统计局 http://www.stats.gov.cn/，亚洲发展银行 http://www.adb.org/.

虽然这场危机给各国均带来了一定程度的负面效应，但由于经济发展的结构和方式不同，各个国家所受金融危机的影响也不同。与美、欧、日等传统经济强国相比，新兴发展中国家的经济所遭受的损失要小很多。而丝绸之路经济带沿线的国家均属于新兴发展中国家行列，这些国家的经济在这场危机过后很快得以恢复，中国经济更是连续多年保持 7%以上的增长。

4. 上海合作组织的推动作用

由中国、俄罗斯、哈萨克斯坦、吉尔吉斯斯坦、塔吉克斯坦五国倡导建立的上海合作组织在推动中国与中亚以及阿拉伯国家合作发展关系上发挥了重要的作用。在促进经济发展方面，上海合作组织成员国签订一系列双边与多边经贸协定。2003 年 9 月成员国签订了《上海合作组织成员国多边经贸合作纲要》，2006 年签订了《上海合作组织银行联合体成员行关于支持区域经济合作的行动纲要》，2009 年，上海合作组织成员国总理在北京发表《上海合作组织成员国政府首脑（总理）理事会会议联合公报》，进一步重申了上海合作组织大力开展经贸、能源、交通等领域的交流合作，提高成员国经济竞争力和共同防范风险的能力的重要性。经过各方多年不懈努力，上海合作组织区域经济合作已经取得重要的阶段性成果。上海合作组织成员国之间贸易额占各自外贸总量的比重逐年提高，经贸关系更加紧密。

四、外部挑战(T)

1. 大国之间竞争激烈

2011 年 7 月，美国前国务卿希拉里·克林顿在印度参加第二次美印战略对话期间明确提出了美国的新丝绸之路计划。美国希望通过美国式的新丝绸之路在中国的周边地区构筑一条由美国主导的经济与能源通道，从而达到限制中国对这一地区包括中亚在内的地区的影响力。而且，美国的计划还可以分化上海合作组织的凝聚力，逐渐强化美国在这一地区的主导权。近年来，美国明显强化了“重返”亚洲的步伐，借助于美韩、美日、美印等联合军演来扩大美国在亚太地区的影响，巩固与盟国的关系，进一步加强与亚洲国家之间的关系，应对和抵制中国在亚洲上升的地位和影响，并积极宣传自己的丝绸之路计划，这显然是对中国在这一地区影响力增强的一种反制。在美国“重返”亚太的大背景下，丝绸之路经济带的建设必定会受到美国的威胁和挑战。

20 世纪后半期，针对美国和其盟国在中亚地区的势力扩张，俄罗斯正式提出了“振兴大国”的战略，开始实施其“中亚战略”，将中亚地区纳入其战略空间的重要组成部分。为了推动欧亚联盟的实现，俄罗斯同样在中亚地区采取了一系列的措施。俄罗斯在中亚的势力存在决定了丝绸之路经济带在推进过程中必须要考虑俄罗斯的态度，而且俄罗斯与中亚国家之间的经济联系要比中国同中亚国家之间的经济联系更加紧密可靠。由于历史原因，俄罗斯在推动与中亚国家的关系中不仅有着绝对的地缘优势，而且有着更为有利的历史与文化认同优势。此外，在相当长的时期内，中亚是中俄两国必须背靠背的地方。上海合作组织在中亚地区的存在实际上影响到了俄罗斯倡导的欧亚联盟计划的实施，如何妥善处理上海合作组织与欧亚联盟的关系直接影响到丝绸之路经济带运输通道的建设和发展。欧盟在前苏联解体后一直试图将前苏联国家纳入自己的影响范围，为此，欧盟积极推动与中亚地区的外交和经济联系。欧盟在中亚地区启动和实施了一大批国别与地区性援助项目。欧盟在中亚的一系列外交活动表明，欧盟也将中亚视为自己的“利益攸关区域”。欧盟在中亚地区的活动同样也加剧了世界各大国在中亚范围的势力争夺，丝绸之路经济带的建设同样也应该考虑到欧盟在这一区域的外交活动的影响。

世界各大国在中亚地区的外交活动显然已经将中亚变成了各个国家争夺势力范围的集中场，丝绸之路经济带运输通道建设注定要受到世界各大国在这一区域活动的影响。在丝绸之路经济带运输通道推进过程中，既要处理好与丝绸之路经济带沿线国家之间的关系，又要妥善处理好与俄罗斯、美国以及欧盟各国在这一地区的关系。只有妥善处理好与各个国家之间的关系，丝绸之路经济带运输通道建设才能顺利推进。

2.丝绸之路经济带运输通道呈现“网球拍现象”

从丝绸之路经济带运输通道的空间形态来看，丝绸之路经济带呈现出非均衡对称的通道经济结构。其西面欧洲铁路网早就形成，密度很高，东面（主要是西安以东）也形成了密度比较高的铁路网，而中间这段好像是把两个网球的把子合到一块去，经济带两端铁路网状特征比较明显，中部线性特征明显，这就是所谓的“网球拍现象”。丝绸之路经济带两端连接着东

亚和欧洲，基本上属于发达地区，但发展空间小，资源不足。而其辽阔的中间地带属于欠发达地区，包括中国的中西部、中亚、西亚，地域辽阔，交通不够便利，自然环境差，经济发展水平与两端的经济圈形成较大的落差，整个区域形成“两边高，中间低”的现象。要想在丝绸之路上实现长期的战略发展，必须依托经济发展的两端，带动薄弱的中间地带。

第三节　中国在丝绸之路经济带运输通道建设中的战略分析

根据上述分析，可以构建中国丝绸之路经济带运输通道建设分析的SWOT矩阵，如图9－6所示。根据SWOT矩阵，对中国在丝绸之路经济带运输通道的发展战略分析如下：

表9－6　SWOT矩阵

	S(内部优势)	W(内部劣势)
	1.中国经济呈现快速发展的趋势 2.中国政府的大力推进 3.两大政策的支持	1.地区发展的不平衡性 2.不稳定因素客观存在 3.运输网络分布不均 4.统筹发展能力的缺乏
O(外部机遇)	SO策略	WO策略
1.经济结构互补性明显 2.人民之间关系密切 3.后金融危机有利影响 4.上合组织的带动作用	发挥自身优势 利用有利机遇 (主动进攻型策略)	弥补自身劣势 利用有利机遇 (兼顾型策略)
T(外部威胁)	ST策略	WT策略
1.大国之间竞争激烈 2.经济带运输通道发展呈现“网球拍现象”	发挥自身优势 克服外部威胁 (兼顾型策略)	弥补自身劣势 克服外部威胁 (防守型策略)

①深入推进丝绸之路经济带沿线各国之间在运输通道建设方面的合

作，夯实合作基础，推动成员国间货物贸易尽快向更高阶段发展。

②不断完善中国交通运输网络，大力推进西部交通运输网络的建设。从规划、政策、管理等各方面采取综合措施，加大支持力度，全面推动西部交通新的跨越式发展。

③在推动与丝绸之路经济带沿线国家的经济发展的同时，要努力构建促进中国与沿线国家之间运输通道建设的协调机制。充分发挥政府在协调区域经济和交通建设与合作中的重要作用，妥善处理好市场机制和政府的关系，保证各个国家在充分协调的基础上，本着互利共赢的原则，确定并有效实施一些具有影响力的合作项目，以推动区域经济合作大发展。与此同时，也要积极培育和发展各类区域性统一大市场，统一制定市场运行过程中应该遵守的法律法规，在市场机制失灵的区域，政府要及时弥补市场机制的缺陷。

④在推进丝绸之路运输通道建设的过程中，要注意加强与丝绸之路经济带沿线国家之间的协作，共同迎接机遇、应对挑战。建设丝绸之路运输通道的过程中，要调动一切能够调动的积极因素，合理有效引导国际社会对丝绸之路运输通道建设的支持力度。

⑤在推进丝绸之路运输通道建设的过程中，要积极开展各种形式的双边与多边文化交流活动。进一步解放和挖掘私营企业在推动丝绸之路经济带通道建设过程中的巨大潜力，合理引导外资企业参与丝绸之路运输通道的建设。充分鼓励多种形式的经营和开发方式，鼓励和引导中国企业实施“走出去”战略，进一步开拓丝绸之路经济带沿线各国交通运输建设的潜在市场。

第四节　中国在丝绸之路经济带运输通道建设中的战略措施

一、继续加强与沿线国家的合作与创新

中国在丝绸之路运输通道建设方面要重视国际合作，应以经贸为主、

多维度并进。在合作内容上，应当注意经贸发展、交通基础设施合作、公共外交的依次推进和相互支撑。积极推进中国与丝绸之路经济带沿线国家和地区（尤其是中亚国家）区域经济一体化，实现经贸发展、交通基础设施合作、公共外交全方位的合作交流。为了使欧亚各国经济联系更加紧密、相互合作更加深入、发展空间更加广阔，可以用创新的合作模式，共同建设丝绸之路经济带运输通道，以点带面，从线到片，逐步形成区域大合作。积极推动高铁外交，构建泛亚铁路，通过高铁将中国与中亚连通起来；积极修建改善霍尔果斯（中国）—热肯特（哈萨克斯坦）铁路干线，提高运输效率和货量；加快改善新疆境内铁路网络建设与改造，包括东线、西线南北疆铁路连通，提高运输效率，促进交流融合与应对突发事件。

二、协调中国段沿线各省的地方定位

自从丝绸之路经济带概念提出之后，各省市都积极宣布战略定位，上马工程项目，兴建物流园区，开通国际货运班列，争取自身利益最大化。但是，要避免国内城市出现的资源内耗和恶性竞争苗头，毕竟每个城市都不可能是桥头堡和中心，尤其是现阶段，货源不足导致单次运输成本高等一系列难题仍然存在，还不足以支撑若干个大型物流集散地和货运班列的良性运转。所以，国内各省市要打破行政区域藩篱，依托自身产业优势，扬长避短，优势互补，充分挖掘现有交通运输网络。具体就铁路通道问题而言，以地域划分，可以一条或两条国家货运班列为重点，建设国际物流中心，组成国内物流交通网，吸纳周边货源，降低成本。同时，要积极推进国内丝绸之路经济带各城市间的交通贯通，进一步加大物流基础设施建设，构建多层次物流综合交通运输服务体系，加大与口岸城市合作，连通海上丝绸之路，使得丝绸之路经济带更具发展空间，着力构建铁路与港口衔接的海铁联运体系，大力发展公铁联运、铁水联运和海陆联运，加快培育多式联运经营。因此，在对丝绸之路经济带运输通道建设进行SWOT战略分析后，要求沿线各省市提出具体的战略措施，要基于深化合作、合理布局、协调定位的统一认识，避免无序竞争、重复建设和资源浪费，形成共建丝绸之路经济带运输通道的国内合力。

三、加强中国段沿线的统一交通规划

目前丝绸之路经济带中国段沿线城市尚无面向丝绸之路经济带的交通战略规划，重复建设和无序竞争现象普遍存在，没有形成丝绸之路经济带运输通道共建合力。乌鲁木齐、西安、兰州甚至重庆、郑州等地都纷纷宣布要将自身打造为“黄金段”“桥头堡”“排头兵”等，令人眼花缭乱。随着西部大开发和制造业不断向中西部地区的产业转移，大量商品需要就近获得前往欧洲市场的便利交通，国内中西部城市纷纷上马对欧国际货运班列，希望取得先发优势。铁路运输领域的重复竞争已初显端倪，例如，重庆有“渝新欧”，武汉有“汉新欧”，成都有“蓉欧快铁”，郑州有“郑新欧”，以及西安的“长安号”。但是，这些交通运输路线途经地区相同，不可避免地存在竞争，而且都面临着来往返货源严重不足以及通关不畅的困境，其物流成本居高不下。如“汉新欧”铁路的成本甚至是海运的一倍以上，“蓉新欧”铁路运输一个集装箱的费用达到了 11000 美元左右，远超出企业承受能力。特别是中西部城市各建各的铁路站场和保税区，各建各的物流园区，缺乏统一的交通运输和物流规划，这样的做法无疑将更加分散资源，削弱中国段丝绸之路经济带运输通道发展的竞争力。

四、推进跨境铁路公路建设

国际运输通道建设是构建丝绸之路经济带的重要依托。未来需要重点加快跨境铁路、公路的规划建设，加快机场建设，丰富和完善直航航线，拓展现代航空服务网络。物流领域的国际合作是丝绸之路经济带发展的效率保障。依托重要交通枢纽和产业集聚区，未来要加快物流园区规划建设、开展欧亚大陆桥国际集装箱多式联运，优化通关环境，推动跨国物流信息互联共享。继续扩大交通运输领域的开放合作，拓宽在交通基础设施建设、运输安全与管理、城市交通、现代物流等多个领域的国际合作。

五、打造中国海关运输通道港口开放平台

中国海关需要在丝绸之路经济带运输通道沿线关键节点和中心城市

打造对外开放平台。目前，从江苏连云港到新疆，中国在丝绸之路沿线已布局了 25 个陆空开放口岸、12 个海关特殊监管区域。随后中国海关还将优先在铁路集装箱中心站、中吉、中巴、中蒙、中尼等边境和内陆地区继续搭建开放平台，支持中哈(连云港)物流中转基地建设，推动新疆等沿边地区与沿线国家合作建设跨境经济合作区，进一步创新海关监管模式。除此之外，中国海关还需要在丝绸之路沿线复制推广在上海自贸试验区创新的 14 项监管制度，提升贸易便利化水平。为打破地区贸易壁垒，研究在全国范围内推进区域通关一体化改革，推动扩大与丝绸之路沿线国家的经贸全领域合作，拓展海关和口岸国际合作的广度和深度，构筑与丝绸之路沿线国家全方位的交通运输通道网络。最后，还要推进"一站式"通关，切实解决好"一站式"通关的标准、规范、机制、信息化等问题，推进国际物流体系建设，要与沿线国家积极发展物流业，建立以"一单式"多式联运为标志的区域物流体系，融入全球物流网络，深化我国重要港口与国际重要港口的合作。

六、加快中国段区域运输通道和枢纽建设

中国需要加快丝绸之路经济带沿线重点区域的运输通道和交通枢纽建设。例如，新疆以交通大通道和枢纽建设为重点，推进互联互通，与丝绸之路经济带沿线各国及兄弟省区市密切合作，构建畅通新疆与内地，联通中国与中亚、西亚、南亚及欧洲、非洲的综合交通运输体系。江苏(连云港)着力打造区域重要开放门户，拓展向西开放空间，重点推进新欧亚大陆桥运输大通道建设，争取中国铁路总公司在恢复过境运输路径、开通国际铁路班列等方面给予支持。除此之外，以中哈物流中转基地建设为抓手，与中亚国家在铁路运输、物流仓储等方面加强共建共用合作。

第五节　本章小结

中国处于丝绸之路经济带建设的最前沿，共建丝绸之路经济带是中国的重大历史机遇，也是建设丝绸之路经济带运输通道最重要的受益区之一。目

前，中国与丝绸之路沿线各国正在加强交通基础设施建设。丝绸之路运输通道将中国和中亚、西亚、南亚以及非洲和欧洲连接起来，使中国成为深化丝绸之路沿线国家进行战略合作的重要枢纽。

本章首先分析了中国参与丝绸之路经济带建设的战略意义。丝绸之路经济带运输通道中国段事关国防安全、经贸安全、能源安全、边疆安全等重要领域的全局性国家安全问题，具有极大的战略意义。接着对丝绸之路经济带运输通道中国段发展战略进行 SWOT 分析，并在此基础上给出了具体的战略选择。最后提出继续加强与沿线国家的合作与创新、协调中国段沿线各省的地方定位、加强中国段沿线的统一交通规划、推进跨境铁路公路建设、打造中国海关对外开放平台和加快中国段区域运输通道和枢纽建设等具体的战略措施。

参考文献

[1] 白永秀,吴航.丝绸之路经济带战略构想及实现步骤[J].中国科学报,2014.

[2] 李明伟.丝绸之路研究百年历史回顾[J].西北民族研究,2005(2).

[3] 郑春丽.中国丝绸之路客源市场动态发展变化研究[J].陕西师范大学学报(自然科学版),2009(1).

[4] 刘育红.新丝绸之路经济带交通基础设施、空间溢出与经济增长[D].西安:陕西师范大学,2012.

[5] 任宗哲,石英,白宽犁.丝绸之路经济带发展报告(2014)[M].北京:社会科学文献出版社,2014.

[6] 胡鞍钢,马伟,鄢一龙."丝绸之路经济带":战略内涵、定位和实现路径[J].新疆师范大学学报(哲学社会科学版),2014,35(2):1-10.

[7] 徐习军.从丝绸之路到新欧亚大陆桥[J].大陆桥视野,2009(7).

[8] 李宝仁.欧亚铁路网一体化对中国铁路发展战略的影响[J].中国铁路,2011(8).

[9] 于丹,王雅璨.新欧亚大陆桥竞争力分析[J].大陆桥视野,2006(4).

[10] 黎开谊.新欧亚大陆桥(中国段)经济带发展战略研究[D].西安:长安大学,2004.

[11] 高伟红.基于经济合作的丝绸之路开发[J].改革与管理,2005(3).

[12] 张诗雨,张勇.海上新丝绸之路[M].北京:中国发展出版社,2014.

[13] 徐苹芳.中国境内的丝绸之路[J].文明论坛,2009(7).

[14] 李隽业.路桥吹向西进序曲——丝绸之路再现辉煌[J].国际经济合作,2008(8).

[15] 胡勇.机遇与挑战:新欧亚大陆桥发展前景与对策[J].宏观经济管理,2001(2).

[16] 罗志云.发挥欧亚大陆桥优势,发展国际集装箱运输[J].铁道货运,2002(6).

[17] 张天桢.世界大陆桥及大陆桥运输[J].河南交通科技,1996(2).

[18] 朱显平,邹向阳.中国—中亚丝绸之路经济带发展构想[J].东北亚论坛,2006(5):3-6.

[19] 卫玲,戴江伟.丝绸之路经济带:超越地理空间的内涵识别及其当代解读[J].兰州大学学报(社会科学版),2014(1):32-33.

[20] 郭爱君,毛锦凤.丝绸之路经济带:优势产业空间差异与产业空间不就战略研究

[J]. 兰州大学学报(社会科学版),2014(1):40－43.

[21] 张文忠. 日本东海道交通经济带形成和演化机制研究[J]. 世界地理研究,2001(3).

[22] 王庆云. 交通运输与经济发展的内在关系[J]. 综合运输,2003(7).

[23] 卫玲,戴江伟. 丝绸之路经济带:超越地理空间的内涵识别及其当代解读[J]. 兰州大学学报(社会科学版),2014(1).

[24] 邓小兵,赵儒玉. 欧亚陆路运输中部通道的经济效能分析[J]. 综合运输,2005(7).

[25] 王睿,陈德敏. 西部地区向西开放总体战略构想研究[J]. 中国软科学,2013(4).

[26] 李琪. 丝绸之路的新使命:能源战略通道——中国西北与中亚国家的能源合作与安全[J]. 西安交通大学学报(社会科学版),2007(3).

[27] 甘均先. 丝绸之路复兴计划与中国外交[J]. 东北亚论坛,2010(9).

[28] 白永秀,王颂吉. 丝绸之路经济带:中国走向世界的战略走廊[J]. 西北大学学报(哲学社会科学版),2014(4).

[29] 阿依古丽·依名. 新时期新疆与中亚五国区域经济合作问题探究[J]. 对外经贸,2013(8)

[30] 杨恕,王术森. 丝绸之路经济带:战略构想及挑战[J]. 兰州大学学报(社会科学版),2014(1).

[31] 罗钢."丝绸之路经济带"建设中交通物流制度协同与推进探讨[J]. 开发研究,2014(2).

[32] 荆新轩,付晓豫,施其洲. 京沪运输通道——经济带系统协调研究[J]. 铁道运输与经济,2009(7).

[33] 黄承锋. 运输通道合理运行及经济聚集作用研究[D]. 重庆:重庆大学,2001.

[34] 张铱滢. 基于场论的运输通道聚散效应研究[D]. 成都:西南交通大学,2010.

[35] 高新才. 丝绸之路经济带与通道经济发展[J]. 中国流通经济,2014(6).

[36] 张建平,李敬. 丝绸之路经济带与中俄合作新机遇[J]. 俄罗斯学刊,2014(5).

[37] 秦兰兰. 新丝绸之路面临的机遇和挑战[J]. 全国商情,2014(12).

[38] 刘育红,王新安. 新丝绸之路交通基础设施与全要素生产率增长[J]. 西安交通大学学报(社会科学版),2012(3).

[39] 张文尝. 运输通道系统分析[J]. 交通运输系统工程与信息,2001(5).

[40] 王建伟. 东北亚国际运输通道[J]. 长安大学学报(自然科学版),2004(2).

[41] 王建伟. 空间运输联系与运输通道系统合理配置研究[D]. 西安:长安大学,2004.

[42] 李亚龙,吴丽坤. 欧亚国际运输走廊问题及中国的应对之策[J]. 俄罗斯学刊,2011(6).

[43] 陈继东. 对第三欧亚大陆桥西南通道建设的思考[J]. 南亚研究季刊,2009(1).

[44] 周剑虹. 文化路线保护管理研究——以丝绸之路陕西段为例[D]. 西安:西北大学,2006.

[45] 李东阳,刘亚娟,杨殿中. 对外直接投资对投资国产业结构优化效应研究——以中国对中东五国直接投资为例[J]. 东北财经大学学报,2013(5).

[46] 李新. "上合"组织经济合作十年:成就、挑战与前景[J]. 现代国际关系,2011(9).

[47] 孙启鹏,吴群琪,张圣忠,等. 运输需求的本质及特征分析[J]. 综合运输,2007(8).

[48] 赵银霞. 推进政策沟通为丝绸之路经济带建设提供有效保障[EB/OL]. http://theory. workercn. cn/252/201407/28/140728081747880. shtml.

[49] Cardebring, et al. Linking Economic Activity and Road Freight traffic performance. -Findings of the EU sponsored project REDEFINE[C]. Paper presented at the Swedish conference on Transport Research: Economics and Institutions of Transport, Borlange, Sweden, May 25 - 27, 1998.

[50] Jiaqi Yang. Towards the restructuring and coordination mechanisms for the Architechure of Chinese transport logistics [D]. Erasmus University Rotterdam, 2009.

[51] 仲其庄. 2008 新欧亚大陆桥国际过境运输形势分析[J]. 大陆桥视野,2009(3).

[52] 刘洁. 基于制度因素的欧亚大陆桥物流通道发展对策[J]. 综合运输,2012(1).

[53] 刘洁. 欧亚大陆桥物流通道发展理论和实证研究[D]. 北京:北京交通大学,2012.

[54] 王丽坤. 国际多式联运物流系统的业务流程重组[J]. 商场现代化,2007(2).

[55] 赵颖. 多式联运流程设计与仿真研究[D]. 长春:吉林大学,2006.

[56] 王健. 现代物流网络系统的构建[M]. 北京:科学出版社,2005.

[57] 刘铁鑫. 面向复杂货流的综合运输组织方式优化研究[J]. 武汉:武汉理工大学,2010.

[58] 胡燕祝,任玉. 浅析现代物流与区域经济增长的关系[J]. 物流技术,2007,(11):23 - 26.

[59] Tavasszy, LA, Ruijgrok, K, Davydenko, IY. Incorporating logistics in freight

transportation models: State of the art and research opportunities[C]. In J Viegas (Ed.), Proceedings of WCTR (pp. 1 – 27). Lisbon, Portugal: Instituto Superior Técnico(IST) WCTR conference proceedings, 2010.

[60] Creazza, A., Dallari, F., and Melacini, M. Evaluating logistics network configurations for a global supply chain[J]. Supply Chain Management, 2010, 15(2): 154 – 164.

[61] Tavasszy, L. A., C. J. Ruijgrok, M. J. P. M. Thissen. Emerging global logistics networks: implications for transport systems and policies[J]. Growth and Change: A Journal of Urban and Regional Policy, 2003, 34(4): 456 – 472.

[62] Hensher, D. A., J. M. Rose, and W. H. Greene. Applied Choice Analysis. Cambridge[M]. UK: Cambridge University Press, 2006.

[63] Nils Boysena, Malte Fliednerc, Florian Jaehnb. Shunting yard operations: Theoretical aspects and applications[J]. European Journal of Operational Research, 2012, 220(1): 1 – 14.

[64] 中国物流与采购联合会,中国物流学会. 2009—2010 中国物流发展报告[M]. 北京:中国物资出版社,2010.

[65] Tavasszy, LA, Ruijgrok, K, Davydenko, IY. Incorporating logistics in freight transportation models: State of the art and research opportunities[C]. In J Viegas (Ed.), Proceedings of WCTR (1 – 27). Lisbon, Portugal: Instituto Superior Técnico(IST) WCTR conference proceedings, 2010.

[66] Creazza, A., Dallari, F., and Melacini, M. Evaluating logistics network configurations for a global supply chain[J]. Supply Chain Management, 2010, 15(2): 154 – 164.

[67] Tavasszy, L. A., C. J. Ruijgrok, M. J. P. M. Thissen. Emerging global logistics networks: implications for transport systems and policies[J]. Growth and Change: A Journal of Urban and Regional Policy, 2003, 34(4): 456 – 472.

[68] C. Lammgard. Environmental Perspectives on Marketing of Freight Transports [D]. Gothenburg: University of Gothenburg, 2007.

[69] Boschian, Valentina. A Metamodeling Approach to the Management of Intermodal Transportation Networks[J]. Automation Science and Engineering, 2011, 8(3): 457 – 469.

[70] Hensher, D. A. , J. M. Rose, and W. H. Greene. Applied Choice Analysis. Cambridge[M]. UK: Cambridge University Press, 2006.

[71] Nils Boysena, Malte Fliednerc, Florian Jaehnb. Shunting yard operations: Theoretical aspects and applications[J]. European Journal of Operational Research, 2012, 220(1): 1 - 14.

[72] Boschian, Valentina. A Metamodeling Approach to the Management of Intermodal Transportation Networks[J]. Automation Science and Engineering, 2011, 8(3): 457 - 469.

[73] 丁伟. 现代物流联合运输区域协调管理及网络构建研究[D]. 长沙: 中南大学, 2012.

[74] 徐凤, 朱金福, 杨文东. 复杂网络在交通运输网络中的应用研究综述[J]. 复杂系统与复杂性科学, 2013, 10(1): 18 - 25.

[75] 车探来. 中欧中俄国际物流陆路运输的发展与创新[J]. 港口经济, 2014(2).

[76] Prabir De, Biswa N. Bhattacharyay(印度). 重修丝绸之路: 迈向亚洲一体化[J]. 刘小雪, 译. 当代亚太, 2009(3).

[77] 秦放明. 中亚国家铁路运输的现状、问题与发展探析[J]. 开发研究, 2007(4).

[78] 秦放明, 毕燕茹. 中国新疆与中亚国家区域交通运输合作[J]. 新疆师范大学学报, 2007(28).

[79] 王章勇. 新欧亚大陆桥运输面临的机遇与挑战[J]. 大陆桥视野, 2009(12).

[80] 封东虎. 美国在中南亚的"新丝绸之路"攻势与中国的应对[J]. 商界论坛, 2012(9).

[81] 新丝绸之路经济带的国家战略分析[EB/OL]. http://www.crntt.com/doc/1029/4/7/4/102947461.html? coluid=50&kindid=0&docid=102947461.

[82] 货币流通与共建丝绸之路经济带[N]. 新疆日报, 2014 - 09 - 04.

[83] 秦放鸣. 中国与中亚国家交通运输合作探[J], 新疆大学学报, 2008, 36(5): 103 - 106.

[84] 王彦庆. 丝绸之路经济带物流系统建设发展思路[J]. 交通建设与管理, 2013(12): 20 - 23.

[85]李宁. 丝绸之路经济带的物流业基础与建设[J]. 理论月刊, 2014(5): 134 - 137.

[86] 龚新蜀, 马骏. 丝绸之路经济带交通基础设施建设对区域贸易的影响[J]. 区域经济, 2014(3): 156 - 159.

[87] 雷星晖,潘小华. 国内外大型交通基础设施的投融资机制比较研究[J]. 同济大学学报(社会版),2004(4).

[88] 穆毅,马天山. 丝绸之路开展国际多式联运的障碍及对策[J]. 综合运输,2005(4):24-27.

[89] 高鹏,金淳,邓玲丽. 港口多式联运系统衔接问题及建模方法综述[J]. 科技管理研究,2010(23):234-238.

[90] 范志强,庄佳芳. 基于多维权有向图的多式联运中运输方式的选择研究[J]. 物流技术,2006(5).

[91] 陈相东,刘彦良,王鹏涛,等. 多种运输方式模型优化及求解[J]. 天津师范大学学报,2005,25(3):66-69.

[92] 贺竹磬,孙林岩,李晓宏. 时效性物流联运方式选择模型及其算法[J]. 管理科学,2007(1).

[93] 佟璐,聂磊,付慧伶. 多式联运路径优化模型与方法研究[J]. 物流技术,2010(5):57-60.

[94] 朱孟婷. 东盟国家间领土争端的解决方法评析[J],法制与社会,2013(6):138-139.

[95] 袁丽君,高志刚. 依托"跨国丝绸之路"加强区域经济合作[J]. 开发研究,2014(1):55-58.

[96] 甘钧先. 丝绸之路复兴计划与中国外交[J]. 东北亚论坛,2010,19(5):65-73.

[97] 文亚妮,任群罗. 中国新疆与中亚五国城市化水平比较[J]. 俄罗斯中亚东欧市场,2011(4).

[98] 周励. 复兴"丝绸之路"计划[J]. 西部大开发,2008(2).

[99] 吴宏伟. 中国与中亚五国贸易关系[J]. 俄罗斯中亚东欧市场,2011(6).

[100] BP Statistical Review of World Energy 2005[EB/OL]. http://www.bp.com/.

[101] 张耀. 中国与中亚国家的能源合作及中国的能源安全——地缘政治视角的分析[J]. 俄罗斯研究,2009(6).

[102] 于树一. 论中国中亚经贸合作与中国地缘经济安全的关系[J]. 新疆师范大学学报,2011(4).

[103] 曾向红. 中亚国家对"丝绸之路经济带"构想的认知和预期[J]. 当代世界,2014(4).

[104] 孙希良,张爱军. 全球金融危机对国际格局及大国关系的影响[J]. 中共济南市

委党校学报,2009(2).

[105] 孔雪晴.中亚留学生学习需求分析[J].长江大学学报(社会科学版),2011(9).

[106] 孙壮志,张宁.上海合作组织的经济合作:成就与前景[J].国际观察,2011(3).

[107] 吴兆礼.美国"新丝绸之路"计划探析[J].现代国际关系,2012(7).

[108] Hillary Diane Rodham Clinton. Clinton remarks at Anna Centenary Library [M]. 2011.

[109] 普京 2011 年于独联体政府首脑会议上的讲话[EB/OL]. http://www. tsouz. ru/news/Pages/21 - 10 - 2011. aspx.

[110] 李新.普京欧亚联盟设想:背景、目标及其可能性[J].现代国际关系,2011(11).

[111] 曾向红,孟赵.论欧盟中亚援助政策的制度框架及其演变[J].俄罗斯研究,2007(4).

[112] European Community Regional Strategy Paper for Assistance to Central Asia for the period 2007 - 2013[EB/OL]. http:ec. europa eu/external relations/ceeca/casia/07_13_en.

[113] 杨恕,王术森.丝绸之路经济带:战略构想及其挑战[J].兰州大学学报(社会科学版),2014,42(1).

[114] 蒙延君.中国新疆与中亚国家区域经济协调发展研究[D].石河子:石河子大学,2009.